0~5세
애착 육아의 기적

0~5세
애착 육아의 기적

초판 1쇄 발행 2016년 5월 3일 **초판 19쇄 발행** 2023년 11월 1일

지은이 이보연
펴낸이 이승현

출판1 본부장 한수미
라이프 팀
디자인 조은덕

펴낸곳 ㈜위즈덤하우스 **출판등록** 2000년 5월 23일 제13-1071호
주소 서울특별시 마포구 양화로 19 합정오피스빌딩 17층
전화 02) 2179-5600 **홈페이지** www.wisdomhouse.co.kr

ⓒ 이보연, 2016

ISBN 979-11-86117-48-4 13590

* 이 책의 전부 또는 일부 내용을 재사용하려면 반드시 사전에 저작권자와
  ㈜위즈덤하우스의 동의를 받아야 합니다.
* 인쇄·제작 및 유통상의 파본 도서는 구입하신 서점에서 바꿔드립니다.
* 책값은 뒤표지에 있습니다.

0~5세에 경험하는 부모의 사랑에 따라
아이의 미래가 달라진다

0~5세
애착 육아의 기적

이보연 지음

위즈덤하우스

프롤로그

아이와 부모 사이의 모든 것, 애착

상담과 강의를 하면서 수많은 사람들을 만나고 그들의 이야기를 들었다. 사람들은 각자 자기만의 이야기를 지니고 있었지만 결론은 항상 똑같았다. 어린 시절의 경험, 그중에서도 부모와의 경험은 항상 모든 이야기의 시작이자 결론이었다. 배우자와의 관계에서 생기는 많은 갈등과 육아에 대한 기대와 좌절도 원인을 거슬러 올라가면 늘 어린 시절의 나와 부모가 등장하곤 했다. 적어도 사람 사이에서 일어나는 일들의 경우엔 사람이 '최초로 경험한 사람과의 관계'가 정말 중요한 것임에 틀림없어 보인다. 그런 의미에서 아기와 양육자간의 관계에서 형성되는 '애착'은 아이를 키우는, 혹은 아이를 키울 예정이 있는, 그리고 아이와 관련된 일을 하는 사람들이 반드시 알아야 할 육아의 중요 개념이라 할 수 있다.

　이 책은 2010년 『애착의 심리학』으로 발간되었던 것을 부분적으로 보완한 개정판이다. 애착에 대한 이해를 돕기 위해 흥미로운 연구 결과를 소개하고, 애착이 성인기의 대인 관계에 미치는 영향도 덧붙였다. 이를 통해 애착이 추상적인 개념이 아닌 실증적인 존재임을 인식하고, 애착이 단지 육아에만 영향을 미치는 개념이 아니라 인간의 삶 전반에 영향을 미치는 경험임을 알 수 있게 될 것이다.

　어떤 이들은 애착에 대해 알게 되면서 오히려 불안해지고 의기소침해졌다고 호소하기도 한다. 어른이 된 지금 다시 어린 시절로 되돌아가 잘못된 경험을 고칠 수도 없는데 어찌하냐며 화를 내기도 하고, 자신의 애착이 좋지 않기 때문에 이미 육아는 '망친 농사'라고 무기력해하기도 한다. 일부분 맞는 말이기도 하다. 타임머신을 타고 과거로 돌아갈 수도 없고, 과거로 돌아간다고 해도 어린아이가 부모에게 "제발 애착에 신경 좀 써달라"고 다그칠 수도 없으며 부모가 그런 말을 들어주리라는 보장도 없다.

하지만 너무 낙담할 필요는 없다. 이 책은 결코 부모를 좌절시키거나 낙담하게 하려고 쓰인 것이 아니다. 또한 자신의 부모에게 찾아가서 날 왜 이렇게 키웠냐며 싸우고 원망하라고 부추기려는 것도 아니다. 오히려 자신의 좋은 면뿐 아니라 부정적인 부분을 온전히 인정하고 자신의 부모 역시 약한 사람이었음을 받아들여 용서해주라고, 그리고 이제라도 자신의 삶을 주체적으로 살아가며 누군가에 의해 잘못 길들여진 부분을 바꿔보라고 격려해주는 책이다. 자신이 좋지 않은 양육을 받아왔다고 해서 내 자식도 그렇게 키울 필요는 없다. 결코 그래서도 안 된다. 자신이 좋지 않은 양육을 받은 것에 대해서는 슬프지만 인정하고, 어떤 부분을 버리고 취해야 할지 고민하며, 건강한 애착을 위해 배우고 애쓰는 부모는 충분히 훌륭한 부모이며 위대한 인간이다.

나는 이 책을 읽는 독자들이 책을 읽어나가는 동안 자신들의 부모를, 그리고 어린 자신의 모습을 떠올리길 바란다. 그 과정에서 때로는 슬픔과 분노, 두려움과 실망감이 느껴질 수도 있다. 그래도 괜찮다. 그러한 감정이 느껴지면 자신에게 한번 질문을 던져봐라. '나는 그때 왜 슬펐지?', '왜 화가 났지?', '엄마가 어떻게 해주길 바란 거지?', 그리고 '내 아이는 내가 어떻게 해주길 바랄까?' 이에 대한 답을 하는 순간 내 아이에게 진정한 사랑을 주고 아이와 건강한 애착을 형성하는 길이 열릴 것이다.

2016년
이보연

차례

프롤로그 아이와 부모 사이의 모든 것, 애착 • 4

PART 1
애착은 삶의 본능이자 이유이다

애착은 본능이다 • 17
혼자서는 해결할 수 없는 본능 | 사람과 나누는 따뜻한 접촉

엄마에 대한 이유 있는 집착 • 26
애착 육아, 아이의 행동에 반응하라 | 부모의 민감한 태도가 애착을 좌우한다 | 까다로운 아이도, 순한 아이도 모두 돌봄이 필요하다

부모와 세상을 향한 믿음, 안전감 • 39
세상을 향한 믿음의 시작, 안전감 | 일관성 있는 육아가 아이에게 안전감을 전달한다

세상을 향한 호기심, 애착 행동 • 47
부모가 있어도 기댈 곳이 없는 아이 | '애착 행동'으로 '안전감'을 얻은 후 나타나는 '탐색 행동'

불안을 극복하는 건강한 자아, 애착이 그 토대다 • 54
안정적인 애착이 아이의 불안을 해소한다 | 불안한 아이에게 가장 필요한 것 | 온몸으로 받아들이는 따뜻한 접촉의 힘

PART 2

아이의 인생을 결정하는 단 하나의 조건, 애착

아이가 크는 만큼 애착도 자라야 한다 • 67

[0~6개월] 꾸준한 돌봄이 애착의 시작이다
[7~18개월] 껌딱지에서 탐험가가 되기까지
[15~24개월] 밀당의 고수가 되어 아이의 독립성을 키워라
[25개월 이후] 부모의 이미지를 마음속에 담다
+Plus page 무조건 감싼다고 애착이 완성되지 않는다
+Plus page 아이의 낯가림을 줄이는 방법

세 살까지 부모는 아이에게 세상의 전부이자 우주 • 88

엄마와 떨어지는 경험이 주는 마음의 상처 | 가장 치명적인 세 살 이전의 경험 | 세 살까지만 잘 보면 된다?

세 살에서 다섯 살, 세상을 보는 눈을 완성한다 • 98

세상을 보는 가장 커다란 안경 | 아이의 마음에 자라는 씨앗 | 애착 경험이 아이의 자기 모델을 만든다

마음의 씨앗을 단단하게 만들기 위한 두 가지 조건 • 110

부모의 적절한 개입이 아이의 마음을 키운다 | 아이의 말과 행동에 단서가 있다

아이의 마음속, 꺾인 나무도 다시 자랄 수 있다 • 117

이래도 나를 내버려둘 거예요? | 아이의 마음을 변화시키는 기적

PART 3

부모와 아이 사이, 관계의 온도가 애착을 결정한다

내 아이와의 애착, 괜찮나요? • 129

[안정 애착] 부모에 대한 신뢰감이 세상을 향한 믿음으로 발전한다
[불안정-회피적 애착] 부모의 지지가 아이를 상처에서 벗어나게 한다
[불안정-저항적 애착] 거친 행동 속에 숨겨진 사랑받고 싶은 마음
[불안정-와해·혼돈형 애착] 부모가 흔들리면 아이도 흔들린다

우리 아이의 마음, 어떻게 하면 달라질 수 있을까? • 152

똑같은 기억도 다르게 기억하게 만드는 마음의 창 | 아이를 바꾸는 부모의 말 한마디 | 가장 필요한 순간의 지지와 격려

안정적인 애착을 위한 부모의 제1조건, 민감성 • 164

유심히 관찰하고 아이에게 필요한 방식으로 표현하라 | '척 하면 착', 아이의 조화로운 파트너가 되어라 | 부모의 민감성을 방해하는 요인들

안정적인 애착을 위한 부모의 제2조건, 의미 있는 대화 • 175

아이의 의도를 이해하고 공감하라 | 부모가 궁금한 것보다 아이가 먼저다

아이가 내 마음 같지 않아 너무 힘든 부모에게 • 180

누구나 좋은 부모가 될 수 있다 | 나를 알고 나면 아이를 키우기가 쉬워진다

PART 4

부모, 나의 애착 경험을 돌아보라

부모의 애착 경험이 아이의 인생을 결정한다 • 193

[자율형] 성숙한 성인으로 성장하다
[배척형] 아직도 상처받을까 두려워 감정을 숨기다
[집착형] 채워지지 않은 사랑에 사로잡히다
[미해결형] 어린 시절의 심리적 충격을 담아두다
+Plus page 애착 경험은 연인·부부 관계에도 영향을 미친다

부모는 아이의 거울이다 • 218

학대받은 아이가 자라 학대하는 부모가 된다 | 아이는 부모의 부정적인 면을 먼저 배운다
+Plus page 아빠와 아이의 애착도 중요하다

잘 키우고 싶은데 뜻대로 되지 않은 이유, 요람의 유령 • 226

부모의 부모, 그 부모로 거슬러 올라가는 '요람의 유령' | 고통의 대물림, 그 악순환을 끊어라

잘못된 애착의 대물림을 끊는 방법 • 231

긍정적인 대인 관계를 많이 형성하라 | 나쁜 사람과는 만나지 마라 | 세상을 바라보는 시선을 바꿔라 | 나에게 행복을 줄 수 있는 일들을 실천에 옮겨라

부모로서가 아닌, 있는 그대로의 나를 바라보는 시간 • 246

어릴 때 나처럼 내 아이도 지금 얼마나 슬플까 | 자녀를 키우는 방법은 수없이 많다 | 나를 직시하는 연습이 필요하다

PART 5
내 아이와의 애착을 돌아보라

부모와 아이 사이, 잘못된 상호작용이 아이를 망친다 • 257
아이의 주도성을 존중하지 않는 부모 | 아이를 방임하는 부모 | 아이를 거부하는 부모 | 양육의 일관성이 없는 부모 | 자녀와 역할이 뒤바뀐 부모

내 아이에게 절대로 해서는 안 되는 말 • 268
아이를 협박하거나 겁주는 말 | 아이의 감정이나 경험을 부정하는 말 | 아이의 죄책감과 수치심을 자극하는 말 | 아이를 이러지도 저러지도 못하게 하는 말 | 끊임없는 잔소리와 아이를 비난하는 말 | 아이를 방치하거나 무시하는 말 | 아이의 반항심을 자극하는 말 | 아이의 문제에 너무 과민하게 반응하는 말

PART 6
나와 내 아이, 달라질 수 있을까

달라질 수 있다고 믿는 당신은 위대한 부모다 • 287
자자손손 대물림되는 잘못된 애착 | 애착은 부모의 책임이다

늘 징징대고 안아달라고 하는 아이 • 294
세상의 모든 아이는 떼를 쓴다 | 아이에게 이렇게! 신뢰감을 주는 놀이 활동

위험한 행동을 자주 하는 아이 • 299
보호받고 있다는 믿음을 주어라 | 아이에게 이렇게! 안전감을 주는 놀이 활동

강박적이고 변화를 싫어하는 아이 • 303
양육의 일관성을 유지하라 | 아이에게 이렇게! 안정감을 주는 놀이 활동

짜증이 많고 지나치게 화를 내는 아이 • 307
화를 내기 전에 행동의 이유에 집중하라 | 아이에게 이렇게! 감정 조절을 위한 놀이 활동

기운이 없고 풀이 죽어 있는 아이 • 311
꾸준한 관심과 애정만이 답이다 | 아이에게 이렇게! 즐거움을 촉진하는 놀이 활동

지나치게 순종적이고 배려하는 아이 • 316
아이가 의지할 수 있는 부모가 되어라 | 아이에게 이렇게! 적극성을 키우는 놀이 활동

+Plus page 부모와 함께 놀수록 아이의 사회성이 자란다

PART 1

애 착 은
삶의 본능이자
이 유 이 다

애착은 본능이다

며칠 전 언니가 키우던 몰티즈가 새끼를 낳았다. 태어난 지 1년 반밖에 안 된 어린 녀석이 새끼를, 그것도 여섯 마리나 낳았다는 소식에 강아지 간식을 몇 개 챙겨 들고 구경에 나섰다. 산후조리원이 된 라면 박스 안을 들여다보니 아직 눈도 제대로 뜨지 못하는 강아지들이 뒤뚱거리고 넘어지면서 죽어라 하고 엄마를 향해 기어간다. 그러더니 엄마 젖꼭지를 덥석 물고 힘차게 빨아댄다. 참으로 예쁘고 감동적인 모습이다. 얼마 전까지도 철부지였던 녀석이 새끼에게 젖을 물리는 모습도 기특하지만 더욱 신기하고 감동적인 것은 엄마 배 속에서 따로 배운 것도 아닌데 젖을 물고 빨아야 살 수 있다는 걸 알고 스스로 젖을 찾아가는 새끼들이었다. 배 속에서 젖 냄새를 맡았던 것도 아닐 텐데 어떻게 젖이 먹는 것인 줄 알고 찾아가는지, 젖꼭지를 입에 넣고 빨아대는 것은 어떻게 아는지 아무리 생각해봐도 신기하기만 하다. 이렇게 놀라운 생명의 신비는 엄마 배에서 나오자마자 잠시 숨 돌릴 틈도 없이 그 부서질 것만 같은 가는 다리로 죽을힘을 다해 일어서는 새끼 기린이나 부리로 껍데기를 깨고 나오는 병아리한테서도 발견할 수 있다.

이처럼 사람을 포함한 모든 동물에게는 가르쳐주지 않아도 생존을 위해 해야 하는 타고난 행동이 있다. 이런 행동을 일컬어 '본능'이라고 한다. 여기에는 먹고 마시고 숨 쉬는 생명체로 살아가기 위해 반드시 필요한 물리적인 본능도 있고, 종(種)의 특성에 따라 나타나는 독특한 본능도 있다. 얼룩말이나 영양처럼 약육강식의 사파리에서 살아야 하는 초식동물은 태어나자마자 생존을 위해 달려야 하므로 스스로 일어서려 하고, 바다거북도 알에서 깨어나자마자 바다를 향해 죽기 살기로 달려야만 하는 본능을 지닌다. 사람의 아이도 예외는 아니어서 먹고 마시는 것을 제외하고 생존에 필요한 또 다른 중요한 본능을 갖고 태어나는데 그중 하나가 바로 '애착'이다.

혼자서는 해결할 수 없는 본능

애착은 영어로 '어태치먼트(attachment)'라고 하는데 이것은 '붙다',

'달라붙다', '접착하다'라는 뜻을 가진 '어태치(attach)'라는 단어에서 파생된 것으로 결국 애착이란 아이가 부모에게 달라붙는 행동을 뜻한다. 이 세상 어느 동물보다도 유아기가 길고 신체적으로도 연약하기 짝이 없는 사람의 아이가 혼자서 살아야 한다는 것은 곧 죽음을 의미한다. 그러므로 아이는 살기 위해서 누군가에게 의존해야만 한다. 그러므로 사람의 아이에게 애착은 중요한 생존 본능이다. 자신을 돌봐주고 보호해줄 더 강한 존재를 찾아서 생존을 의지해야 한다.

이때 아이는 의존할 상대를 잘 골라야 한다. 자기보다 약하고 무능한 사람을 골랐다간 큰일이다. 그래서 어린아이는 신기하게도 자신을 돌봐줄 수 있을 것 같은 사람, 자기보다 더 강한 존재, 즉 어른을 의존의 대상으로 삼는다. 어른에게 달라붙어 있으면 젖을 먹을 수 있고, 기분 좋게 잠들 수 있고, 외부의 공격으로부터 보호받을 수 있다. 이렇게 자신을 돌봐주고 편안하게 해주는 사람과 함께 있으면 아이는 신체적으로 안전감을 느낄뿐더러 심리적으로도 평온해진다. 그리고 그런 과정을 통해 자신을 돌봐주는 사람에게 친밀감과 유대감을 느낀다. 그리고 이런 심리적 유대감은 애착의 중요한 요소로 점차 자리 잡는다.

아이는 자라날수록 젖을 먹기 위해서가 아니라 사랑을 나누고 친밀감을 느끼고자 어른에게 달라붙고, 이것이 제대로 이루어지지 않으면 슬퍼하고 좌절하며 공포를 느낀다. 심지어 젖을 먹지 못할 때 굶어 죽는 것처럼 이런 유대감을 느낄 수 없을 때도 죽음에 이르기까지 한다.

이런 이유로 갓 태어난 아이는 애착을 형성하려고 본능적으로 엄마에게 달라붙는다. 그래야만 살 수 있기 때문이다. 하지만 문제는 아이가 애착을 위해 애쓴다고 하더라도 항상 성공하는 것은 아니라는 데 있다. 다른 본능과 달리 애착은 본인의 생존 본능인 동시에 상대방의 호응이 반드시 필요한 특별한 상호작용이기 때문이다. 본인의 본능과 욕구에 대해 상대방이 적절한 반응을 보여야만 안정된 애착을 만들 수 있다.

놀랍게도 조물주는 생명을 만들 때 이런 점까지 염두에 두었던 것 같다. 약하디 약한 아기에게 어른의 관심이나 돌봄을 이끌어낼 만한 몇 가지 비밀 장치들을 숨겨둔 것이다. 가장 흥미 있는 비밀 장치는 동그란 이마와 통통한 볼, 부드러운 곡선으로 떨어지는 콧대와 콧잔등 같은 아기의 외모이다. 이러한 외모는 모든 어린 것들의 전유물이다. 맹수의 새끼들조차 귀엽다. 동글동글하고 부드러운 모양새는 나도 모르게 "아유, 귀여워!"라는 감탄을 내뱉게 하고, 조심스레 손을 뻗쳐 보듬게 한다. 아기를 보고 이런 반응이 나오는 것을 '큐피인형 효과(kewpie doll effect)'라고 한다. 큐피는 아기 인형 브랜드로, 아기의 생김새를 묘사한 귀여운 모습으로 유명하다.

이런 깜찍한 외모와 더불어 아기가 자신도 모르게 본능적으로 하는 몇몇 행동들도 어른의 돌봄을 유도한다. 아기의 앙증맞은 손에 엄마가 손가락을 갖다 대면 아기는 엄마의 손가락을 꼭 잡는다. 엄마가 힘을 주어 손가락을 빼내려 해도 그 작은 몸에서 어떤 힘이 솟아나는지 아기는 쉽게 엄마의 손가락을 내주지 않는다. '잡기 반사'라고 불리는 신생아의 이러한 반사 반응은 영화 〈E.T〉에 나오는 외계인과 소년의 손가락 접촉에 버금가는 감동을 선사한다. 아기를 품에 안으면 아기는 아주 자연스럽게 엄마의 젖에 입을 갖다 대고 빨아댄다. 엄마가 입술을 대면 그 입술도 자근자근 빨아댄다. 이러한 '빨기 반사'도 부모가 "어휴, 내 새끼"라는 말을 절로 뱉게끔 한다. 아기와의 이러한 스킨십은 엄마로 하여금 '나는 이 아기에게 매우 필요한 존재'라는 생각을 갖게 한다.

매력적이지는 않지만 아기가 어른의 돌봄을 이끌어내는 또 하나의 필살기는 '울음'이다. 신생아의 울음소리는 어른을 자극하는 무언가가 있어서 그냥 지나쳐버리기가 힘들다. 어떤 연구자들은 인간의 뇌 속에는 신생아의 울음소리에 민감하게 하는 장치가 프로그래밍되어 있다고 주장하기도 한다. 어쨌든 울음을 멈추게 하기 위해 아기를 들어 올렸을 때 아기가 울음을 멈추거나, 엄마의 가슴을 파고들고 아빠의 손가락을 꼭 잡는 행동을 하면 어른은 또 한번 '나는 이 아기에게 중요한 존재구나'라고 생각하게 될 것이다.

이렇게 아기는 자신을 돌봐줄 수 있는 누군가의 도움을 끌어내기 위해 여러 가지 장치를 활용하지만, 상대가 아기의 귀여운 모습에도, 울음소리에도 감동과 동요를 느끼지 않는다면 아무 소용이 없다. 아이가 아무리 엄마에게 달라붙으려 해도 엄마가 냉정하게 이를 거절한다면 아이는 어찌할 도리가 없다.

어미의 젖을 향해 달려들어도 어미가 뒷발로 차버리고 멀찍이 도망가버리면 굶어 죽을 수밖에 없는 새끼처럼 사람의 아이 역시 달라붙고자 하는 애착의 본능을 제대로 충족시키지 못하면 생존의 위협을 느낀다. 때론 죽음에 이르기도 하고, 설사 살아남더라도 행복하지 못한 삶을 이어나간다. 이런 면에서 애착을 형성하는 데는 아이보다 부모의 역할이 더 중요하다. 그래서 애착의 실패에 대한 책임도 부모에게 더 많이 지울 수밖에 없다. 바로 이것이 부모가 애착에 대해 알아야 하는 이유이기도 하다.

사람과 나누는 따뜻한 접촉

제2차 세계대전 당시 오랜 전쟁으로 인해 유럽의 각 지역에는 엄청난 수의 전쟁고아가 생겨났다. 당시 전쟁고아들을 돌보던 영국의 한 고아원에서 애착에 관한 중요한 사실이 발견되었다. 고아원은 정부의 지원을 받고 있어 아이들에게 먹일 것이 부족하진 않았다. 다만 아이에 비해 보모 수가 너무 적은 것이 문제였다. 적은 수의 보모들은 하루에도 몇 차례씩 수유를 하고 기저귀를 갈아주고 산더미 같은 빨래를 하는 것만으로도 정신이 없었다. 이런 상황이니 아이들을 안아주거나 놀아주는 것은 상상도 하기 어려운 일이었다. 그래도 아이들을 굶기지 않고 축축한 기저귀를 오래 채우지 않는 것만으로도 다행이라 여겼다.

그런데 아이들은 먹는 것에 비해 도무지 살이 찌지 않고 키도 크지 않았다. 심지어 어떤 아이들은 음식을 입에 대려고 하지 않아 먹을 것이 있는데도 영양실조로 죽는 경우까지 있었다. 그리 나쁘지 않은 시설과 영양 공급에도 불구하고 대부분의 아이가 발육 부진 상태를 보이거나 생기가 없었다. 그러나 유독 가장 구석에 있는 방의 아이들만은 다른 방의 아이들과 달리 살이 통통하게 오르고 생기가 넘쳤다. 이 사실을 알게 된 고아원 원장은 고민에 빠졌다. '도대체 이유가 뭘까? 똑같은 음식을 먹이고 똑같이 돌봐주었는데 왜 어떤 아이들은 잘 자라고, 어떤 아이들은 시름시름 앓는 것일까?' 궁금해하며 며칠 동안 그 방을 지켜보던 원장은 마침내 이유를 발견했다.

보모와 직원들이 출근하는 아침, 다들 인사를 건네고 업무 준비를 마친 후 일을 시작할 즈음에 청소를 맡고 있는 아주머니 한 분이 청소 도구가 있는 방으로 향했다. 작업복으로 갈아입고 청소 도구를 챙겨 든 아주머니는 방을 나서더니 바로 옆방으로 들어갔다. 그러고는 아이들을 차례대로 안아주면서 이름을 불러주고 볼을 쓰다듬고 노래를 불러주었다. 그리고 아이들에게 몇 마디 말을 걸고는 청소를 시작하기 위해 밖으로 나왔다. 아주머니는 매일 출근할 때와 퇴근할 때 옆방에 들어가 이렇게 아이들과 잠시 시간을 보냈다. 그 방은 바로 건강하고 생기가 넘치던 아이들이 있는 방이었다. 그 아주머니에게 아이들과 함께 시간을 보낸 이유를 묻자 부모를 잃은 아이들이 가엾기도 하고 너무나 예쁘기도 해서 출퇴근길에 잠시 들러 이야기도 들려주고 놀아준 것뿐이라고 했다.

이 사례는 잠시 안아주고 달래주는 것만으로도 아이들은 생존의 불씨를 이어나간다는 사실을 보여준다. 고아원의 아이들은 더 많은 접촉과 돌봄을 받았으면 좋았겠지만 아쉬운 대로 아주머니를 만나는 그 순간을 즐기고 고대했음이 틀림없다. 똑같은 음식을 먹었지만 청소 아주머니와의 짧은 만남이 뼈와 살을 튼튼히 해주는 양분으로 바뀌어 전달되었던 것이다. 결국 사람과 나누는 따뜻한 접촉이 중요한 성장 조건임을 알 수 있다.

굳이 외국의 사례를 들지 않아도 우리는 사람과 사람 사이의 따뜻한 접촉이 한 사람을 살릴 수도, 죽일 수도 있다는 사실을 알고 있다. 부유한 가정의 외동딸이었지만 학교에서 함께 밥 먹고 수다 떨 친구가 없어 외로움에 죽을 결심을 하고 두통약 수십 알을 먹은 후 병원에 실려 간 중학교 3학년 여학생의 이야기, 혼자서 165제곱미터가 넘는 넓은 집에서 살았지만 명절이 되어도 찾아오는 이가 없어 결국 추석 연휴의 마지막 날 아파트 옥상에서 떨어져 외로운 삶을 마감한 일흔 할머니의 이야기를 들은 적이 있다.

많은 사람이 이런 이야기를 들으면 "죽을 수 있는 용기로 살아야지"라고 쉽게 말하거나 "등 따시고 배부른 사람들 이야기지, 외롭다고 죽는다는 게 말이 되느냐"며 혀를 차기도 한다. 하지만 '사람과의 유대감'이라는 본능적 욕구를 충족시키지 못한 사람은 껍데기를 깨지 못하는 병아리처럼 생명을 이어갈 수가 없다. 애착은 바로 우리의 본능이자 살아가는 이유이기도 하기 때문이다.

엄마에 대한
이유 있는 집착

내 딸의 어릴 적 별명은 '감시 카메라'와 '늘낙지(달라붙는 낙지를 일컫는 전라도 사투리)'였다. 백일이 지나자마자 엄마가 가는 곳이면 어디든 늘 눈으로 좇았다. 기기 시작하면서부터는 편하게 화장실에서 볼일을 보는 게 어려울 정도로 딸은 잠시라도 내가 안 보이면 기어 다니며 엄마를 찾았고, 늘 붙어 있으려고만 했다. 낯가림을 시작하면서부터는 엄마가 옆에 있는 것만으로도 부족한지 낯선 사람이라도 나타나면 품으로 파고들어 달라붙어 있어야 안정을 찾았다. 귀하디귀한 손주를 옆에 두고도 안아보지 못하는 시부모님은 "제 어미 몸에 꿀이라도 발라놨나, 왜 저리 안 떨어지누!"라며 섭섭해하시기도 했다.

울음소리는 왜 그리 크고 자주 우는지 시댁에서 설거지라도 할라 치면 그새를 못 참고 울어대는 통에 보다 못한 시어머니가 "관두고 애나 봐라" 하고 부엌에서 밀어내기 일쑤였고, 시누이들은 "설거지 하기 싫어 딸에게 울라고 시킨 거 아냐"라는 농을 건네기도 했다. 악을 쓰며 곧 숨이라도 넘어갈 것처럼 울어대던 딸아이는 내 품에 안기면 언제 그랬냐는 듯이 울음을 그치고는 그렁그렁 눈물이 맺힌 눈으로 환하게 웃었다. 그 웃음은 마치 마법 가루와도 같아서 딸에 대한 야속함이 눈 녹듯 사라지고 나도 모르게 "아이고, 예쁜 내 새끼"라는 말을 내뱉으며 아이를 꼭 안아주게 만들었다.

애착 육아, 아이의 행동에 반응하라

정도의 차이는 있지만 어린아이는 모두 내 딸이 했던 것처럼 엄마에게 매달리고, 따라다니고, 울고, 미소 짓는다. 그리고 이런 행동은 인종이나 성별, 문화권을 초월하며 이 세상의 모든 아이한테서 나타난다. 언뜻 보면 엄마를 성가시게 하는 행동이지만, 이것이 바로 애착을 형성하기 위한 행동이자 애착이 제대로 형성되었는지를 가늠하는 행동이기도 하다. 아이의 이런 행동을 일컬어 '애착 행동'이라고 한다.

아이에게 애착이란 자신을 돌봐줄 수 있다고 여겨지는 어른에게 달라붙어 있으려는 것이다. 그러므로 양육자에게 가까이 있으려고 하는 모든 행동을 '애착 행동'이라고 본다. 그런 점에서 젖 빨기, 매달리기, 따라다니기, 울기와 미소 짓기는 대표적인 애착 행동이다. 젖을 빨려고 엄마에게 달려들고, 매달리며 따라다니는 것은 한눈에 봐도 아이가 양육자에게 다가가려는 행동이다. 그에 비해 '울기'와 '미소 짓기'는 좀더 복잡한 행동이다. 아이는 배고프거나 피곤할 때 본능적으로 울음을 터뜨리고, 이때 엄마가 자신에게 다가오는 것을 반복적으로 경험하면서 자신의 울음이 엄마를 불러온다는 패턴을 터득한다. 엄마와 어떻게든 붙어 있고 싶은 아이에게 이것은 매우 의미 있는 발견이다. 아이는 곧이어 울음뿐 아니라 미소도 엄마를 끌어당기는 꽤 괜찮은 수단임을 알게 된다. 방긋방긋 웃는 해맑은 미소는 아무리 무딘 어른도 저절로 미소 지으며 아이에게 다가가게 만든다. 이처럼 아이의 울음과 웃음에는 단순한 감정 표현 이상의 의미가 담겨 있다.

정말 기특하게도 아이는 본능적으로 '저 사람이 내 엄마야!', '엄마에게 붙어 있어야지만 난 살 수 있어', '계속 붙어 있어야 엄마도 나를 인정하고 돌봐줄 거야'라고 생각한다. 이런 이유로 아이는 눈도 제대로 못 뜨면서 꼬물꼬물 엄마의 젖꼭지를 향해 입을 갖다 대어 빨고, 엄마가 자리를 떠나려 하면 애처롭게 울고, 안아주면 미소를 짓는다. 그리고 아이의 이런 행동은 매우 효과가 있어서 엄마는 자신을 따르고 자신의 행동에 울고 웃는 아이를 보며 자기가 아이에게 얼마나 필요한 존재인지 실감한다. 또한 아이에 대한 책임감도 점점 높아져만 간다. 얼핏 봐서는 별것 아닌 듯 보이는 아이의 이런 행동이 엄마와 아이를 연결시켜주는 매우 끈끈한 실타래 역할을 하는 것이다.

이런 점에서 애착 행동을 효율적으로 활용하는 아이는 생존력이 높을 수밖에 없다. 울다가도 안아주면 울음을 그치며 씩 웃고, 엄마를 보면 팔을 벌리고 가까이 가려 하며, 안아주면 행복해하고 불안할 땐 엄마에게 매달려 그 품에서 위안을 얻는 아이는 엄마의 모성애를 자극시켜 더욱 엄마 역할에 매진하게 만든다. 반면에 엄마가 없어져도 찾지 않고, 울어서 안아주려 하면 버둥거리며 밀쳐내고, "아르르, 까꿍!" 하고 얼러도 뚱한 표정을 짓는다면 엄마는 '애는 내가 엄마인 줄도 모르나'라는 생각에 엄마의 역할에 소홀해지기 쉽다.

이처럼 애착은 일방적으로 이루어지는 관계가 아니라 아기는 부모에게 애착되고, 부모는 아기에게 애착되는 호혜적 관계라고 볼 수 있다. 애착 이론의 창시자인 존 볼비(John Bowlby)도 '인간은 긴밀한 애착을 형성하도록 생물학적으로 준비되었지만, 만일 각 참여자가 타인의 행동에 대해 적절하게 반응하는 방법을 학습하지 못한다면 안전한 애착을 발달시키지는 못할 것이다'라고 경고했다.

부모의 민감한 태도가 애착을 좌우한다

상담을 하면서 만나게 되는 애착의 문제가 있는 아이들 중에는 유난히 까다로운 기질의 소유자이거나, 자폐증이나 발달장애처럼 사회적 반응성(social responsiveness)이 매우 부족한 장애를 가진 경우가 많다. 까다로운 기질을 가진 아이들은 감각적으로 유독 예민한 편이다. 이로 인해 작은 소리에도 쉽게 놀라고, 조금만 덥거나 추워도 짜증을 내며, 안아주는 자세에도 민감하게 반응해 조금만 불편하면 보채기 일쑤다. 이런 기질을 가진 아기는 엄마에게는 언제 터질지 모르는 폭탄과 다름없다. 섣불리 건드렸다가 무슨 일이 생길지 모르므로 아이를 대하는 일이 늘 조심스럽기만 하다. 우는 아이를 안아서 달래주는 것보다 뽀로로를 틀어주는 게 더 효과적이라고 생각하면서 엄마로서의 유능감은 줄어들고 육아는 피곤한 일상이 되어버린다.

지적 발달이 느린 정신지체 아동이나 사회적 반응성이 심각하게 손상된 자폐 아동은 소위 말하는 '리액션'이 적거나 부적절하기 때문에 부모를 좌절하게 만든다. 반응에 문제가 있는 것은 상황에 대한 이해와 관심이 부족하기 때문이다. 아기가 세상에 처음 태어났을 때는 세상과 자신이 별개의 존재라는 것도 알지 못하는 상태이지만 점차 성장하면서 주변을 인식하고 반응하게 되는데, 발달 문제를 지닌 아동은 이러한 사회성 발달에서도 지연이 나타난다. 특히 안정적인 애착 형성에 필수적인 인지능력인 '대상영속성'의 발달도 지연되기 쉽다. '대상영속성'은 존재하는 물체가 어떤 것에 가려져 보이지 않더라도 그것이 사라지지 않고 지속적으로 존재하고 있다는 사실을 아는 능력을 말한다.

 태어난 지 4~5개월 된 아기와 놀다 보면 간혹 황당한 일을 겪게 되는데, 아기와 딸랑이를 갖고 재밌게 놀다가 허리춤으로 감추고 "딸랑이 어디 갔지?"라고 물으면 아기는 아주 쿨하게 다른 곳으로 시선을 옮긴다. 다시 아기에게 딸랑이 소리를 내며 보여주면 아기는 다시 환한 미소를 지으며 딸랑이를 잡으려고 손을 뻗친다. 이때다 싶어 엄마는 또 딸랑이를 뒤에 감추고 빈손을 내밀며 "딸랑이 어디 갔지? 찾아봐라"라고 약을 올리지만 역시 아기는 딸랑이 따위에는 관심도 없다는 듯 찾지도 않는다. 아기와 찾기 놀이를 하려던 엄마의 시도는 물거품이 되어버린다. 어떤 부모는 아기가 너무 포기가 빠르다며 걱정하기도 하지만 이 시기에는 당연한 반응이다. 대상영속성이 발달하지 못했기 때문이다. 생후 8개월 정도가 되면 대상영속성을 갖추기 때문에 아이는 이불도 들춰보고 엄마 손가락도 펴보며 딸랑이를 찾으려고 한다. 이러한 대상영속성을 획득해야 아기는 '엄마가 잠시 내 눈앞에서 사라져도 엄마는 곧 다시 나타날 거야'라고 믿으며 불안해하지 않고 엄마를 찾거나 기다리는 행동이 가능해진다. 그리고 바로 이러한 것들이 안정적인 애착을 형성하는 전제조건이 된다.

 하지만 발달장애 아동은 엄마를 비롯한 세상에 대한 관심이나 대상영속성이 뒤늦게 발달하기 때문에 부모를 당황하게 만들기 쉽다. 다른 아기들이 낯가림을 하며 엄마에게 매달릴 때 엄마에게 신경도 안 쓰며 자동차 바퀴만 들여다보는 자신의 아이를 보면 엄마는 왠지 모르게 서운함을 느낀다. 반면 다른 아이들이 엄마에게 '빠이빠이' 하고 손을 흔들며 유치원 버스에 올라탈 때 엄마에게 매달리며 울고 불고 난리를 치고, 엄마가 잠시라도 자리를 비우면 불안해 어쩔 줄 모르는 아이를 둔 엄마는 아이를 안정시키지 못하는 자신의 능력에 대해 좌절하며 아이를 버겁다고 느끼게 된다.

이처럼 아이의 기질이나 발달 특성이 부모와의 애착 형성을 방해하는 요인이 되기도 한다. 하지만 우리는 애착이 '호혜적인 관계'를 통해 형성된다는 것을 잊지 말아야 한다. 까다로운 기질이나 몇몇 장애들이 안정적인 애착 형성을 힘들게 하는 것은 사실이지만, 그럼에도 불구하고 부모의 민감한 양육은 이러한 위험 요소를 만회할 만큼 위대하다.

네덜란드에서 행해진 한 연구에서는 까다로운 기질로 분류된 영아들의 어머니에게 민감성 훈련을 시킨 결과, 대다수가 안정적인 애착을 형성했다고 보고하고 있다. 유전적 요소가 상이한 이란성 쌍둥이들을 대상으로 행해진 연구에서도 아이 각각의 기질보다 부모의 태도가 애착에 더 중요한 요소임이 입증되었다. 또한 미숙아나 질병, 자폐와 같은 장애보다 엄마의 우울, 불안 등 엄마의 문제가 애착을 불안정하게 만드는 보다 강력한 요인이라는 연구 결과도 있다.

평형을 맞출 때 한쪽이 너무 가벼우면 한쪽을 좀더 무겁게 해야 한다. 관계에서도 한쪽이 너무 약하면 다른 한쪽은 좀더 강해야 한다. 한쪽이 지나치게 까탈스러우면 다른 한쪽은 좀더 유연해야 한다. 이렇게 한쪽이 다른 한쪽을 보완해줄 때 관계는 부드러워지고 안전해진다. 부모와 자녀의 관계도 마찬가지다. 아기의 미숙함, 취약함을 부모가 채워주거나 바꿔줄 때 좋은 애착, 좋은 관계가 만들어진다.

잠투정이 심하고 쉽게 보채는 아기나 눈 맞춤을 잘 안 하고 반응이 적은 아기를 두었다면 한동안은 짜증이 나고 화가 날 것이며, 불안 때문에 밤잠을 못 이룰 수도 있다. 아마 남편이나 아내, 혹은 친정 부모님이나 시부모님이 원망스럽게 느껴질 수도 있고 무력감에 압도될 수도 있다. 며칠은 미친 사람처럼 소리도 질러보고 울어도 보며 화를 내어도 괜찮다. 하지만 추슬러야 한다. 나는 엄마이고, 이 아기는 나의 아기이며, 이 아기와 나는 이 세상에서 가장 특별한 관계를 만들어나갈 수 있다고 믿어야 한다. 그리고 그렇게 만들어야 하며, 충분히 만들 수 있다.

소아 장애 중에서 가장 심각한 병이라고 일컫는 자폐증에 걸린 아이도 엄마와 애착을 형성할 수 있다. 무난한 아기를 둔 엄마보다는 비록 힘이 더 들고 시간은 더 걸리겠지만, 그래서 더 소중한 관계를 만들 수 있다. 몸 안에 있는 모든 센서를 작동해 민감성을 최고치로 올린 후, 아기가 보내는 신호를 파악하자. 아이가 부적절한 방식으로 보내는 신호는 인내심을 갖고 긍정적 신호로 교체해주어야 한다. 예를 들어 도움이 필요할 때 도와달라고 말하기보다 울며 짜증을 내는 아이의 속내를 알아차리고 도와주어야 한다. 퇴근을 하고 돌아온 엄마가 반갑지만 토라지며 밉다고 말하는 아이를 꼭 안고 다독거리는 것도 같은 맥락이다. 나아가 아이의 발달 수준과 능력을 고려한 자극을 꾸준히 제공할 때 아이는 엄마와의 관계에서 편안함을 느끼고 신뢰감을 키우게 된다. 이 과정을 통해 아이에게 확실하게 장착된 신뢰감은 아이 삶의 무한 동력이 되어 이후의 발달을 견인하게 될 것이다.

까다로운 아이도, 순한 아이도 모두 돌봄이 필요하다

'우는 아이에게 젖 준다'는 우리 속담은 정말 기가 막히다. 아이가 울고불고 보채면 짜증이 나기도 하지만 울음을 그치게 하기 위해 젖을 물리거나 안아주기도 하며, 사탕을 주기도 하니 아이 입장에서는 어쨌든 관심은 받게 되는 것이다. 물론 이러한 상황에서 제공되는 관심이 핀잔, 째려봄, 다소의 거친 손길 등이 수반되는 것이라 아이의 입장에선 찝찝하긴 하지만 관심을 못 받는 것보다는 낫게 느껴질 것이다. 실제로 하버드 대학교의 아동발달센터에서 행한 연구를 보면 신체적 학대보다도 양육자의 무관심이 아동 발달에 광범위한 손상을 가져온다고 한다. 양육자의 무관심은 자기조절능력(본인의 감정과 행동을 조절하는 능력)의 부진, 스트레스 반응 체계의 붕괴 등 아이의 신체 및 정신 건강 발달에 악영향을 끼친다는 것이다.

예전에 EBS로부터 아기의 애착 유형을 알아보기 위한 실험을 부탁받은 적이 있다. 11개월에서 17개월 사이의 아기를 둔 부모들의 신청을 받아 실험을 실시했는데, 이때 다소 의아한 결과를 접하게 되었다. 실험에 자원한 부모들은 평소에도 교육방송을 즐겨 보며 육아에 관심이 많은 사람들이어서 대개가 안정적인 애착을 형성하였지만 몇몇 아기들은 양육자와의 분리불안을 보일 연령임에도 불구하고 엄마를 전혀 찾지 않았고, 엄마뿐만 아니라 타인과도 접촉하려는 시도가 매우 적었다. 여기서 놀랄 만한 사실은 이러한 아이의 엄마들이 아이를 미워하거나 관심이 없는 것이 아니었으며, 스스로는 자신과 아이의 관계가 꽤 좋다고 자신했다는 것이다. 도대체 어째서 이런 일들이 생긴 것일까?

이 아기들의 공통점은 매우 유순하다는 것이다. 잘 먹고 잘 자고, 놀아달라고 보채는 일도 드물며, 떼도 거의 부리지 않았다. 엄마들은 이런 아기의 품성에 매우 만족하며, 주변에서 '이런 아기라면 열 명도 키우겠다'는 이야기를 종종 듣는다고 자랑스러워했다.

이 아기들은 대체로 깔끔한 위생 상태와 멋지고 예쁜 옷들을 갖춰 입고 있었다. 하지만 애착 유형 실험에서 엄마와 놀이를 할 때 엄마에게 장난감을 보여준다거나 엄마와 눈 맞춤을 하며 즐거운 상황에 대한 감정을 나누려 하는 일 없이 혼자 묵묵히 장난감을 갖고 놀았다. 간혹 엄마가 뭘 하는지 궁금한 듯 엄마를 쳐다보기는 하였지만 엄마가 자신을 쳐다보지 않아도 크게 개의치 않았다. 엄마가 자신을 혼자 두고 나갈 때도 쳐다보지 않았으며, 엄마가 없다는 사실을 알고는 문 쪽을 쳐다보기도 하였지만 이내 체념하고 장난감을 만지작거리며 스스로를 위안했다.

이런 아기의 엄마들은 한창 손이 많이 가는 어린 아기를 키우고 있음에도 불구하고 자기 시간을 즐길 여유가 있었다. 최신 드라마를 챙겨 보는 데 별 어려움이 없었고, 이웃이나 시댁에 아기를 맡기고 운동을 하는 것도 수월하였다. 엄마와 떨어질 때 울지 않고, 옆집에 가서도 조용히 혼자서 잘 노니 이웃도 아기를 잠시 돌봐주는 걸 마다하지 않았다.

이런 아기들이 대표적인 '순한 기질'이라고 할 수 있다. 여러 기질 유형 중 최고로 치는 '순한 기질'은 내가 딸아이를 임신했을 때 밤마다 '제발 순한 기질의 아이로 태어나게 해주십시오'라고 빌었던 바로 그것이다. 순한 기질의 아이들은 새로운 상황에 쉽게 빨리 적응하며, 자고 먹고 배설하는 것도 규칙적으로 한다. 배가 고프거나 불편할 때도 크게 보채지 않으며, 스스로를 진정시키거나 달랠 방법을 찾아내기도 한다. 부모로서 이런 아기를 키우는 일은 비교적 수월하며, 이렇게 말 잘 듣고 유순한 아기를 키우면서 아기에 대한 애정과 부모로서의 유능감도 높아져 좋은 애착을 형성하게 된다.

하지만 이 세상 모든 것들이 그러하듯 순한 기질에도 위험 요인이 존재한다. 순한 기질의 아기를 키우는 부모 중 일부는 아기의 요구가 적은 것을 '아기가 부모를 필요로 하지 않는다' 혹은 '아기는 모든 것이 다 만족스러운 상태이다'라고 오해하기도 한다. 이렇게 생각하게 되면 아기를 위해 자극을 주려고 적극적으로 애쓰지 않으며, 아기가 강하게 요구하지 않는 이상 아기의 욕구를 먼저 살피지 않게 된다.

애착 유형 실험에서 야릇한 관계를 보였던 아기들의 엄마 역시 이와 비슷했다. 아기를 예뻐하고 사랑했지만 아기와 놀아주는 일은 극히 드물었고, 아기에게 말을 건네는 일도 별로 없었다. 그냥 '우리 아기는 혼자서도 잘 놀아요'라고만 생각했다. 아기가 뭔가 원하는 게 있으면 엄마에게 말하고 요구할 거라 믿었고, 아기가 요구하면 언제든지 엄마는 들어줄 의지가 있는 상태였다. 하지만 아기는 요구하지 않았고, 그래서 아기의 부모는 우리 아기는 지금 모든 것을 만족하고 있는 편안한 상태이며, 아기를 편안하게 해준 자신은 좋은 부모라고 생각했던 것이다.

순한 기질의 아기는 적응력이 뛰어나다는 장점이 있지만 이것이 단점이 되기도 한다. 나쁜 환경에도 적응을 잘할 수 있기 때문이다. 아기가 '엄마는 놀아주지 않는 사람'이라고 생각하면 그런 엄마에게 적응해버려 엄마와 놀 수 있다는 사실 자체를 알지 못한 채 성장할 수 있다. 적응을 잘한다는 것은 그만큼 환경의 영향에 쉽게 좌우된다는 의미이기도 하다.

모든 아기들에게는 기질의 특성과 상관없이 기본적으로 받아야 할 자극과 돌봄이 존재한다. 기질에 따라 이러한 것들을 요구하는 방식이나 받아들이는 시간에 차이가 날 뿐이다. 순한 기질의 아이라고 해서 너무 마음을 푹 놓아 방임으로 흐르지 않도록 해야 한다. 반대로 까다로운 기질의 아이라고 너무 겁을 먹고 끌려가지 않도록 유의해야 한다. 부모가 단단히 버티고 조율할 때 아이는 안전감을 느끼며 편안해지고, 발달을 위해 앞으로 나아갈 용기를 얻게 될 것이다.

부모와 세상을
향한 믿음, 안전감

여섯 살 혜수는 엄마와는 도통 밖에 나가려 하지 않는다. 혜수가 처음부터 이랬던 것은 아니다. 혜수가 네 살이었을 때 엄마와 산책하다가 갑자기 나타난 커다란 개 때문에 큰일을 당할 뻔한 경험이 있었다. 어릴 때의 사고로 다리를 절룩거리는 엄마는 본능적으로 혜수를 안고 달렸지만 개를 피하지 못하고 혜수와 함께 바닥에 나뒹굴고 말았다. 다행히 개 주인이 뛰어들어 개를 붙잡는 바람에 큰 사고로 이어지지는 않았지만 그 뒤로 혜수는 엄마와 단둘이 있으면 불안해했고, 특히 둘만의 외출을 극도로 꺼리게 되었다. 자신을 돌봐줄 거라고 믿었던 엄마가 실은 약한 존재라는 걸 알게 되면서 엄마와 함께 있을 때 오히려 불안이 심해진 것이다.

네 살 정훈이는 사람들이 아는 척하거나 조금이라도 큰소리가 나면 몸을 움찔거리며 불안해한다. 정훈이 엄마는 지적장애에다가 고아, 그리고 미혼모라는 악조건 속에서 정훈이를 낳았다. 좋아하는 텔레비전 프로그램을 보고 있을 땐 정훈이에게 밥을 줄 생각도 않고, 귀찮게 하면 때리기 일쑤였다. 정훈이가 위험한 행동을 해도 제재하지 않고, 오히려 아이를 길가에 세워놓고 혼자 몇 십 분씩 볼일을 보러 가기도 한다. 그렇게 정훈이 혼자서 돌아다니다가 위험한 행동을 하고, 이에 놀란 주변 어른들이 정훈이에게 소리를 지르면 아이는 엄마한테 야단맞았던 기억이 떠올라 겁을 내며 숨어버린다.

세 살 민주는 온종일 엄마를 따라다니며 징징거린다. 문화센터에 가도, 친구네 집에 놀러 가도 민주는 엄마에게만 붙어 있으려 하면서 활동이나 놀이에 참여하지 않는다. 그렇다고 해서 민주 엄마가 민주에게 잘해주는 것도 아니다. 민주 엄마는 아이를 때리지는 않지만 자주 밀치거나 집이 떠나가라 소리를 지르며 온갖 히스테리를 부린다. 아이뿐 아니라 남편과도 거의 매일 다투고, 시댁이나 친정과는 모두 인연을 끊고 산다. 늘 피곤하고 누워만 있고 싶은 민주 엄마는 민주가 "엄마"라고 부를 때마다 머리끝이 서고 신경질이 난다. 그래서인지 민주는 이 세상에서 가장 가까운 엄마도 이렇게 미덥지 못한데 남은 어떻게 믿을 수 있겠느냐는 불안한 눈빛으로 다른 사람들을 쳐다본다.

세상을 향한 믿음의 시작, 안전감

아이들은 처음엔 자신에게 젖을 주는 사람에게 끌린다. 그도 그럴 것이 젖을 먹지 않으면 당장 죽기 때문이다. 하지만 아이는 이 사람이 자기에게 젖 이외에도 매우 중요한 것을 준다는 사실을 곧 알게 된다. 바로 '안전감'이다. '안전감'은 아이가 굶지 않고 다치지 않도록 보호해주는 '신체적인 안전감'과 함께 아이의 마음을 편안하게 해주고 기쁘게 해주고 외롭지 않게 해주는 '심리적인 안전감'을 포함한다. 엄마는 찬바람이 불면 아이를 따뜻한 담요로 싸서 가슴에 품어주고, 아이가 뜨거운 난로로 기어가면 얼른 달려와 "안 돼!"라고 제지하며 아이를 막아 다치지 않도록 보호한다. 아이는 추위와 위험으로부터 자신을 보호해주는 엄마를 통해 '신체적인 안전감'을 느낀다. 또한 엄마는 아이가 낯선 곳에서 두려워하면 아이를 안고 기분 좋게 토닥여 안심시켜주고, 심심해하면 즐거운 노래를 들려주거나 딸랑이를 흔들어 재미있게 해준다.

이런 모든 행동을 통해 아이는 엄마와 함께라면 세상이 그리 무섭지 않다는 '심리적인 안전감'을 느끼게 된다. 하지만 모든 아이가 양육자와의 관계에서 이런 안전감을 얻을 수 있는 것은 아니다. 부모가 너무 둔감하거나 본인의 감정 조절조차 어려워서 아이가 위험에 빠져도 알아차리지 못하거나, 아이를 위험에서 구해줄 수 있는 능력이 없을 때 아이는 불안감을 느낀다.

앞에서 소개한 혜수와 정훈이, 그리고 민주의 경우에서 볼 수 있듯 아이가 양육자와의 관계에서 안전감을 얻으려면 양육자는 아이보다 더 유능해야 하고 아이를 돌볼 수 있는 신체적·인지적·정서적·사회적 능력을 갖춰야 한다. 애착 이론의 창시자인 존 볼비는 애착이란 '어린 것이 자신보다 더 강하고 더 지혜롭고 세상에 잘 대처하는 누군가와 맺은 관계'라고 정의했다. 아무리 어린아이라도 자신보다 약하고 어린 존재에게는 기대지 않는다. 아이에게 애착이란 생존과 직결된 본능인 만큼 자신을 보호해주고 안전감을 느끼게 해줄 대상이 절실하다.

이렇게 만들어진 안전감은 아이를 보호해주고 마음을 편하게 해줄 뿐만 아니라 앞으로 아이가 살아가면서 세상과 상호작용하는 데 결정적인 역할을 한다. 안전감은 자신에게는 나쁜 일이 생기지 않으며, 나쁜 일이 생기더라도 부모가 자신을 지켜주고 보호해줄 것이며, 세상 또한 그리 위험한 곳이 아닐 거라는 믿음을 뜻한다. 부모에게 이런 믿음을 느끼는 아이는 주변을 바라볼 때 불안한 시선이 아니라 호기심 어린 시선으로 살피며 다른 사람들과 만나고 세상을 향해 나가는 데도 주저함이 없다. 이처럼 건강한 안전감을 쌓은 아이는 점점 더 큰 세상으로 나가며, 자율적이고 독립적인 어른으로 성장해 나갈 수 있다.

일관성 있는 육아가 아이에게 안전감을 전달한다

너무 덥지도 춥지도 않은 쾌적한 온도, 끈끈하거나 건조하지 않은 적절한 습도, 너무 밝지도 어둡지도 않은 편안한 조명, 시끄럽지도 그렇다고 너무 조용하지도 않은 공간이 아이에게는 안전한 물리적 환경이다. 물리적 환경을 더욱 안전하게 제공하려면 일관성 있는 공간 배치와 활용이 중요하다. 아이가 자는 곳과 노는 곳, 이유식을 먹는 곳이 정해져 있는 것이 좋다. 아이가 잠자는 공간이 놀이 공간과 뒤섞여 있으면 아이는 졸린 순간에도 놀잇감을 만지며 쉽게 잠들지 못한다. 아이가 졸려 하면 잠자는 공간으로 아이를 데려와 매일 불러주는 자장가를 들려주거나 동화책을 읽어주면 아이는 그동안의 반복된 경험으로 '아, 이제는 잠잘 시간이구나' 하며 비교적 쉽게 잠에 들게 된다.

아이에게 다양한 발달 자극을 주겠다는 욕심에 너무 많은 장난감을 제공하거나 수시로 장난감을 교체해도 아이의 안전감은 흔들릴 수 있다. 어린아이는 자극을 처리하는 능력이나 기술이 아직 충분히 발달하지 않았기 때문에 새로운 자극을 접하면 오랫동안 탐색하고 연습을 해야 한다. 너무 많은 장난감과 자극은 충분한 탐색과 연습을 방해해 오히려 아이를 산만하게 만들 수 있다. 장난감만 많이 준다고 해서 아이의 발달 상태가 좋아지는 것도 아니다. 오히려 부모가 한 가지 장난감을 가지고 다양한 방법으로 함께 놀아주는 것이 발달에 더 큰 도움이 된다.

이러한 물리적 환경과 더불어 하루 일과를 예측 가능하게 구성하는 것도 매우 중요하다. 수유하는 시간, 노는 시간, 잠자고 일어나는 시간 등이 비교적 일정하게 이루어질 수 있도록 길들여야 한다. 그렇다고 강박적으로 몇 분 몇 초까지 정해서 하라는 이야기는 결코 아니다. 아기의 바이오리듬을 잘 관찰하여 대략적인 하루 일과를 정하고, 이러한 스케줄에 익숙해지도록 유도하면 까다로운 기질의 아기일지라도 생후 6개월 정도면 비교적 안정적인 생활 리듬을 찾게 된다.

기질적으로 순한 아이는 생리적 주기도 비교적 규칙적이어서 예측 가능한 하루 일과를 구성하는 데 별 어려움이 없지만 까다로운 기질의 아이는 변덕스러워서 안정적인 리듬을 찾기까지는 여러 힘든 고비를 넘겨야 할 것이다. 하지만 힘들다고 해서 아이의 변화무쌍한 리듬에 부모가 그대로 따라가게 되면 육아는 더욱 힘들어지게 된다. 까다로운 기질의 아이는 새로운 것이나 변화에 대한 초기 저항이 심한 편이지만 이런 아이 역시 반복적으로 연습해서 익숙해지게 되면 적응할 수 있다.

하루 일과가 예측 가능하게 이루어지면 아이와 부모 간의 갈등도 현저하게 줄어들게 된다. 가령, 밥 먹을 시간 즈음에 아이가 보챈다면 부모는 아이가 '배가 고픈가 보구나'라고 얼른 아이의 의중을 알아차리고 밥을 줄 수 있다. 이로 인해 아이는 부모를 신뢰할 만한 사람이라 생각하게 된다. 반면 일과가 들쑥날쑥한 아이의 경우에는 부모는 아이가 보채거나 울면 "배고파? 안 먹어? 졸린가? 아니면 어디 아픈가?" 하며 허둥지둥하게 되고, 아이는 그런 부모에게 신뢰감과 안전감을 느낄 수 없다.

돌봐주는 사람이 일관성 있고 예측 가능한 것도 매우 중요하다. 이를 위해서는 한꺼번에 너무 많은 양육자가 각자의 방식대로 아이를 돌보는 것은 아이에게 혼란과 불안을 안기게 된다. 양육자가 한 명이라도 양육자의 정서가 불안정하면 기분에 따라 다르게 반응하기 때문에 변덕스러운 한 명의 양육자는 여러 명의 양육자와 별 다를 바가 없다. 이러한 이유 때문에 조울증이나 우울증과 같은 기분 장애를 가진 양육자를 최악의 양육자로 꼽는 것이다.

요즘은 맞벌이 가정이 많고, 맞벌이가 아니더라도 핵가족화로 인해 무슨 일이 생겼을 때 다른 가족의 도움을 얻기가 여의치 않다. 이 때문에 무슨 일이 생길 때마다 잠깐 놀이방에 맡기는 경우도 있는데, 피치 못할 사정이라면 어쩔 수 없겠지만 그날 컨디션에 따라, 혹은 갑작스럽게 친구들이 만나자고 한다고 아이를 놀이방에 몇 시간씩 맡기는 것은 좋지 않다. 엄마가 아이를 데리고 일 처리를 하는 것이 힘들다면 차라리 일주일에 특정 요일, 시간을 정해서 규칙적으로 한두 시간을 맡기고, 그 시간에 필요한 볼일을 보는 게 낫다.

사람마다 양육과 훈육의 방식이 조금씩 차이가 있는 것은 어쩔 수 없지만 아이와 관련된 생활 규칙 자체가 돌봐주는 사람마다 다르면 아이는 불안감을 크게 느낀다. 아이를 돌보는 사람이 여럿일 때는 기본적인 생활 규칙에 대해 서로 공유하고, 아이가 이를 어길 때 어떻게 달래고 돌볼지에 대한 합의가 필요하다. 이러한 일관성 있는 육아는 아이를 안심시키고 세상은 예측 가능한 곳이라는 믿음을 준다. 그뿐만 아니라 아이를 돌보는 양육자에게도 육아를 좀더 쉽게 해주며 양육자로서의 유능감도 느끼게 해준다.

세상을 향한 호기심, 애착 행동

어렸을 때의 일이다. 학교 놀이터에서 그네를 타고 있는데 덩치도 크고 사납게 생긴 아이가 와서 자기가 타야 하니 당장 그네에서 내려오라고 나한테 명령했다. 사실 다른 때 같았으면 아무 소리도 못하고 슬그머니 내려왔을 테지만 그날은 당당하게 "조금만 더 타고 내릴게. 너는 그때 타!"라고 말했다. 저 멀리 큰오빠와 큰언니, 작은언니, 그리고 막내 언니까지 자그마치 네 명의 지원군이 나를 향해 다가오는 것을 보았기 때문이다. 한마디로 '빽'이 든든하니 몸을 사릴 필요도 없고 무서운 것도 없었다.

아이에게 애착 대상은 이런 든든한 지원군 역할을 한다. '배경 믿고 까분다'는 말처럼 아이는 엄마가 있으면 겁도 없이 이런저런 행동을 해본다. 엄마가 나를 지켜줄 테니 좀더 멀리 나가볼 용기도 생긴다. 믿는 구석이 있는 아이에겐 세상은 넓고 할 일은 많은 곳이 된다. 무서운 것이 나타나면 얼른 엄마에게 달려가면 되니까 겁날 것이 없고, 내가 해선 안 될 일을 한다면 엄마가 말해줄 것이니 지레 포기하지 않아도 된다. 이런 엄마에 대한 믿음, 그 안에서 얻게 된 안전감을 토대로 아이는 세상을 탐색하고 더 큰 세상으로 성큼 나아가는 것이다.

이런 원리로 긍정적인 애착 관계를 형성한 아이는 세상을 좀더 적극적으로 탐색하고, 새로운 환경에 처했을 때도 두려움보다는 긍정적인 호기심으로 주변의 사물과 사람을 탐색하며 건강한 방식으로 상호작용을 시도한다. 따라서 긍정적인 애착을 형성하지 못해 안전감을 얻지 못한 아이가 가장 타격을 받는 부분도 바로 세상을 탐색하는 행동이다.

부모가 있어도 기댈 곳이 없는 아이

다섯 살이면 보이는 것마다 만져보고 놀아보고 싶은 나이지만 집에서나 밖에서나 아무것도 하지 않으려 하고 오로지 엄마 옆에만 붙어 있으려 한다는 민석이는 불안정한 애착으로 탐색 행동에 타격을 받은 아이다. 늘 "심심해"라는 말을 달고 살지만 엄마가 옆에 붙어서 함께 놀아주지 않으면 혼자서는 아무것도 하지 않은 채 빈둥거린다. 엄마는 아이가 너무 나약하고 의존적이라고 하는데, 사실 민석이가 이렇게 된 데는 우울하고 힘없는 엄마가 뒤에 있었다.

민석이는 부모님과 할머니, 할아버지, 그리고 이혼한 후 아들과 같이 친정에 들어온 고모와 함께 산다. 고모는 직장에 나가기 때문에 할머니와 민석이 엄마가 민석이와 함께 사촌을 돌본다. 민석이와는 1년 정도밖에 터울이 나지 않아 티격태격 다툴 때가 많지만 주변 어른들은 부모의 이혼으로 아빠와 떨어져 사는 사촌을 불쌍하게 여겨 어린 민석이가 야단을 맞거나 오히려 찬밥 취급을 당할 때가 많았다. 심지어 엄마도 고모 눈치가 보여 아이들끼리 싸울 때 민석이를 나무랐다. 산후우울증이 있었던 민석이 엄마는 시집살이에 고모 뒷바라지까지 하면서 우울증이 심해지더니 지금은 필요한 말 외에는 하지 않고 민석이가 사촌과 부딪치는 게 싫어 어느 때는 민석이를 방 밖으로 나가지 못하게 할 때도 있었다.

이처럼 민석이 엄마는 자신의 스트레스만으로도 힘든 지경이다 보니 아이와 놀아주기는커녕 사촌 형에게 매번 당하고 가족들에게도 구박받는 민석이를 보호해줄 수 없었으며, 심지어 상처받은 민석이를 더 심하게 야단쳐서 깊은 상처를 주기도 했다. 이런 아이에게 엄마는 '든든한 배경'이 아니라 오히려 나약한 사람일 뿐이다. 그런 엄마를 둔 아이에게 세상은 기댈 곳 없는 두려움의 대상이다.

무서운 것을 보면 피하고 움츠러드는 것이 사람의 본능이다. 세상으로부터 자신을 보호해줄 지지자가 없는 민석이는 세상을 향해 나아가지 못하고 그저 엄마 옆에 붙어 세상을 거부할 수밖에 없다. 세상은 건들면 터질 수도 있는 위험한 곳이니 그저 조용히 없는 척하고 아무것도 건드리지 않는 게 상책이라고 생각하는 것이다. 이런 아이들은 새로운 것에 대한 호기심 대신 두려움만 커져가고, 주변을 능동적으로 탐색하는 대신 수동적으로 받아들인다. 이렇게 성장한 아이는 학습이나 일 등을 주도적으로 해야 하는 시기가 되면 점점 더 큰 어려움을 겪게 된다.

민석이처럼 세상을 두려워하며 일체의 탐색 행동을 하지 않는 아이도 있지만 어떤 아이들은 이리저리 돌아다니며 지나치게 산만하게 행동하기도 한다. 얼핏 보면 탐색 행동이 활발한 것 같아도 자세히 살펴보면 두서없이 돌아다니는 것일 뿐, 의미 있는 놀이나 조작 활동, 관찰 활동은 하지 않는다. 이런 행동을 하는 아이들도 애착을 통해 안전감을 충분히 발달시키지 못한 경우다.

어린 시절 맞벌이를 하는 부모 때문에 시골 외가에서 살았던 윤수도 그런 아이들 중 하나다. 외가에는 할머니와 할아버지, 그리고 외삼촌이 있지만, 할아버지는 중풍으로 거의 방에만 계시고 외삼촌은 집에 들어오지 않는 날이 더 많았다. 결국 할머니 혼자 윤수를 돌보는 셈이었는데, 할머니는 밭일에다 할아버지 수발까지 쉴 틈이 없었다. 할머니는 윤수를 매우 사랑하기는 했지만 할 일도 많고 몸도 성치 않아 온종일 텔레비전을 보게 하거나 밭일을 할 때 데려가 한쪽 편에서 놀게 했다. 윤수가 30개월이 되자 부모는 아이가 어느 정도 컸다고 생각해 서울로 데려와 어린이집에 보냈다. 하지만 윤수가 어린이집 활동에 참여하지 않고 제멋대로 돌아다니면서 놀잇감이 아닌 사물을 만지거나 위험한 행동을 일삼는 통에 어린이집에서도 퇴소당할 수밖에 없었다. 윤수가 유일하게 집중하는 순간은 비디오를 보거나 자동차 놀이를 할 때인데, 이때도 자동차를 일렬로 늘어놓고 굴리면서 바퀴가 돌아가는 것을 하염없이 바라볼 뿐이었다.

할머니는 분명 윤수를 사랑했지만 어린아이를 적절히 보호하고 필요한 자극을 주기에는 너무 늙고 지친 어른이었다. 윤수가 밭고랑에서 위험하고 더러운 행동을 해도 내버려두고, 종일 텔레비전을 봐도 제재하지 않았으며, 자동차를 주면 귀찮게 하지 않기에 사달라는 대로 다 사주었다. 이런 환경에서 아이는 신체적인 안전감을 충분히 느낄 수 없을뿐더러 심리적 안전감은 더욱 느낄 수 없었던 것이다.

제한도 없고, 관여하지도 않고, 안전감도 느낄 수 없는 환경 속에서 자란 아이는 또래 무리에 잘 어울리지 못한다. 또한 사람과의 충분한 상호작용을 통해 습득되는 지식이나 규범을 알지 못해 제멋대로 행동한다. 부모를 통해 사물을 적절히 탐색하고 다루는 방법을 배우지 못했기에 잠시 살펴봐서 모르겠으면 그냥 내팽개치고 또 다른 것을 봤다가 그것도 별로면 다른 곳으로 가버린다. 이렇게 무분별하고 의미 없는 호기심은 탐색 행동이 아니라 그저 산만하고 정신없는 행동일 뿐이다. 애착을 제대로 형성하지 못한 아이들에게서 쉽게 발견되는 주의력 문제나 충동 조절 문제는 바로 이 무분별한 탐색 행동의 결과다.

'애착 행동'으로 '안전감'을 얻은 후 나타나는 '탐색 행동'

'애착'과 '탐색 행동'은 인과관계로 이루어진 하나의 세트이다. 좋은 애착을 경험한 아이는 적극적이고 긍정적으로 세상을 탐색하며, 좋지 않은 애착을 경험한 아이는 위축되거나 무분별하고 비정상적인 탐색 행동을 보인다. 하지만 애착과 탐색 행동이라는 세트 메뉴는 동시에 쟁반에 올라오지 않는다. 다소의 시간 차이가 있는데 양육자에게 의존하는 '애착 행동'이 먼저 나타난 다음, 이를 통해 '안전감'이라는 결실을 얻으면 그 후 양육자한테서 떨어져 세상을 탐색하고 독립을 시도하려는 '탐색 행동'이 나타난다.

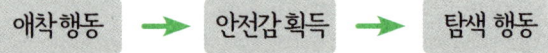

탐색 행동을 보이다가도 큰 도전과 위협을 느끼면 다시 '안전감'을 느끼려는 시도로 '애착 행동'이 나타나기도 한다. 남편과 부부 싸움을 심하게 한 후 자신도 모르게 친정 엄마가 보고 싶어지는 것도 일종의 '애착 행동'이다. 하지만 남편과 알콩달콩 사랑을 나눌 때는 엄마 생각이 나지 않는다. 어찌 보면 사람은 일생을 통해 애착과 탐색을 반복하며 살아가는지도 모른다. 다만 성인이 되면 굳이 엄마를 만지지 않아도, 엄마 품에 파고들지 않아도 엄마 생각만으로 위안을 얻는 등 보다 성숙하고 세련된 방법으로 안전감을 느낄 뿐이다. 이렇게 애착이라는 감정을 깊이 들여다보면 부모 없는 고아를 세상에서 가장 불쌍한 사람이라고 하는 말의 의미가 가슴에 더욱 크게 와 닿는다.

불안을 극복하는
건강한 자아,
애착이 그 토대다

범준이는 어려서부터 낯가림이 심하고 예민했는데, 엄마의 우울증 때문에 제대로 된 보살핌을 받지 못했다. 다섯 살 때부터 3년 동안 한 어린이집을 쭉 다녔지만 낯선 것을 두려워하는 범준이는 졸업할 때까지도 또래와 어울리지 못하고 교실 한쪽 구석에서 손가락을 빨며 스스로 두려움을 달랬다. 초등학교 1학년인 지금은 손가락을 빠는 것도 모자라서 손발톱을 모두 물어뜯는다. 수업 시간 내내 심취한 모습으로 손톱을 뜯느라 범준이는 필기도 제대로 하지 못한다. 그 일로 선생님한테 지적받은 후로는 혼나는 것이 두려워서 아예 책상 밑으로 손을 내린 채 손톱 주변의 살을 뜯는다.

일곱 살 준희는 공상의 세계에서 산다. 준희네 집은 부부 싸움이 잦고, 아빠는 가끔 준희와 엄마에게 손찌검까지 한다. 그런 일이 벌어질 때마다 엄마는 이불을 쓰고 드러눕고, 아빠는 술을 마시며 화만 낸다. 준희의 유일한 즐거움은 텔레비전 만화를 보는 것과 동화책을 읽는 것이다. 만화와 동화 속의 주인공은 아름답고 행복하며 사랑을 받는다. 준희는 자신이 계모의 구박을 받는 신데렐라라고 생각한다. 어느 날 멋진 왕자님이 나타나서 이 끔찍한 곳에서 자신을 구해줄 것이라는 상상만 하면 준희는 기분이 좋아진다. 이제 준희는 온종일 상상 속에서 산다. 유치원에서도, 집에서도 혼잣말을 중얼거리며 논다. 학습지 선생님은 준희가 딴생각이 너무 많아 집중하지 못한다며 수업을 중단했다.

안정적인 애착이 아이의 불안을 해소한다

아이들은 혼자 있을 때, 어두운 곳에 있을 때도 무서움을 느끼지만 자신을 지켜줄 엄마를 잃어버렸을 때 가장 불안해한다. 정신분석학의 창시자인 지그문트 프로이트(Sigmund Frend)는 자신의 저서에서 이렇게 말했다.

아동의 불안이 명백해지는 몇 가지 상황은 우리도 이해할 수 있다. 우리는 이런 상황을 주목할 필요가 있다. 예를 들어 혼자 있을 때, 어두운 곳에 있을 때, 그리고 엄마처럼 친숙한 사람 대신에 낯선 사람과 함께 있을 때 아동은 불안해한다. 아동이 불안해하는 세 가지 상황을 한 가지 조건으로 요약하면, 아동이 사랑하고 갈망하는 누군가가 사라지는 것이다.
– 지그문트 프로이트, 《억압, 증후 및 불안(Inhibitions, Symptoms and Anxiety)》

아이에게 부모가 중요한 이유, 부모를 잃었을 때 강한 불안을 느끼는 이유는 바로 아이는 어른과 달리 스스로 문제를 해결하고 다룰 수 있는 자아가 미숙하기 때문이다. 우리의 자아는 내적인 욕구나 갈등을 현실에 맞도록 조절하고 해결하는 역할을 담당하는데, 이런 자아는 성장과 함께 만들어진다.

부모와의 애착이 안정적으로 형성된 아이는 세 살 즈음이 되면 부모에게만 의존하지 않고 스스로 독립해 문제를 해결하려 한다. 바로 이것이 자아의 태동이다. 따라서 아직 자아가 발달되지 않은 세 살 이전의 아이에게 부모는 결정적으로 중요한 사람이며, 자아가 미숙한 유아기·아동기에도 아이의 문제 해결에 여전히 중요한 사람이다. 아무리 아이가 스스로 갈등을 헤쳐 나가고 싶어도 아직은 아이의 능력을 벗어나는 일이 많기 때문이다. 이런 순간에 아이는 부모에게 의지해야 하고, 부모의 지지와 격려를 받아야 한다.

부모와 안정적으로 애착 관계가 형성된 아이는 위기의 순간에 부모에게 도움을 청하는 것을 어려워하거나 수치스러워하지 않는다. 또한 아이가 굳이 요청하지 않아도 부모가 가까이에 있어 적절한 도움을 제때 주므로 위기 상황과 불안에서 빨리 벗어날 수 있다. 이때 느끼는 안도감과 문제 해결 경험은 건강한 자아의 밑거름이 되어 아이는 조금씩 성숙한 자아를 만들어간다. 반면 도움이 필요한 순간 부모에게 아무런 도움도 받을 수 없는 아이, 즉 불안정한 애착을 경험한 아이는 같은 상황에서도 상당히 불안해하고 이런 불안은 아이의 자아를 위축시키고 성장을 방해한다.

자아는 우리의 언어, 사고, 지각, 기억, 그리고 행동을 조절하는 기능을 담당하며, 이런 기능을 이용해 현실을 감지해서 우리의 본능적인 욕구를 현실에 맞도록 조정하고 실현시키는 역할을 한다. 또 자아는 불안을 조절하는 매우 중요한 역할을 한다. 따라서 불안한 요소가 많아지면 자아는 불안을 다루는 데 온 힘을 쏟느라 다른 기능은 발달 시키지 못하고 성숙하지 못하게 된다.

범준이와 준희는 각각 엄마의 우울증과 잦은 부부 불화로 안정적인 애착을 형성하지 못했다. 낯선 상황에 대한 불안을 부모의 도움 없이 해결해야 했던 범준이의 자아는 '손톱 물어뜯기'에 몰두함으로써 낯선 상황을 잊어버리는 방법을 선택했다. 반면 준희의 자아는 불안함을 주는 현실에서 벗어나고자 '공상'이라는 방법을 선택했다. 두 가지 방법 모두 바람직한 것은 아니지만 그래도 당장의 불안을 해소하는 데는 효과적인 것이었다.

우리의 자아는 불안이 다가오면 현실적인 방식으로 문제를 해결하려고 노력한다. 하지만 그것이 여의치 않을 경우에는 부적절한 방식으로라도 불안을 줄이려고 애쓴다. 범준이와 준희의 자아는 불안을 감소시키는 데는 성공했지만 대신 많은 것을 잃었다. 또래와 함께 어울려 놀지 못하고, 제 나이에 배워야 할 것을 배우지 못했으며, 현실적이고 합리적인 대처 능력도 연습하지 못했다. 이런 시간이 길어지면 나이가 들어서도 여전히 아이는 불안한 상황에 압도되기 쉽고, 부적절한 방식으로 자신을 다독이며 살아갈 수밖에 없다.

이 세상 누구도 살아가면서 전혀 불안감을 느끼지 않을 수는 없다. 그래도 자신을 도와주고 위로해줄 누군가가 있다고 생각하면 큰 위안이 된다. 그 위안을 지지대 삼아 불안에서 벗어나려고 노력할 수도 있다. 이렇게 불안을 극복해낸 경험은 건강한 자아존중감으로 이어진다.

자아 발달이 완성된 성인의 경우에도 불안의 경험과 해결은 어려운데, 자아 발달이 미성숙한 아이들은 말할 것도 없다. 부모는 아이가 불안에 압도되지 않도록 살피고 배려해야 하며, 필요한 순간 적절한 도움을 제공해야 한다. 이를 위해서는 부모가 불안을 일으킬 만한 말과 행동을 삼가고, 위험에서 보호해주고, 아이가 언제든지 도움을 청할 수 있는 편안한 사람이어야 한다. 그리고 무엇보다 아이에게 '부모는 날 사랑하고, 내 곁에 있어주는 사람'이라는 확신을 심어주어야 한다. 사랑하는 사람과 함께하지 못하는 것이 아이에게는 최고의 불안이기 때문이다.

불안한 아이에게 가장 필요한 것

육아 정보가 넘쳐흐르는 세상에서 "자꾸 안아줘 버릇하면 손 타니 안아주지 마라"는 식의 떠도는 이야기는 더 이상 먹히지 않는다. 하지만 불과 얼마 전까지만 해도 근거 없고 아이에게도 해로운 잘못된 정보가 많았다. 가장 대표적인 것이 위에서 말한 "안아주지 마라", "넘어져도 일으켜주지 마라", "우는 아이 달래주지 마라" 등의 말이었다. 물론 이런 말들이 전부 틀린 것은 아니지만 모든 아이에게 적용할 필요는 없는 이야기들이다.

어린아이가 자신의 의사를 표현하는 방법은 '우는 것'밖에 없다. 만약 아이가 울어도 내버려둔 채 보살펴주지 않으면 아이는 절망하고 자신을 도와줄 존재가 이 세상에 없다고 생각하게 된다. 결국 아파도 울지 않고, 도움이 필요해도 도움을 청하지 않게 된다. 일종의 '포기'다. 이걸 두고 어떤 부모는 드디어 아이가 '참을성'을 배우고 성숙해졌다면서 좋아하기까지 한다.

다행히 요즘은 전반적으로 육아 상식의 수준이 높아져 많은 부모가 어른의 손길이 아이에게 중요하다는 사실을 알고 있지만, 아직도 아이에게 '따뜻한 접촉'이 얼마나 중요한지를 잊어버리는 사람이 많다. 바닥에 아이를 눕혀놓은 채 젖병을 물리기도 하고, 더 심한 경우엔 젖병을 잡는 것도 귀찮아 베개나 담요 등으로 젖병이 쓰러지지 않게 해놓고는 엄마는 자기 볼일을 보거나 텔레비전 드라마를 보기도 한다. 아이에게 정말 중요한 것이 무엇인지 모르는 사람들이다. 앞서 소개한 전쟁고아들의 이야기처럼 부모와 따뜻한 접촉이 이루어질 때 훨씬 효과적인 영양 공급이 이루어진다. 아이에겐 영양 공급만큼이나 부모의 따뜻함을 느끼고 감정을 나누는 것이 중요하기 때문이다.

아이에게 '따뜻한 접촉'이 얼마나 중요한지는 동물을 대상으로 한 실험에서도 알 수 있다. 널리 알려진 해리 할로(Harry Harlow)의 '가짜 원숭이 실험'에 따르면 원숭이에게도 먹이보다 더 중요한 것은 따뜻한 접촉이었다. 할로는 갓 태어난 새끼 원숭이를 두 개의 대리모가 있는 우리에서 키웠는데 하나는 철사로 만들었고, 다른 하나는 부드러운 천으로 만들었다. 그리고 둘 중 한쪽 대리모에게만 젖이 나오는 젖병을 달았다.

할로는 다양한 상황을 설정해서 실험했다. 철사 대리모에게만 젖병이 붙어 있을 경우, 천 대리모에게는 젖병이 없는데도 새끼 원숭이는 천 대리모를 자주 껴안고 매달렸으며 혼자 놀다가 겁이 날 때도 달려가 안기곤 했다. 철사 대리모와 마찬가지로 천 대리모 역시 진짜 살아 움직이는 것은 아니어서 필요할 때 도움을 주지 못했는데도 부드러운 천의 따뜻한 접촉 하나로 새끼 원숭이는 위안을 받았던 것이다. 이 연구 결과를 보면 아이는 젖을 통해서 신체적 생존을, 따뜻한 접촉을 통해서 심리적 생존을 추구한다는 것을 알 수 있다.

아이의 심리적 생존에 이토록 중요한 역할을 하는 '따뜻한 접촉'

은 우리가 흔히 말하는 스킨십뿐만이 아니다. 부드러운 목소리, 다정한 미소, 아이를 향한 눈빛이 모두 따뜻한 접촉이다. 어린아이들은 감각으로 외부 세계를 받아들이기 때문에 눈으로 보고, 귀로 듣고, 코로 맡고, 손으로 만지는 모든 것에서 엄마의 애정을 느낀다. 그리고 이런 감각 경험이 일관되게 통합되는 것이 매우 중요하다. 말은 달콤하게 하지만 아이를 붙잡는 팔의 힘이 거칠고 아프다면 아이는 혼란스러워한다. 말로는 "괜찮아"라고 위로하면서도 얼굴 표정은 차갑고 화가 나 있다면 아이는 불안해한다. 이처럼 아이에게 제공되는 메시지가 일관성이 없고 혼란스러울 때 아이는 이런 접촉을 불편해하고 두려운 것으로 생각하며 정서적으로 커다란 불안감을 느낀다.

얼마 전 어떤 엄마가 첫째 아이가 너무 징징대고 달래도 쉽게 그치지 않는다며 상담센터를 방문한 적이 있었다. 엄마는 백일이 갓 지난 둘째를 함께 데려왔는데, 마침 아이가 자고 있어 대기실에 잠시 눕혀두고 상담을 시작했다. 그런데 둘째 아이가 깨서 울자 엄마가 얼른 달려 나가더니 아이를 안고 달랬다. 하지만 어찌 된 일인지 엄마가 나간 지 한참이 되어도 아이의 울음소리는 점점 더 커졌다. 걱정스러운 마음에 나가보니 엄마는 아이를 안아주긴 했으나 아이가 불편할 정도로 엉덩이를 세게 때리면서 연신 격하게 흔드는 것이었다. 엄마의 얼굴은 벌써 잔뜩 찡그려져 있었고, 둘째도 첫째처럼 너무 징징댄다면서 하소연을 했다.

그러나 문제는 아이가 아니라 엄마였다. 내가 아이를 건네받아 부드럽게 안고 다독이니 아이는 금세 조용해졌다. 아이를 안아준다고 문제가 다 해결되는 것이 아니라 얼마나 편하게 해주는가가 중요한데 아이 엄마는 그 부분에서 실패한 것이다. 아이가 빨리 조용해졌으면 하는 마음에 급하게 안고 격하게 흔들면서 짜증 섞인 목소리로 "왜 그래? 뭐? 어떻게 해달라고? 왜 안 자?"라고 외친 것이 문제였다. 그 모습을 보자 큰아이에게 생긴 문제의 원인도 알 수 있었다. 이 엄마는 아이와의 접촉이 중요하다는 것은 알고 있었지만 진정 '따뜻한 접촉'이 무엇인지는 몰랐던 것이다. 이제껏 이 엄마가 아이에게 제공한 접촉은 따뜻하기보다 '짜증 나는 접촉'이었다.

온몸으로 받아들이는 따뜻한 접촉의 힘

어떤 엄마는 심하게 보채는 아이도 쉽게 달랜다. 아이가 보채고 성가시게 굴면 '따뜻한 접촉'에 서툰 엄마들은 급한 마음에 목소리와 손에 힘이 실리지만, 접촉에 능숙한 엄마는 보채는 아이에게 부드럽게 다가간다. 편안한 목소리로 아이의 마음을 헤아려주고, 가볍고 따뜻한 손길로 아이의 머리카락과 등과 발을 쓰다듬어준다. 갑자기 아이의 뺨을 만진다거나 팔을 덥석 잡아 아이에게 위협감을 주거나 자극하지 않는다. 따뜻한 눈길로 아이를 구석구석 바라봐준다.

그러면 성질이 났던 아이는 자신을 부드럽게 다뤄주는 손길에 흥분했던 마음을 가라앉히고 편안함을 느낀다. 그리고 말은 못 해도 자신이 무엇 때문에 흥분했는지, 화가 났는지 전하고 싶어 엄마의 눈을 바라본다. 이런 경험이 쌓이면서 울고 징징대고 화내는 대신 엄마와 자신의 문제에 대해 언어적으로 소통하게 된다. 반면 '짜증 나는 접촉'을 경험했던 아이는 안 좋은 일이 있을 때 엄마를 보면 더욱 기분이 나빠져 소리를 지르고 화를 내면서 그저 징징대기만 한다.

이처럼 '따뜻한 접촉'은 아이에게 편안함과 안전감을 줄 뿐 아니라 의사소통 능력까지 키워준다. 어렸을 때 경험한 따뜻한 접촉은 부드러운 대화와 같다. 언어 발달이 미숙한 세 살까지는 따뜻한 접촉을 통한 대화에 특히 신경 써야 한다. 그리고 그 이후부터는 따뜻한 접촉과 함께 부드러운 언어를 사용해야 한다.

물론 때로는 단호한 태도로 아이를 나무라고 제지해야 할 때도 있다. 아이가 위험하거나 잘못된 행동을 했을 경우, 긴박한 상황에서 아이에게 빨리 경고해야 할 때는 '따뜻한 접촉'이 어렵다. 그렇다고 해서 무섭게 야단치고 겁을 주면 안 되지만 잘못한 행동에 대해서는 분명히 알려주어야 한다. 하지만 잘못을 알려준 후에는 '따뜻한 접촉'으로 아이의 놀란 마음을 알아주고 다독여주는 것이 필요하다.

세 살 이전의 아이들은 아직 자아가 발달되기 이전이라서 나쁜 의도나 목적으로 잘못된 행동을 하는 일이 거의 없다. 미숙함과 무지에서 일어난 잘못을 두고 엄마의 처지에서만 생각해 짜증 내고 체벌하는 것은 절대 옳지 않다. 사춘기 자녀를 나무라고 나서 "속상했지?"라고 다독여주는 것처럼, 어린아이도 잘못을 나무란 다음에는 따뜻한 접촉을 통해 마음을 헤아리고 풀어주어야 한다. 아직 말하지 못하는 아이도 엄마의 애정과 표현을 온몸으로 느끼고 있다는 것을 기억하자.

PART 2

아이의 인생을
결정하는
단 하나의 조건,
애   착

아이가 크는 만큼
애착도 자라야 한다

나는 지금도 딸과 처음 만났던 순간을 기억한다. 분만실에서 아기를 대충 씻겨서 내게 아기의 손가락, 발가락 개수와 성별을 확인시켜주고는 나는 입원실로, 아기는 신생아실로 옮겨졌다. 열 달 동안 어떻게 생겼을까 궁금해하며 이것저것 첫 만남을 상상했던 것이 허무할 정도로 짧은 만남이었고, 입원실로 가면서 아무리 생각해내려고 해도 아기의 얼굴이 떠오르지 않아 암담했던 기억이 있다. 3일 후 퇴원하는 차 안에서 비로소 오랫동안 딸아이를 품에 안을 수 있었다. 하지만 아이는 잠만 잤고, 노산이라 몸조리를 잘해야 한다는 주변의 성화에 나도 잠만 잤다. 도통 모유가 나오지 않아 초유조차 먹지 못한 채 분유를 먹어야 했던 딸아이는 시어머니가 산후 조리를 해주는 한 달 동안 내 품보다 할머니 품에 더 많이 오래 머물러 있었다. 그때 느꼈던 심정은 '그토록 기다리던 아기를 낳았는데 왜 이리 심심하고 허전하지?'였다. 시어머니가 시골로 돌아가신 후 딸아이가 내 품에서 까탈스럽게 울어댈 땐 '혹시 그때 내가 충분히 보듬어주지 못해서 이런 걸까?'라는 불안이 스쳐 지나가곤 했다.

0~6개월
꾸준한 돌봄이 애착의 시작이다

이론상으로는 생후 6개월 정도가 되어야 아기가 '저 사람이 내 엄마, 내 아빠다!'라는 걸 알아차릴 수 있다. 그 이전에는 자주 본 사람들에게 보다 눈을 맞추고 편안해하지만 아직까지는 엄마, 아빠를 인지하지는 못한다. 그렇다고 해서 6개월 전에는 엄마, 아빠가 아기를 두고 룰루랄라 놀러 다니며 신경을 쓰지 않아도 된다는 이야기는 아니다. 아기는 엄마를 인지하지는 못하지만 본능적으로 엄마에게 이끌리기 때문이다.

아기의 감각 중에서 신생아 때 가장 발달된 감각은 단연 후각이다. 잘 보이지도 않고, 엄마가 말하는 내용도 알아듣지는 못하지만 냄새로는 엄마를 찾을 수 있다. 태어난 지 며칠만 되어도 엄마의 젖 냄새를 구별할 수 있다고 한다. 엄마의 냄새는 자신의 배고픔을 달래줌과 동시에 따뜻함, 기쁨, 안락함을 주는 기억과 연동되어 있어서 엄마 냄새가 나면 아기는 행복해진다. 모유 수유를 권장하는 이유도 단지 모유가 가진 장점 외에도 엄마 냄새를 통해 아기에게 편안함과 행복감을 주며 바로 이것이 좋은 애착으로 연결되기 때문이다. 모유가 나오지 않아 분유로 수유를 해야 할 때도 가능한 한 엄마가 아기를 보듬고 우유병을 물리는 게 좋다. 비록 엄마 젖 냄새는 아니더라도 자신이 등 따시고 배부를 때 엄마에게서 났던 냄새를 기억하며 엄마에 대한 좋은 감정을 가질 수 있기 때문이다.

촉각 역시 애착 형성에 대단히 중요한 감각이다. 촉각은 피부를 통해 전달되는 감각인데, 우리 몸은 온통 피부로 덮여 있으니 어떤 감각보다 가장 강하게 느껴지는 감각이라 할 수 있다. 그러므로 아기를 자주 부드럽게 어루만져주어야 한다. 특히 슬프거나 외롭거나 무서울 때 자신을 달래주는 촉각은 아이에게 강한 안전감을 제공해줄 수 있다.

이처럼 아기는 태어난 지 얼마 되지 않았을 때부터 자신을 돌봐줄 사람에게 애착될 준비를 하고 있다. 한 사람에게 꾸준히 일관적인 돌봄을 받았을 때 아기는 애착의 과정들을 순탄하게 밟아나가게 될 것이다.

하지만 정작 나는 불행히도 산후 조리 한 달 동안 딸아이에게 이러한 자극을 충분히 제공해주지 못하였다. 게다가 한 달 후에는 직장으로 출근해야 했다. 미숙아로 태어났거나 황달 등의 질병으로 출

산 직후부터 엄마와 떨어져 지내야 하거나 엄마의 사정으로 충분한 접촉을 하지 못하는 아기들이 제법 많다. 하지만 너무 낙담할 필요는 없다. 엄마와 신생아 간의 초기 접촉이 강렬한 느낌을 주는 것은 사실이지만, 진정한 정서적인 애착은 아기가 태어난 후 몇 개월간의 꾸준한 상호작용을 통해 형성되는 것이기 때문이다. 아기를 낳은 엄마가 아니라 할머니나 양부모가 키웠을 때에도 안정적인 애착이 형성되는 경우를 심심치 않게 볼 수 있다.

외려 꼬박꼬박 모유 수유를 하는 것, 매일 목욕을 시킨 것만으로는 안정적인 애착을 보장할 수 없다. 모유 수유를 하며 아기에게 따뜻한 눈길을 주고, 목욕을 시키며 아기의 성장에 대한 기쁨을 말해주지 않았다면 냄새와 촉각의 효과는 반감하고 만다.

비록 딸아이와의 첫 달은 그저 그렇게 지나갔지만 나는 틈만 나면 아기와 말하려고 애썼다. 아기가 보내는 신호를 놓치지 않으려 노력하며, 아기의 허튼 옹알이에도 기뻐하고 의미를 부여하며, 끊임없이 살을 맞대었다. 나의 노력이 딸아이에게 낯선 엄마의 품속을 편안하게 느끼게 만든 것처럼, 초기 관계가 다소 삐걱거리더라도 만회하려고 애쓰는 것이 필요하다.

만일 엄마가 여러 가지 문제로 양육을 도맡기가 벅찰 때에는 하루빨리 아빠나 할머니, 아니면 육아 도우미와 같은 대리양육자를 구하는 것이 필요하다. 아기에게 '엄마'란 '자신을 책임지고 돌봐주는 1차 양육자'를 의미한다. 어떤 문제가 생겼을 때 우리는 '책임자'를 찾는다. 책임자가 없거나 불분명하면 책임이나 결정을 서로 미루거나 우왕좌왕해 문제가 더욱 커지게 된다. 연약한 아기는 자신의 문제를 총괄해줄 책임자가 없으면 안 된다. 모든 엄마는 아기의 책임자가 되고 싶지만 때론 그럴 만한 여건이 안 될 때가 있다. 이때 엄마는 마음만 앞서서 '내가 다 할 거야!'라고 애쓸 것이 아니라, 엄마를 대신해 아기를 총괄해줄 믿을 만한 매니저를 만들어주어야 한다. 아기는 누군가에게 붙어야만 살 수 있고, 처음 붙는 대상이 믿을 만할 때 다른 사람들에게도 신뢰감을 갖고 잘 붙을 수 있다. 엄마는 아기가 처음 붙는 대상이 못 되더라도 너무 실망할 필요는 없다. 대리 양육자와 애착을 잘 형성한 아이는 좀더 커서는 엄마와도 좋은 애착을 형성하게 될 것이며, 이 엄마가 '진짜 엄마'라는 걸 알게 되면 아기에게 세상에서 가장 의미 있는 사람이 될 날이 곧 올 것이기 때문이다.

7~18개월
껌 딱지에서 탐험가가 되기까지

우리가 애착이라고 부르는 것은 엄밀히 말해 '일차애착'이다. 앞서 애착이 '달라붙는 것'을 뜻한다고 설명했듯이 일차애착은 아이가 특정 대상에게 달라붙은 행동을 나타낼 때를 칭한다. 아이들을 보면 어릴 땐 엄마나 할머니에게만 딱 달라붙어 있다가 좀더 크면 부모와 떨어져도 잘 견디고 오히려 낯선 곳에 흥미를 보이며 아무리 불러도 부모에게 오지 않을 때도 있다. 일차애착은 보통 아이가 양육자나 친숙한 사람에게만 붙어 있으려는 7개월에서 18개월 사이에 관찰된다. 두 돌 정도가 되면 엄마나 친숙한 사람이 없어도 한동안 잘 견뎌내며, 낯선 사람에게도 흥미를 보이기 때문에 이전의 아이들에게서 보이는 강력한 분리불안은 별로 관찰되지 않는다.

그런데 어떤 아이들은 세 돌이 다 되어가도 엄마가 없으면 울고불고 난리를 치며, 낯선 사람이 아무리 달래주어도 쉽게 안심하지 못하기도 한다. 이런 아이는 엄마하고 둘이 집에 있을 때는 아무런 문제가 없는데, 밖에 나오면 엄마와 떨어지지 못하고 붙어만 있으려 한다. 엄마와 일차애착은 형성되었으나 이후 분리와 개별화 과정을 원만하게 통과하지 못한 경우라 할 수 있다.

준호는 여섯 살인데 아직 교육기관을 다니지 않는다. 네 살이 되던 해부터 어린이집에 보내려 했지만 준호가 번번이 원치 않아 기다리고 있다고 했다. 엄마의 말에 따르면 준호는 유치원을 다니지 않는 대신 엄마와 집에서 한글과 영어 공부를 하고 있는데 아주 즐겁게 잘 따라온다며 집에선 손 갈 데가 없는 아이라고 했다. 준호는 어릴 적에는 몸이 허약해 걸음마도 또래보다 늦은 편이었고, 비틀비틀 걷다 쓰러질 때가 많아 늘 엄마가 준호의 손을 잡고 다녀야 했다.

18개월 즈음에 큰 사건이 있었는데, 놀이터에서 준호가 까불며 뛰어가다가 미끄럼틀 모서리에 이마가 찢기고 말았다. 이때부터 엄마는 더욱더 준호가 뛰지 못하게 단속하며 늘 함께하는 습관이 생겨났다. 준호는 새로운 것을 보면 엄마에게 "해도 돼?", "이거 뭐야?"라고 물었고, 이때마다 엄마는 성심성의껏 답해주고 알려주었다. 알려주면 곧잘 따라 해 준호를 가르치는 재미도 쏠쏠했다. 집에서는 재롱도 잘 피우고 엄마의 심부름도 곧잘 해주어 유치원에도 쉽게 갈 것이라 생각했는데, 유치원 이야기만 나오면 준호는 얼굴이 어두워지며 "난 엄마랑 있는 게 제일 좋아!"라고 말한다. 그렇다고 해서 친구들과 놀지 못하는 것도 아니어서 단짝 친구도 있고, 그 친구 집에는 엄마와 떨어져 놀러 가기도 한다. 준호를 잘 아는 지인들은 도대체 이런 준호가 왜 유치원을 가지 않으려 하는지 알 수가 없다고 입을 모아 말한다.

이런 이유로 상담센터에 온 준호를 만났다. 처음에는 쭈뼛거리며 들어오려 하지 않았지만 엄마가 아이와 눈을 맞추며 "엄마가 말했지? 좋은 선생님이라고 했지? 엄마랑 약속했잖아, 우리 준호는 엄마 말 잘 듣지?"라고 몇 차례 설득하자 못 이기며 들어왔다. 걱정과 달리 준호는 생글생글 웃으며 놀고 묻는 말에 대답도 잘했다. 하지만 조금 특이한 점이 있었다. 장난감들을 보면 "어, 이거 우리 집에 있는데", "와, 이거 멋지다. 엄마한테 사달라고 해야지!"라고 말했고, 제일 좋아하는 장난감이 뭐냐고 묻는 질문에 "엄마한테 물어보고 올게요"라며 나가려고 했다. 또 키우고 싶은 동물이 뭐냐고 하자 "엄마는 강아지가 좋대요"라고 말하는 등 모든 이야기에 '엄마'가 있었다.

여섯 살이면 미숙하긴 하지만 자아가 있어서 "나는~"으로 시작하는 말을 제법 잘할 수 있는 나이인데도 준호는 "엄마는~"으로 시작해 "엄마가~"로 끝나는 말을 한다. 이는 준호가 엄마를 믿고 따르는 일차애착은 형성되었으나, 엄마와 분리해 개별화된 존재로서의 자아를 태동시키지는 못했음을 의미하는 것이다.

애착이 발달되는 과정을 살펴보면 아기는 생후 6개월까지는 특정인에게만 딱 달라붙는 애착 행동을 보이지 않다가, 6~7개월이 되면 엄마나 할머니 등 주 양육자에게 매달리며 자신이 선호하는 대상이 누구인지를 확실히 알리는 '특정인 애착 단계'를 보인다. 이때가 낯가림이 최고조에 이르는 시기이며, 너무 엄마만 찾아대서 엄마는 용변도 편하게 볼 수 없는 시기이다.

개인차가 있긴 하지만 생후 9개월 정도에 이르면, 엄마가 아니더라도 아빠나 할머니, 이모나 고모처럼 자주 접하는 사람이 있으면 안심하는 '다인수 애착 단계'로 넘어가, 아빠가 아기를 보는 시간에 엄마는 화장실에서 편하게 볼일을 보는 것이 가능해진다. 낯가림도 감소해 자신을 예뻐해주고 놀아주는 사람과 잠시 동안 놀이를 할 수 있다. 9개월이 되면 기어 다니기 시작하면서 이동 능력이 생기고 주변을 탐색할 수 있게 된다. 그에 따라 엄마가 아닌 타인에게도 관심이 생기며 세상에 대한 호기심을 불사른다. 이때부터 본격적으로 엄마와 분리되어 개별화된 존재로 발전하기 위한 시동을 거는 시기라고 볼 수 있으며, 걷기 시작하는 돌 무렵에는 이러한 탐색 행동이 더욱 본격화된다.

막 걷기 시작한 딸아이를 데리고 놀이터에 가면 아이는 마치 마술피리에라도 홀린 것처럼 뒤뚱거리며 하염없이 걷곤 했다. 누군가가 버린 껌 종이나 돌 조각, 반짝이는 유리 조각을 발견하면 엉덩방아를 찧으며 앉아 꼬마 과학자처럼 만져보고 입에 넣으려고 했다. 이럴 때에는 '엄마 껌딱지였던 애가 맞나?'라는 생각이 들 정도로 엄마를 돌아보지도 않고 직진만 하곤 했다. 보통 12개월에서 15개월 사이의 아기들은 여기저기 세상을 돌아다니며 탐색하는 자기 모습에 깊이 감동하며, 사소한 발견에도 흥분한다. 이때의 아기들은 그야말로 '세상은 넓고, 할 일은 많다'라는 캐치프레이즈를 걸고 행동하는 것이다.

15~24개월
밀당의 고수가 되어 아이의 독립성을 키워라

무아지경에 빠져 세상을 탐구하던 아기는 반짝임에 매료되어 유리 조각을 만지다가 손가락에 상처를 입기도 하고, 아무리 발을 뻗어도 미끄럼틀의 계단에 오를 수 없을 때 짧은 다리의 비애를 느끼게 된다. 이때 자신의 손가락에 약을 발라주며 고통을 줄여주는 엄마, 자신을 번쩍 들어 미끄럼틀에 올려주는 엄마를 인지하며 새삼스레 엄마라는 존재의 소중함을 느끼기도 하고 한편으론 엄마에 비해 형편없이 무력한 자신의 존재를 발견하고 울적해지기도 한다.

15개월에서 24개월 사이의 아기들은 드디어 자신이 '작고 무력한 사람'이라는 것을 깨닫는다. 자존심이 상하기는 하지만 어쩔 수 없는 현실을 지각한 아이는 여전히 세상을 탐색하는 데 매료되지만 동시에 자신을 도와줄 엄마의 존재에도 신경을 쓰기 시작한다. 엄마가 없으면 할 수 없는 일이 많음을 이미 알아버렸기에 엄마가 어디 있는지 자주 살피며 따라다닌다. 하지만 무력한 자신의 존재를 느낄 때에는 짜증을 내며 똥고집을 부리기도 한다. 위험한 칼질을 하겠다고 떼를 쓰고, 엘리베이터 버튼을 엄마가 먼저 눌렀다고 바닥에 드러누워버리며, 빨리 나가야 하는데 스스로 신발을 신겠다고 고집을 피운다. 엄마가 도와주겠다고 해도 "싫어!"라고 거부하고, 그럴듯한 제안에도 "안 해!"라며 부정적인 태도를 보인다.

아이 입장에선 나름 '나도 사람이야!', '나도 할 수 있어!', '나 무시하지 마!'라는 자율성의 시도이긴 하지만 엄마의 입장에선 성가실 때가 한두 번이 아니다. 게다가 칼질은 하겠다고 난리를 부리면서 밥을 떠먹으라고 하면 먹여달라고 하니, 엄마 입장에선 매우 '이상한 자율성'으로 비춰질 수밖에 없는 것이다.

아기의 떼가 심해지면 대부분의 엄마들은 처음에는 달래려는 노력을 한다. 하지만 그래도 안 되면 어떤 엄마는 화를 벌컥 내며 "그럼, 네 맘대로 해!"라고 아이를 두고 가버리는 척을 하거나, 아이가 실패할 때까지 모른 척하며 내버려두기도 한다. 또 다른 엄마는 "엄마 싫어? 엄마 미워? 그럼 엄마도 우리 아들 미워", "이런 행동하면 엄마 아들 아니지~"라며 삐진 척을 하기도 한다. 형태는 다르지만 둘 다 아기를 내치는 것은 똑같은데, 이런 방법이 말을 잘 듣게 하는 데는 꽤 효과가 있다. 자신을 떠나려는 엄마를 보고 아이가 기겁해서 엄마에게 매달리기 때문이다.

이 때문에 엄마들은 아기에게 약간의 겁을 주는 것이 효과적인 훈육 방법이라 생각하지만 아기 입장에서 이런 행동들은 '너는 아직 그럴 만한 능력도 없는데 왜 자꾸 깝죽거리니? 넌 엄마 없이는 아무것도 못해. 만일 네가 또 네 맘대로 하려 한다면 엄마는 네 곁을 떠날 거야. 너도 잘 알지? 세상이 얼마나 무서운지?'라는 메시지로 전해진다. 그리고 이러한 메시지는 독립된 존재로 살기보다는 예전처럼 엄마 품으로 들어오라는 것이기도 하다. 떼를 부리다가 엄마에게 매달리면 엄마가 "그러니까 왜 떼를 부렸어? 응?" 하며 보듬어주고 꼭 안아주니 아이는 자신의 생각을 더욱 확신한다.

이런 과정을 수차례 겪고 나면 아이는 독립 투쟁에 서서히 지쳐간다. 괜히 자율성을 키우려고 했다가는 죽을 수도 있겠다는 생각이 들면 아이는 엄마의 따뜻한 품속에 머물러 있는 것이 더 나은 전략이라고 판단하게 된다. 준호가 바로 그런 아이이다. 엄마의 보호와 돌봄 속에서, 작은 세상 안에서 살기로 결정한 것이다. 준호도 한때 세상을 탐색하고 자신의 능력을 펼쳐 보이고 싶은 마음이 있었으나, 엄마는 사랑과 돌봄이라는 이름으로 준호에게 '세상은 무섭고, 엄마 품이 가장 안전하다', '아직 네 생각은 옳지 않다'는 메시지를 끊임없이 주었던 것이다.

놀이터에서 이마가 찢어지는 사건 이후에도 만일 엄마가 준호에게 계속 탐색과 도전을 격려했더라면, 놀이터에 나가지 않는 대신에 놀이터의 위험한 곳을 지날 때 엄마가 가까운 거리에서 살펴주었더라면, '저기는 위험하니 가지 말라'고 하는 대신에 '저기는 위험하니 이쪽으로 돌아가라'고 말하며 이끌어주었다면 아마 준호는 지금쯤 씩씩하게 유치원을 다니게 되지 않았을까?

15개월에서 24개월 사이의 아기를 잘 키우기 위해 부모는 '밀당의 고수'가 되어야 한다. 부모는 아기가 자신의 능력을 연습하고 시험해보는 과정을 통해 성취감을 느끼며 자율성과 독립성을 습득하도록 유도해야 한다. 동시에 아기가 불안에 압도되지 않도록 지원과 격려 역시 아끼지 말아야 한다. 모든 것들은 연습을 통해 더 잘할 수 있는 것이므로 아기가 스스로 할 수 있는 기회를 적극적으로 제공해야 한다. 하지만 이 시기의 아기들은 여전히 생리적 상태의 영향을 많이 받으므로, 아기가 피곤하거나 아플 때, 혹은 지나치게 흥분했을 때는 뭔가를 가르치려 하지 않는 것이 낫다.

또한 이 시기의 아기들은 부모와 너무 멀리 떨어지면 쉽게 불안을 느끼므로 부모는 아기가 잘 놀고 있더라도 아기의 목소리를 듣고 금세 달려갈 수 있을 정도의 안전거리 내에 머무르는 것이 필요하다. 아기가 위험한 일을 하거나 해서는 안 될 일을 했을 때에는 아기가 도움을 요청하기 전에라도 얼른 달려가 아기를 보호하며 올바르게 행동하는 법을 가르쳐주어야 한다.

아기는 부모의 표정이나 목소리 톤과 같은 반응을 보고 사건을 민감하게 해석하는 경향이 많으므로, 부모가 너무 과장된 표현을 하지 않도록 주의하는 것도 필요하다. 예를 들어 아기가 넘어졌다고 엄마가 비명을 지르며 달려오거나 눈물을 뚝뚝 흘리며 "어떡해, 어떡해!"라고 발을 동동 구르게 되면 아기는 실제보다 더 큰 고통을 느끼게 될 것이다.

아기가 고집과 떼를 부릴 때 부모는 지나치게 화를 내거나 앞서 말한 것처럼 아이를 거부하는 식의 태도를 보여서는 안 된다. 아기에게 "안 돼. 유리 조각을 만지면 다쳐, 아파"라고 간단히 말해준 다음 아기를 안아서 안전한 곳으로 옮기면 된다. 물론 아기는 발버둥을 치며 반항하겠지만 아기를 단단히 잡아 옮기면서 주변을 재빨리 훑어보아 아기가 관심을 가질 만한 다른 곳으로 주의를 돌려주면 의외로 아기는 금세 기분이 좋아진다.

> 25개월 이후

부모의 이미지를 마음속에 담다

엄마가 아기의 자율 욕구를 지지해주면서도 동시에 의존 욕구를 잘 충족시켜주었다면 아기는 드디어 엄마에 대해 '믿을 만한 사람', '내가 문제가 있으면 얼른 달려와 도와줄 사람'이라는 이미지를 갖게 된다. 아기는 엄마에 대한 이런 이미지를 마음속에 담아놓으며, 엄마가 잠시 안 보여 불안해질 때면 마음속 엄마의 이미지를 떠올리며 잠시 안정을 찾는 것이 가능해진다. 그로 인해 두 돌이 지나면 아기가 엄마와 잠시 떨어져도 크게 울거나 보채지 않을 수 있게 되는 것이다. 이러한 것이 가능해지는 이유는 아이의 '대상항상성'이 발달했기 때문이다.

'대상항상성'은 정신분석에서 사용하는 개념으로, 애정 대상이 없는 동안에도 그 대상에 대한 표상, 즉 이미지를 유지하는 것을 뜻한다. 앞서 소개했던 대상영속성이 사물이 내 눈앞에 보이지 않아도 존재한다는 것을 인지하는 능력이라면, 대상항상성은 사물이 아닌 정서나 애정과 같은 비물리적인 존재에 대한 영속성을 의미한다. 이러한 대상항상성은 대상영속성보다 추상적인 개념 능력을 필요로 한다. 그래서 대상영속성을 생후 8개월 정도에 획득할 수 있는 데 비해 대상항상성은 아무리 빨라도 두 돌은 넘어야 발달한다.

만일 아이가 엄마에 대한 긍정적인 대상항상성을 가졌다면 엄마가 곁에 없는 동안에도 엄마와 함께 있었을 때 느꼈던 편안함과 안전감을 그대로 유지한다. 더 나아가 엄마에 대한 긍정적인 대상항상성은 엄마의 입장을 이해하고 따라주려는 행동으로 발전한다. 존 볼비는 이러한 아이의 태도를 '동반자 관계'로 묘사했다. 동반자 관계란 아이가 다른 사람의 목표를 이해하고, 그 목표에 맞추려고 수정하는 것을 말한다.

예를 들어 10개월이 된 아기는 엄마가 음식물 쓰레기를 버리러 갈 때도 따라가겠다며 떼를 쓴다. 아무리 엄마가 "이거 지지야. 냄새도 많이 나고 더러우니까 잠깐 아빠랑 있어"라고 말해도 아기는 자기를 데려가달라고 엄마에게 매달린다. 하지만 네 살 정도 되면 엄마가 음식물 쓰레기를 버리고 올 때까지 기다릴 수 있다. 엄마에 대한 신뢰감과 긍정적인 이미지를 가진 아이는 '엄마가 자신을 두고 가야 할 때는 그럴 만한 이유가 있을 것이고, 엄마는 늘 자신에게 돌아온다'는 생각을 갖고 있기 때문에 불안에 압도되지 않고 엄마를 기다릴 수 있는 것이다.

이처럼 아이가 애착 대상에 대해 긍정적이고 안정적인 이미지를 갖게 되었을 때 우리는 비로소 애착이 안전하게 형성되었다고 말할 수 있으며, 이러한 안정적인 애착은 자연스럽게 편안한 육아, 협력적인 부모-자녀 관계로 이어지게 된다.

무조건 감싼다고
애착이 완성되지 않는다

'애착'은 우리에게 따뜻하고 친절하며 포근히 안아주는 느낌을 주는 단어이다. 실제로도 아기가 양육자와 일차애착을 형성할 때에는 따뜻하고 부드러운 접촉과 감싸주는 돌봄이 반드시 필요하다. 하지만 일차애착이 형성되고 '분리'와 '개별화 과정'이 진행될 때에는 감싸주고 받아주는 행동만으로는 부족하다. 앞서 살펴보았듯이 아기는 15개월이 지나면 스스로 뭔가를 해보려고 애쓰면서 독립적인 행동을 하려고 한다. 이 과정에서 아기는 자신이 할 수 없거나 해서는 안 되는 것들도 하려고 덤벼든다. 이를 제한하는 과정에서 부모는 때로는 "안 돼!"라고 단호히 말하며 잘라내야 할 때도 있다. 양육자와 일차애착이 잘 형성된 아기는 조금은 놀라기도 하지만 일관성 있는 부모의 제한을 통해 막무가내로 고집을 부리는 것이 아니라 적절한 자율성을 배워나가며, 이를 통해 이후 삶의 중요한 자산인 '자기조절력'을 습득하게 된다.

애착에 관한 이야기가 나올 때마다 나를 포함한 많은 전문가들이 '세 돌까지가 중요하다'를 외쳐댄다. 세 돌을 강조하는 이유는 일차애착과 분리—개별화 과정을 거쳐 '대상항상성'을 획득하는 기간이 보통 세 돌까지이기 때문이다. 워낙 애착이라는 용어가 주는 따뜻하고 감싸주는 느낌 때문에 어떤 부모들은 만 3세까지는 야단도 절대 치지 않고 모든 것을 받아주어야 하는 것으로 잘못 인식하기도 한다. 야단을 치지 않고도 아이를 키울 수 있다면 참 좋겠지만 '미친 세 살', 'terrible two'라고 불리는 두 돌 전후의 아기를 키울 때에는 부드럽고 친절한 말만으로는 문제가 해결되지 않음을 우리 모두 알고 있다.

또한 뇌 발달과 관련된 수많은 연구에서는 자기조절력을 관장하는 영역의 뇌를 발달시키기 위해서 15개월 이후에는 '억제하는 신경 회로'를 만들어주어야 하며, 이는 잘못된 행동에 대한 적절한 지도와 제한을 통해서 형성된다고 주장한다. 그러므로 아기가 해서는 안 되는 일을 시도하려 할 때는 부드럽지만 단호한 태도로 "안 돼!"와 함께 간단한 설명을 하며 신체적으로도 제재하는 것이 필요하다. 이러한 제한은 분명한 이유가 있을 때, 일관성 있게 반복적으로 이루어져야 효과가 좋다. 나아가 상황에 맞게 대안을 제시해주는 것도 필요하다. 가령 아이가 식당에서 식탁 사이를 뛰어다니며 논다면 부모는 아이에게 "여기선 놀면 안 돼. 여긴 밥 먹는 곳이야. 저쪽 놀이방에 가서 놀자"라고 말하며 아이를 놀이방에 데려가야 한다.

   15개월부터 옳고 그름, 되는 것과 안 되는 것을 친절히 지도받을 때 아이의 뇌에서는 자기조절력을 관장하는 시스템을 부지런히 만들어 나가기 시작하여 만 3세가 되었을 때 완성한다. 그 후 만 6세까지 사회적 규칙이나 공감 능력 등과 같은 소프트웨어를 채워놓고 나면 자기조절력과 관련된 뇌 발달은 더 이상 이루어지지 않는다. 그러므로 애착은 따뜻하게 감싸주고 받아주는 일차애착을 기반으로 건강한 자율성을 키워주는 적절한 훈육까지 포함하는 용어로 인식하는 것이 필요하다.

아이의 낯가림을
줄이는 방법

　낯가림과 분리불안은 일차애착이 형성되는 영아기와 걸음마기에 흔히 볼 수 있는 현상이다. 대개 7개월에서 9개월 사이에 낯가림이 제일 심하다가 이후에는 감소하지만 어떤 아이는 세 돌이 넘어도 지나치게 낯을 가리며, 양육자와 떨어지는 데 어려움을 겪기도 한다. 이렇게 심한 낯가림과 분리불안은 까다로운 기질(까다로운 기질의 가장 큰 특징은 '새로운 것에 대한 경계'이다) 때문일 수도 있지만 대부분은 부적절한 양육 환경에서 기인한다. 부모의 불안이나 우울 때문에 이웃과의 교류가 전혀 없이 집에서만 아기를 끼고 키우는 경우가 대표적이다. 과거 확대가족이 주를 이루던 시기에는 부모 말고도 다른 가족 구성원을 접할 기회가 많았기 때문에 잠시 낯가림을 한 후 엄마 이외에 다른 친숙한 사람들과도 애착을 형성하며 수월하게 '다인수 애착 단계'로 넘어갈 수 있었다. 반면 핵가족이 다수를 차지하는 현대사회의 아기는 이런 기회들이 충분치 않은 것도 문제다.

요즘 부모들은 육아에 대한 지식이 상당한데, 이 때문에 오히려 문제가 발생하는 경우가 종종 있다. 예를 들면 양육자와의 일차애착이 중요하다고 여겨 지나치게 아이와 단둘이만 지내거나, 아이가 낯가림을 하면 '이 시기는 낯가림을 하는 거야'라며 별다른 조치를 취하지 않는 것 등이다.

'낯가림'은 말 그대로 낯선 환경이나 사람을 가리며 두려워하는 것이기에 낯선 것을 익숙하고 편안하게 만들어주려는 노력이 이루어지지 않는다면 낯가림은 15개월 이후에도 계속 유지되거나 더욱 심해질 수도 있다. 그렇다면 어떻게 해야 아기의 낯가림을 줄일 수 있을까?

낯가림을 해결하기 위해선 애착 대상인 부모의 역할이 가장 중요하지만 이와 함께 '낯선 타인'의 역할도 매우 중요하다. 아무리 부모가 낯선 사람을 가리키며 "괜찮아. 착한 사람이야. 안 무서워"라고 말을 해도, 그 낯선 사람이 아이를 노려보거나 아이를 향해 주먹을 휘두르게 되면 아무 소용이 없다. 그러므로 낯가림을 심하게 하는 아기를 두었다면 부모는 낯선 사람에게 '친절한 타인'의 역할을 부탁할 필요가 있다. 낯선 타인은 자신을 경계하는 아기를 따뜻한 시선으로 바라보며 부드럽게 말을 건네거나 어루만져주어야 한다. 혹은 아기가 좋아할 만한 장난감을 건네며 잠시 함께 놀아주는 것도 좋다.

경계심이 유난히 심한 아기라면 낯선 타인이 자기 근처에만 와도 소리를 지르며 울 수 있다. 이때에는 우회적인 방식으로 접근하는 것이 필요하다. 아이와 안전거리(대략 50~60센티미터의 거리)를 유지하며 굳이 아이를 향해 애정 공세를 벌이기보다는 아기의 부모와 친절한 대화를 나눈다. 이때 아기의 부모는 낯선 타인을 향해 미소를 짓거나 간단한 스킨십을 하는 등의 호감 행동을 나타내는 것이 중요하다. 아기는 이러한 상황을 관찰하면서 자신이 믿는 엄마가 좋아하는 저 사람은 안전한 사람일 것이라 생각하게 된다. 낯선 타인은 가끔씩 미소 띤 부드러운 얼굴로 아기를 쳐다보며 아기와 눈이 마주치면 가볍게 웃어주거나 손을 흔드는 식의 간단한 손짓을 한다. 만일 아기가 그러한 행동에도 고개를 돌리지 않고 쳐다본다면 낯선 타인을 어느 정도 받아들였다는 뜻이다. 이 정도가 되면 한 단계 앞으로 나아갈 수 있다. 먼저 아기의 부모가 아기를 안고 어루만지고, 그 옆에서 낯선 타인이 아기 몸의 중심에서 가장 멀리 떨어져 있는 발끝이나 옷을 만지며 다가가는 것이다. 이런 식으로 조금씩 아기 몸의 중심으로 스킨십을 옮겨 가면 된다.

아기는 감각으로 세상을 이해하기 때문에 낯선 타인이 너무 요란한 분장을 한다거나, 큰소리로 호들갑을 떨며 다가온다거나, 얼굴을 들이밀며 뺨에 뽀뽀를 하거나 갑자기 몸을 안아 들어 올리면 놀라서 밀어내게 된다. 또한 애착 대상이 싫어하는 상대도 귀신같이 감지해 밀쳐낸다. 친할머니를 유난히 싫어하는 아기가 있다면 엄마가 시어머니를 불편하게 여기고 있을 가능성이 높다.

세 살까지 부모는 아이에게 세상의 전부이자 우주

한가로운 일요일, 딸아이와 산책도 하고 가위바위보도 하면서 즐겁게 놀다가 동네 슈퍼에서 아이스크림을 하나씩 사서 물고 집으로 돌아오던 중 난데없이 딸아이가 물었다.

"엄마, 엄마도 죽는 게 두려워?"
"그럼, 엄마도 죽는 건 두렵지."
"근데, 난 내가 죽는 것보다 엄마가 죽는 게 더 두려워. 엄마가 죽으면 난 혼자잖아. 날 돌봐줄 사람도 없고, 내가 무서워해도 달래줄 사람도 없다는 게 죽는 것보다 더 무서워!"

생각해보니 나도 어릴 적엔 그랬다. 엄마가 아파서 누워 있으면 그 모습이 참 싫었다. 엄마가 아픈 것도 싫었지만, 아파서 나를 돌봐줄 수 없다는 게 더욱 싫었다. 엄마가 저렇게 아프다가 갑자기 죽어버리기라도 하면 어쩌나 하는 생각에 무섭기까지 했다. 아직 엄마의 도움과 위로와 격려가 필요한데 엄마가 그걸 해주지 못하면 어쩌나 정말 겁이 났다. 이런 마음은 나의 몸과 마음, 머리가 커지면서 스스로 해결하고 참아낼 수 있는 일이 많아지고 엄마가 아니더라도 함께 놀아주고 위로해줄 친구들이 생기면서 점차 사라졌지만, 사춘기가 지날 때까지는 힘들고 슬픈 일이 있으면 여전히 엄마 품이 가장 그리웠다.

엄마와 떨어지는 경험이 주는 마음의 상처

영훈이는 엄마와의 분리 경험으로 심한 마음의 상처를 받은 아이 중 하나다. 미숙아로 태어난 영훈이는 인큐베이터에서 한 달을 지내고 앞으로 발달 지연이 나타날 수도 있다는 진단과 함께 퇴원했다. 실제로 영훈이는 17개월이 되어도 제대로 걷지 못했고, 여러 가지 면에서 또래보다 발달이 늦되었다. 18개월부터는 병원에서 운동 발달을 돕기 위한 작업 치료를 받기 시작했는데, 그때마다 몹시 심각하게 울면서 치료실에서 나가려고 했다. 영훈이 엄마는 엄마가 있으면 아이가 더욱 매달리고 우는 바람에 치료가 어렵다는 작업치료사의 말을 듣고 그때부터 아이를 억지로 치료실로 밀어 넣고는 병원 밖에서 기다려야 했다.

처음에 영훈이는 치료 시간의 대부분을 울고 보채며 보냈지만 점점 조용해졌다. 물론 병원에 치료받으러 갈 때마다 안 가려고 심하게 울고 저항하는 것은 그대로였지만, 막상 치료실에 들어가면 예전에 비해 문 밖으로 새어 나오는 울음소리가 많이 줄었다. 영훈이 엄마는 그걸로 모든 것이 해결된 줄 알았다. 하지만 석 달 뒤 작업치료사에게서 더는 영훈이의 치료를 지속하기 어렵다는 뜻밖의 말을 들어야 했다.

영훈이는 엄마와 처음 떨어졌을 때는 엄마가 있는 쪽으로 기어가며 도망가려 했으나, 문을 열어도 엄마가 없다는 것을 알고는 잠잠해졌다. 하지만 정작 작업치료사와는 아무것도 하려고 하지 않았다. 지난 석 달 동안 일주일에 두 번, 한 시간씩 아이는 치료실 구석에서 아무것도 하지 않은 채 누워만 있었던 것이다. 그것도 몹시 슬픈 표정으로.

영훈이 엄마는 매우 절망했고, 이것이 모두 아이가 엄마한테 지나치게 집착해서 생긴 결과라고 생각했다. 그래서 두 돌이 되자 이번에는 문화센터에서 하는 유아 음악 수업을 신청했다. 지난번의 작업치료는 아이가 못하는 것을 연습하는 것이라 어려워서 엄마와 떨어지는 게 힘들었지만, 아이가 평소 음악이 나오면 몸을 흔들고 좋아하는 터라 유아 음악 수업을 재밌게 듣다 보면 엄마와 쉽게 떨어질 수 있으리라 생각했다.

첫날 영훈이는 다소 두려워하는 눈치였으나 엄마가 함께 교실로 들어가자 즐겁게 수업을 마쳤다. 아이가 수업 내용에 흥미를 느낀다고 생각한 엄마는 한 달이 지나자 화장실이 급하다는 핑계로 아이를 혼자 교실에 들여보내고 밖으로 나왔다. 그날 아이는 문 앞에서 엄마가 올 때까지 울었고, 나중에는 예전처럼 다시 손가락을 빨며 누워 있었다. 그렇게 영훈이의 문화센터 수업은 두 달도 안 되어 막을 내리고 말았다.

그로부터 얼마 지나지 않아 영훈이 엄마는 갑상선암 진단을 받았고, 수술과 방사선 치료 때문에 입원과 퇴원을 몇 차례 반복해야만 했다. 영훈이는 6개월가량 시골 외가에 맡겨져 또다시 엄마와 떨어져야 했다. 영훈이는 처음 이삼 일 동안은 제대로 먹지도 않고 울고 화내고 소리를 질러대며 난동을 부렸다. 하지만 시간이 지나면서 체념했는지 점점 조용해졌다. 여전히 밥은 잘 먹지 않았지만 엄마를 찾지는 않았다. 다만 갑자기 화를 벌컥 내다가 곧 울적해졌으며 밤에는 쉽게 잠들지 못하고 자다가 악몽을 꾸는지 칭얼댈 때가 많았다. 풀이 죽은 게 안쓰럽긴 했으나 할머니와 할아버지는 아이가 더는 엄마를 찾지 않고 보채지 않는 것을 다행으로 생각하며 이제야 영훈이가 진정되었다고 믿었다. 다만 이상한 것은 그토록 엄마를 찾던 아이가 엄마에게서 걸려 오는 전화도 받지 않으려 하고, 엄마 이야기만 나오면 신경질적으로 반응한다는 것이었다.

6개월 후 병에서 많이 회복되어 영훈이를 만난다는 기쁨에 들뜬 마음으로 친정을 찾은 영훈이 엄마는 깜짝 놀라고야 말았다. 마당에서 자전거를 타고 놀던 영훈이가 엄마를 보고 아는 척도 안 하는 것이었다. 잠깐 움찔하고 놀라는가 싶더니 아이는 자전거를 타고 다른 곳으로 가버렸다. 엄마가 영훈이를 불러도 돌아보지 않고 품에 안으려 해도 몸을 돌려 피하는 것이었다.

이제 여섯 살이 된 영훈이는 사람들과 시선 맞추는 것을 피하고, 또래와 어울려 놀지 않는다. 혼자 놀 때는 이런저런 말을 하면서 놀지만 다른 사람들과는 이야기하려 하지 않는다. 결국 영훈이 엄마는 아이를 데리고 상담센터를 찾았는데, 이제는 오히려 엄마를 너무 찾지 않는 것이 문제였다. 또래보다 발달이 늦었기에 엄마가 더 오랫동안 필요했던 영훈이는 강제적인 분리를 여러 차례 경험하면서 극심한 불안과 좌절, 공포를 맛본 것이다. 그토록 분리를 두려워했음에도 가장 믿었던 엄마가 자신을 떼어놓았다는 사실에 배신감이 매우 컸을 것이다.

안전감을 추구하는 대상에게 배신감을 느낄 때, 더는 그 대상한테서 안전감을 추구할 수 없을 때 사람은 그 대상을 잊어버리려 하거나 없는 존재로 여기며 부정한다. 아이도 마찬가지다. 아이의 경우 최초의 안전감을 주는 대상이 사실은 매우 불안한 사람이라는 것을 알게 되면 모든 사람들, 세상 전체에 대해 불안감을 느낀다. 더 나아가 다른 사람들과 관계를 맺고, 친해지고, 도움을 주고받는 데에도 소극적이고 미숙하게 된다.

가장 치명적인 세 살 이전의 경험

이처럼 갑작스러운 분리 혹은 반복적인 분리는 아이에게 치명적인 영향을 미친다. 부모의 보살핌에는 여러 가지 것이 포함되어 있지만, 만 세 살 이전의 자녀를 둔 부모의 보살핌에는 이처럼 치명적인 분리 경험을 주지 않는 것이 가장 중요하다. 어떤 부모는 아직 두 돌밖에 안 된 아기를 두고 해외여행을 일주일 넘게 갔다 오기도 한다. 세 돌 이전의 아이들은 부모와 3일 이상을 떨어져 지내지 않도록 주의해야 한다. 맞벌이 부부처럼 어쩔 수 없이 매일 분리를 경험해야 하는 환경이라면 분리 경험은 아이가 예측할 수 있는 수준이어야 한다. 그리고 아이가 절망하고 체념하기 전에 부모가 다시 돌아와 달래주어 불안을 없애주어야 한다. 또한 부모와 분리되는 동안 아이를 잘 돌봐줄 수 있는 안정적이고 일관된 양육자가 반드시 있어야 한다.

발달이 성숙하지 못한 청년기까지는 여전히 부모가 필요하고 중요하지만, 부모의 존재감이 가장 큰 시기는 자아가 아직 발달하지 못한 만 세 살 무렵까지이다. 이 시기에 부모한테 보살핌을 받지 못하거나 억지로 부모와 오랫동안 분리되는 경험을 했다면 아이는 몸과 마음에 모두 깊은 상처를 입게 된다. 어떤 경우에도 만 세 살까지는 부모의 지지와 보살핌이 필요하다.

이것은 인간에 비해 상대적으로 자립도가 높은 동물도 마찬가지다. 애착 연구자인 버나드 웨이너(Bernard Weiner)는 어미 혹은 무리와 떨어져 자라게 된 새끼 동물의 생리적 반응을 연구한 결과, 어미와 새끼의 관계가 안정되었을 때 새끼의 신체 기능도 안정적으로 발달한다는 것을 알았다. 만일 태어난 지 얼마 안 돼서 새끼와 어미의 관계가 방해를 받으면 새끼의 중추신경계에 신경화학적 변화가 생기고, 더 나아가 병에 걸릴 확률도 높아졌다. 또한 태어나자마자 어미와 분리되거나 어미에게 위협을 받으며 자란 새끼는 신체적으로 건강하지 못하다는 사실도 알아냈다. 어미의 보살핌을 받지 못한 어린 새끼들의 신체 기관을 조사해보니 모든 기관이 취약했다. 특히 혈압과 맥박, 수면, 체온의 주기, 위의 기능과 조직, 면역 기능, 효소의 수준에 악영향을 끼쳤다.

원숭이를 대상으로 한 비슷한 실험도 있었다. 결과적으로 새끼 원숭이 역시 어미의 보살핌을 받지 못했을 때 발달 전반에 걸쳐 심각한 문제를 나타냈고, 어미 없이 새끼끼리만 모여 자란 원숭이들은 서로 붙어 있기만 할 뿐 거의 다른 행동을 하지 않았다. 또한 먹이를 제공받아 생존의 위협은 없었지만 완전히 고립된 채 혼자 자란 원숭이들은 몸을 웅크리고 가만히 앉아 있기만 했다.

사람의 아이한테서도 이와 비슷한 반응을 볼 수 있다. 엄마와 강제로 떨어뜨려놓으면 아이는 처음에는 울면서 심하게 저항하지만 점차 조용해지다가 구석에서 말없이 웅크리거나 멍하니 있는 경우가 많다. 잠시 후 다시 부모와 만나 부모에게 위안을 얻으면 잠깐 동안 받은 마음의 상처는 아물 수 있지만, 만약 이런 강제적인 분리가 장기간 반복돼 진행된다면 아이의 상처는 영영 회복되지 못할 수도 있다.

세 살까지만 잘 보면 된다?

소위 아동전문가라는 사람들이 하도 세 살을 강조하다 보니, 어떤 부모들은 세 살까지만 열심히 키우면 마치 모든 문제 행동에 대한 예방 백신을 맞은 것처럼 이후에 어떤 고난과 불행이 와도 잘 헤쳐 나갈 것이라 착각하기도 한다. 물론 만 세 살까지의 애착 경험은 아이에게 매우 결정적이며 소중하다. 하지만 그렇다고 해서 좋은 애착이 모든 스트레스에서 아이를 보호해주는 만능 방패는 아니다. 자아가 확고히 기능하기 전까지는 인간은 여전히 취약한 존재이다. 자아는 자신의 내적 욕구나 외부의 위협을 적절히 조절해 현실적으로 적합하게 기능할 수 있도록 도와주는 역할을 한다. 이 자아가 세 돌 무렵에 태동하기 시작하니 아직 스스로 스트레스를 헤쳐 나가기까지는 가야 할 길이 멀다.

그럼에도 불구하고 세 돌 이전의 애착 형성이 이토록 강조되는 이유는, 자아가 생기지도 못한 상태로 이 시기에 강한 스트레스를 받게 되면 속된 말로 '한 방에 훅 가버리는' 사태가 발생하기 때문이다. 그러므로 세 돌 이전에는 아기의 자아를 대신해주는 양육자가 반드시 필요하다. 양육자는 아기의 자아를 대신해 아기의 내적 욕구를 현실에 맞게 조절해주며, 외부의 위협에서 보호해준다. 그리고 아기는 이런 양육자를 보며 자아의 기능을 배우게 된다. 양육자가 좋은 자아의 모델이 되어줄수록 아기는 더욱 건강한 자아를 만들어가게 된다.

사소한 집안일이라도 모든 일에는 기초가 항상 중요하다. 시금치무침을 맛있게 하려면 시금치를 잘 씻는 것부터 시작해야 한다. 아무리 좋은 양념을 버무리더라도, 아무리 솜씨 좋은 요리사라도 씻지 않은 시금치를 이용해 내놓은 음식은 한 입 넣자마자 그 지금지금한 흙 맛에 이내 뱉어버리게 될 것이다. 반대의 경우도 있다. 정갈하게 씻은 시금치이지만 양념을 엉터리로 하면 맛이 영 나지 않는다. 뱉어버리지는 않겠지만 그렇다고 다시 손이 가지도 않는다.

육아의 경우도 마찬가지이다. 세 돌 이전에 좋은 애착을 경험한 아이는 싱싱한 시금치처럼 푸르고 향긋하다. 하지만 여러 가지 발달 자극이나 좋은 관계를 경험하지 않으면 맛과 멋이 나지 않는다. 만일 오랫동안 그냥 놔두게 되면 시금치가 누렇게 변하듯 아이도 시들어버린다.

자아가 제법 기능하기 시작하는 청소년기까지 아이는 지속적으로 성인의 지도와 격려를 받아야 한다. 아직 세상 경험이 부족한 아이에게는 어른한테는 별것 아닌 일도 큰 스트레스가 될 수 있다. 어른에게도 큰 스트레스가 되는 일은 아이에게는 더더욱 재앙이 된다. 부모의 실직, 별거나 이혼, 죽음 등은 건강한 애착을 형성했던 아이에게도 발달을 방해하는 위협적인 사건들이다. 생애 초기 3년 동안 부모와의 건강한 관계를 형성했던 아이는 이러한 위협에서 자신을 보호하려고 나름대로 애쓰지만, 위협이 계속적으로 이루어지고 보호해주려는 주변의 노력이 없다면 이 아이 역시 쓰러지고 만다.

부모라는 지위는 자녀가 죽기 전까지 계속된다. 이는 부모의 역할도 자녀가 죽을 때까지, 혹은 부모가 죽을 때까지 계속된다는 말이기도 하다. 자녀가 성장함에 따라 부모의 역할도 계속 업데이트해야 한다. 얼핏 생각하면 기나긴 과정이 매우 피곤하게 느껴지기도 하겠지만, 다르게 생각하면 우리 삶에 주어지는 매우 창의적이며 새로운 도전 과제이기도 하다. 이왕해야 할 일이라면 기분 좋게 생각하고 도전해보는 건 어떨까?

세 살에서 다섯 살, 세상을 보는 눈을 완성한다

"학교에서는 온종일 잠을 자요. 일주일 동안 급식은 두 번밖에 안 먹었어요. 친구들이 점심을 먹자고 깨우러 왔지만 그건 진심이 아니에요. 친구들은 진짜 친구가 아니에요. 그저 날 이용할 뿐이죠. 1학년 때 사이가 안 좋았던 아이 몇이 나와 또 같은 반이 되었어요. 친구들은 그 아이들로부터 날 지켜줄 거라고 했어요. 하지만 아무도 날 위해 싸우지 않았어요. 내 편은 아무도 없어요. 내 용돈이 탐나서 친한 척하는 거죠. 조금 있으면 내 생일이에요. 친구들은 나를 위해 해준 일이 하나도 없으면서 나보고 생일 파티를 하래요. 분명 개네들은 먹을 것만 먹고 선물도 주지 않을 거예요. 난 친구가 100원을 빌려 가도 악착같이 돌려받아요. 항상 이용만 당할 순 없으니까요. 학교에서 잠이라도 자야지, 안 그러면 외톨이가 된 기분이 들어요. 다른 아이들이 웃고 떠드는 걸 보는 건 정말 괴로워요. 외톨이가 아닌 것처럼 보이려면 잠을 자는 수밖에 없어요."

―고등학교 2학년 여학생 선미

"난 아무한테도 사랑받지 못할 거예요. 중학교 때 엄마가 날 보고 '인류의 재앙'이라고 했어요. 부모한테도 사랑받지 못하는 사람은 아무에게도 사랑받지 못하겠죠? 어떻게 하면 엄마에게 사랑받을 수 있을까 생각했어요. 하지만 엄마는 늘 내가 잘못했다고 해요. 난 뼛속까지 착해지고 싶어요. 어떤 시련이 있어도 꿋꿋하게 밝은 미소로 살고 싶어요. '빨간 머리 앤'이 내가 가장 닮고 싶은 사람이에요.

난 거식증이 있어요. 순수한 소녀로 남고 싶어요. 키가 크고 살이 찌면 더는 순수하게 느껴지지 않을 거예요. 그래서 먹지 않아요. 가끔 배가 고프면 먹기도 하지만 곧 토해내요. 이번 담임선생님은 정말 좋으신 분이에요. 내게 관심을 보이고, 내 이야기를 듣고 위로해주셨어요. 그리고 언제든지 힘들 땐 선생님을 찾아오라고 하셨죠. 하지만 난 두 번 다시 선생님을 보지 못할 거예요. 말씀은 그렇게 하셔도 내가 힘들 때마다 찾아가면 날 귀찮아하실 게 뻔해요. 날 좋게 생각하는 사람을 실망시킬 순 없어요. 계속 참고, 착하게 살아야 해요."

―고등학교 1학년 여학생 미진

"학교생활이요? 짜증 나요. 아무 잘못도 안 했는데 선생님은 항상 야단만 쳐요. 친구들도 짜증 나요. 엄마, 아빠도 짜증 나요. 항상 잔소리만 하고, 뭐든지 안 된대요. 아무 잘못도 안 했는데, 나만 야단치고 동생 편만 들어요. 재미있는 거요? 게임이요. 근데 엄마가 비번 잠가놔서 못 해요. 엄만 내가 좋아하는 건 다 싫어해요. 강아지도 키우고 싶은데 못 키우게 해요. 내가 강아지를 굶겨 죽일 거래요. 동물이 된다면 사자가 되고 싶어요. 다른 동물들이 건들지 못하잖아요. 다른 동물이 사냥한 걸 뺏어 먹고 종일 잘 거예요. 되고 싶은 거요? 몰라요. 전엔 의사가 되고 싶었는데, 엄마가 공부 못해서 안 된다고 하고, 축구 선수도 괜찮은데 힘들고 더울 것 같아요. 엄마가…… 게으르면 아무것도 못 한대요."

―초등학교 2학년 남학생 진성

세상을 보는 가장 커다란 안경

학교 부적응으로 상담센터에 왔던 아이들의 이야기다. 이 아이들의 이야기를 듣다 보면 각각의 아이마다 일관되게 흐르는 주제가 있다. 고등학교 2학년 선미의 경우에는 '사람에 대한 불신감과 배신감', 미진이는 '뭐든 참고 착하게 행동해야만 사랑받을 수 있다는 믿음', 진성이에겐 '불공평한 세계에 대한 억울함'이 기본 주제다. 자기 자신과 타인, 그리고 세상에 대해 이 아이들이 가진 이런 기본적인 생각은 세상을 살아가는 데 큰 영향을 미친다. 다른 사람들은 아무렇지 않게 지나치는 일에 이 아이들은 불안과 공포, 억울함과 분노를 느낀다. 이렇게 불편한 감정을 느끼면 그 반응 또한 부적절하다. 부적절한 반응을 본 상대방은 이들에게 불쾌함이나 의아함을 표현한다. 이런 악순환이 계속되면서 이들은 한층 더 불편해지고 불쾌해지고 부적절하게 되어간다.

모든 사람들은 나름대로 자신과 세상을 바라보는 생각이나 시선을 가지고 있다. 만약 그 시선이 대체로 긍정적이라면 세상을 살아가기가 훨씬 수월할 것이고, 반대로 매사에 부정적이라면 그 사람에겐 험난한 인생사가 펼쳐지리라는 것을 어렵지 않게 예상할 수 있다. 애착 이론에서는 자기 자신과 타인, 그리고 세상을 보는 이런 생각과 개념을 '내적 작동 모델'이라고 부른다. "넌 왜 매사를 그렇게 보니?"라며 야단치고 수군대던 것, 이것이 바로 그 사람의 내적 작동 모델이다.

나는 내적 작동 모델을 마음속에 들어 있는 커다란 톱니바퀴에 비유한다. 시계 뚜껑을 열어보면 그 안에는 여러 개의 톱니바퀴가 맞물려 돌아가며 바늘을 계속 한 방향으로 움직이게 한다. 그것처럼 내적 작동 모델은 삶의 전반에 걸쳐 우리가 특정 방식으로 느끼고 사고하고 행동하도록 우리를 움직이는 톱니바퀴 역할을 한다. '자신이 형편없다'는 내적 작동 모델을 가진 사람은 누가 자신을 보고 웃으면 바로 '자신이 보잘것없어 비웃는다'고 생각하고, 이는 수치심 혹은 분노로 이어져 주눅이 들거나 벌컥 화를 내게 된다. 이런 원리로 내적 작동 모델을 '인생의 청사진', '인생의 각본'으로 비유하기도 한다.

내적 작동 모델은 첫째 '나는 어떤 사람인가?'라는 나를 향한 내적 작동 모델, 둘째 '상대는 어떤 사람인가?'라는 타인을 향한 내적 작동 모델, 셋째 '세상은 어떠한가?'라는 세상을 향한 내적 작동 모델, 이렇게 세 가지 수준으로 구성된다. 이런 내적 작동 모델은 출생 이후부터 만들어지기 시작해 일생을 통해 바뀌기도 하고, 새롭게 만들어지기도 한다. 하지만 가장 처음 만들어진 내적 작동 모델은 나중에 만들어지는 내적 작동 모델의 기초가 되므로 어릴 적 형성한 내적 작동 모델이 인생 전반에 가장 큰 영향을 미친다. 특히 부모와의 애착이 가장 중요한 시기인 출생 후부터 세 살, 늦어도 다섯 살까지 아이가 형성한 내적 작동 모델은 아이의 성격 형성과 대인 관계에 결정적인 영향을 미친다.

아이의 마음에 자라는 씨앗

서울의 한 아파트에 사는 301호 새댁은 부산에서 나고 자랐다. 대학도 부산에서 마쳤다. 서울은 친구들과 몇 번 쇼핑하러 왔던 것이 전부였다. 새댁의 남편 고향은 서울이다. 남편 역시 부산에는 몇 차례 놀러 간 것밖에 없다. 그런 둘이 결혼하게 된 것은 새댁의 친구가 남편이 다니는 회사에 취직해 둘을 소개해주었기 때문이다. 새댁은 약 6개월간 부산과 서울을 오가며 데이트를 하다가, 열렬히 사랑하지는 않았지만 혼기가 찬 데다가 안정된 직장과 원만한 성격을 가진 남자라 이 정도면 괜찮은 신랑감이라는 생각에 결혼을 결심했다. 낯선 서울에서의 신혼 생활에 대한 두려움도 있었지만 더 큰 도시에서 새롭게 생활한다는 설렘도 있었다.

한편 옆집 302호에도 새댁이 살고 있다. 친정과 시댁 모두 집에서 멀지 않은 곳에 있다. 남편과는 6년간 연애를 했다. 캠퍼스 커플로 만나 싸우기도 많이 했고, 사귄다 안 사귄다 하며 우여곡절도 많았지만 뜨겁게 사랑해 결국 결혼했다. 오랜 연애 기간이 도움이 됐는지 신혼 초에도 별 다툼 없이 알콩달콩 사랑을 키워나가고 있었다.

그러던 어느 날 302호 새댁이 임신을 했다. 집에서 임신 테스트를 해보고 양성으로 나오자 얼른 남편에게 전화했다. "여보, 나 임신했어!" 전화선을 타고 남편의 흥분된 목소리가 들렸다. "정말?! 와! 드디어 내가 아빠가 되는 거야? 자기야, 정말 고맙다. 너무 기쁘다. 나, 진짜 잘할게. 뭐 먹고 싶은 거 없어?" 내친김에 302호 새댁은 친정엄마에게도 전화를 걸었다. "아이고, 우리 딸이 이제 엄마가 되는구나. 수고했다. 할머니 소리를 언제쯤 듣게 될까 생각했는데, 정말 좋구나. 임신 초기가 가장 조심해야 할 때니까 힘든 일 하지 말고, 무거운 것도 들면 안 돼. 안 되겠다, 엄마가 자주 들러봐야겠네. 아이고, 좋아라. 네 아버지는 또 얼마나 좋아하실까!"

301호 새댁도 생리 때가 되어도 영 소식이 없어 약국에서 임신 테스트기를 사다가 시험해보았다. 임신이었다. 일부러 피임하지는 않았지만, 임신임을 확인하자 가슴이 답답해졌다. 먼저 남편에게 전화를 걸었다. "진짜, 임신 맞아? 그거 틀릴 수도 있다는데, 한 번 더 해보지. 임신이면 어쩌냐. 지금 우리 형편에……. 그래도 낳아야겠지? 더 열심히 일해야겠다. 아이까지 먹여 살리려면 말이야." 부산의 친정 엄마한테도 전화를 걸었다. "임신했어? 그래, 아이는 빨리 낳는 게 좋아. 그런데 어떡하지? 아빠가 혈압이 자꾸 높아지셔서 아이 낳을 때 엄마가 산후 조리를 해줄 자신이 없는데. 요즘 산후조리원도 좋다니까, 어쩜 거기가 더 편할지도 모르겠구나. 아무튼 몸조심해라." 전화를 끊고 나서 301호 새댁은 어쩐지 마음이 더욱 찜찜해졌다. '내가 이 아이를 잘 키울 수 있을까?'

시간이 흘러 드디어 301호 새댁이 아이를 낳았다. 친정 엄마가 아버지 간병 때문에 산후 조리를 해줄 여력이 없어 새댁은 산후조리원에 들어갔다. 한 달간의 산후조리원 생활을 마치고 한 손엔 포대기로 감싼 아이를 안고 다른 한 손엔 가방을 든 채 텅 빈 아파트에 들어섰다. 적막감이 밀려왔다. 가방을 내려놓고 아이를 안은 채 한참을 서 있었다. '너와 나 단둘뿐이구나. 이젠 어쩌지? 난 아무것도 모르는데, 갑자기 네가 아프기라도 하면 어떡하지? 또 내가 아파서 널 돌봐주지 못하면 어떡해? 널 잘 키울 수 있을지 두려워.'

한편 302호 새댁 네는 친정 엄마, 시어머니 모두 왔다 갔다 하며 산후 조리를 하느라 시끌벅적했다. "이제 모두 가세요. 저 혼자서도 할 수 있다고요. 모르는 게 있으면 물어볼 테니까 염려하지 마세요." 겨우 조용해진 집 안에서 새댁이 아이를 안고 "이제 조용해졌다. 아가야, 엄마가 잘 돌봐줄게. 걱정하지 마"라고 다독이니 아이는 금세 잠이 들었다.

몇 달이 흘렀다. 301호의 아이는 잠을 자고, 새댁은 설거지를 하고 있다. 저녁 9시, 남편은 아직 들어오지 않았다. 아이를 낳은 지 얼마 안 되어 남편은 중국어 학원에 등록했다. 경쟁 사회에서 살아남으려면 어쩔 수 없다는 것이었다. 학원을 마치면 거의 12시가 돼야 돌아오는데, 좀 전에 전화로 회사 일이 바빠 못 들어올지도 모르겠다고 했다. 아이를 낳은 후로는 남편과의 사이도 어색해져 방을 따로 쓴 지 몇 달이 지났다. 남편이 늦게 퇴근하고 일찍 출근하니 밤낮으로 보채는 아이를 혼자 돌봐야 하는 새댁으로서는 서러운 마음이 컸다.

새댁이 이런저런 생각을 하면서 설거지를 하고 있는데 갑자기 아이가 울음을 터뜨렸다. 아이의 울음소리를 듣는 순간, 뜨거운 무언가가 밑에서부터 격하게 올라오는 것만 같았다. 미칠 것 같은 마음에 그냥 베란다로 뛰어갔다. "지겹다. 미칠 것 같다. 모두 다 싫다"고 소리를 한번 빽 지르고는 고개를 무릎에 파묻고 소리 내어 울었다. 한참을 그렇게 울고 나니 속이 시원해졌다. "참, 아이가 울었지?" 그제야 새댁은 아이에게로 다가갔다. 아이는 벌게진 얼굴로 그새 잠이 들었다. "아, 뭐야. 내 속으로 낳은 자식까지 날 놀리는 거야? 별거 아닌 걸로 울기나 하고." 새댁은 짜증을 부리며 다시 설거지를 하러 갔다.

같은 시각, 302호 새댁도 설거지를 하고 있었다. 아이가 갑자기 울기 시작하자 새댁은 얼른 고무장갑을 벗고 손을 깨끗이 닦은 후 아이에게 다가갔다. "어구, 우리 아기가 갑자기 왜 울까요? 쉬를 하셨나, 응가를 하셨나, 아니면 배가 고프신가요? 어디 한번 보자! 아이고, 응가를 했네. 우리 아기 응가는 어쩜 이리 예쁠까요?" 기저귀를 갈아준 다음 아이와 잠시 놀아주고 다시 다독거리니 아이는 기분 좋게 잠이 들었다.

애착 경험이 아이의 자기 모델을 만든다

아이들이 자라서 드디어 세 돌이 지났다. 이제 아이들은 그동안 엄마와 나누었던 애착 경험을 통해 본격적으로 '내적 작동 모델'을 만들어간다. 가장 먼저 '자기에 대한 내적 작동 모델'을 만들어가는데, 애착 대상이 자신을 어떻게 다루었는지, 애착 대상의 눈에 자신이 어떻게 보였는지가 '자기 모델'을 형성하는 가장 중요한 재료가 된다.

301호 아이의 자기 모델은 어떠할까? 301호 아이에게 자기 자신이란 '사랑을 받을 만한 가치가 없는 사람'이다. 자신이 도움을 청하고 보살핌을 필요로 할 때 엄마는 자신을 돌봐주지 않았다. 왜냐하면 자신은 그런 보살핌을 받을 만큼 소중하지 않기 때문이다. 반면 302호 아이는 '난 사랑과 보살핌을 받을 만큼 소중하고 가치 있는 존재'라는 자기 모델을 형성한다. 이 아이에겐 엄마로부터 소중하고 특별하게 사랑받은 경험이 가득하기 때문이다.

아이들은 '자기 모델'에 이어 타인, 즉 '애착 대상에 대한 내적 작동 모델'을 형성한다. 302호 아이에게 엄마란 '내가 도움이 필요하면 도와주려고 애쓰고 사랑해주는 사람'이며, 그래서 신뢰할 수 있고 매우 유용한 사람이다. 반면 301호 아이에게 엄마는 '나보다 자기 자신이 우선이며, 내가 보살핌을 필요로 하면 귀찮아하는 사람'이다. 그러므로 신뢰할 수 없고 유용하지 못한 사람이다. 이처럼 타인에 대한 모델을 만든 아이들은 그것을 바탕으로 세상을 향한 모델을 만들어간다. 301호 아이에게 세상은 '두렵고, 무섭고, 피하고 싶은 곳'이며, 302호 아이에게 세상은 '궁금한 것이 많고, 살 만하고, 따뜻한 곳'으로 시작된다.

301호 아이가 자기 자신과 엄마, 그리고 세상을 향해 형성한 부정적인 내적 작동 모델은 이를 뒤엎을 만큼 강력한 경험을 하지 않는 한 인생 전체로 이어져 점점 단단해지고 정교해진다. 이런 상태로 301호 아이가 청년이 되었다고 상상해보면 어떨까.

301호 청년이 길을 가고 있다. 이때 뒤에서 누군가가 서둘러 뛰어오는 발자국 소리가 들린다. 그 사람은 청년의 어깨를 스치고 뛰어갔다. 어깨를 부딪친 청년은 화가 치밀어 올랐다. 매우 빠른 속도로 청년의 머릿속에 잠재되어 있던 부정적인 내적 작동 모델의 톱니바퀴가 돌아간다. '난 가치 없는 존재다. 그러니까 저 사람도 나를 보잘것없게 여기고 함부로 대해도 된다고 생각해 내 어깨를 치고 그냥 지나간 거야. 정말 자존심 상하고, 기분이 나쁘군. 저런 놈까지 날 무시해!' 이런 생각은 상대방에게 복수하고 싶다는 마음이 들게 한다. 이때 청년이 공격적인 성향이라면 "야, 네가 뭔데 나를 치고 가!"라며 덤빌 것이고, 소극적인 성향이라면 마음속으로 이를 갈면서 분을 삭일 것이다. 만약 이 청년이 공격적인 성향이 강해 상대방에게 소리를 지르며 화를 퍼붓는다면 상대방은 매우 당황스러울 것이다.

"아, 저 말씀입니까?"

"그래, 여기 너 말고 누가 있다고 오리발이야?"

"혹시 제가 급하게 뛰어가다 치고 지나갔나요? 그렇다면 정말 죄송합니다. 급한 일이 있어 정신이 없었어요."

"야, 사람 죽여놓고 미안하다고 하면 다냐! 눈은 어디다 두고 다녀. 똑바로 보고 다녀야지. 아참, 재수가 없으려니까."

"죄송합니다만 말이 너무 지나치십니다."

"뭐, 지나쳐? 뭐 저런 놈이 다 있어? 그러니까 지금 내가 잘못했다는 거야?"

이쯤 되면 상대방도 화가 나기 시작한다.

"놈? 나보고 놈이라고? 야, 사람이 실수할 수도 있는 거지."

결국 두 사람 사이에 막말이 오가고 몸싸움이 벌어진다. 그리고 301호 청년은 다시 마음속으로 '역시 세상은 무서워! 모두가 날 무시해!'라는 결론을 내리면서 자신의 부정적인 내적 작동 모델을 더 단단히 만들어갈 것이다.

　302호 청년이라면 똑같은 상황에서 어떻게 했을까? 그는 자신이 소중한 존재이고, 세상은 따뜻하고 우호적인 곳이므로 누군가 일부러 자신을 해코지할 것이라고는 생각하지 않는다. 누군가가 자신의 어깨를 치고 지나갔을 때 그것이 자신을 아프게 하려는 의도라기보다는 어쩔 수 없이, 혹은 모르고 일어난 행동으로 생각한다. '저 사람, 무척 바쁜 일이 있나 보군. 정신없이 뛰어가다 실수로 나를 쳤나 보네.' 이렇게 상대방의 의도를 긍정적으로 해석하면 수반되는 감정도 긍정적으로 바뀐다. 모르고 한 일에 대해 우리는 악감정을 갖지 않고 이해하려 애쓰기 때문이다. 청년의 어깨를 치고 간 사람이 뒤늦게 정신을 차리고 "저기요, 제가 치고 지나갔나요? 그렇다면 정말 죄송합니다. 급하게 가다가 모르고 그랬어요. 죄송합니다!"라고 사과한다면, 그 청년은 '역시 사람들은 기본적으로 착해. 저 사람, 정말 무슨 일이 있었나 봐' 하며 다시 한 번 긍정적인 내적 작동 모델을 더욱 공고히 할 것이다.

마음의 씨앗을
단단하게 만들기 위한
두 가지 조건

앞에서 살펴본 것처럼 아이와 부모 간의 상호작용 경험, 즉 애착 경험이 어떠했느냐에 따라 아이의 내적 작동 모델은 긍정적으로, 혹은 부정적으로 만들어진다. 특히 애착 경험 중에서도 두 가지 요소가 내적 작동 모델 형성에 결정적인 영향을 미친다. 하나는 아이가 지지와 보호를 요청했을 때 애착 대상이 어떻게 반응해주었는가 하는 것이다. 다른 하나는 아이가 다른 사람, 특히 애착 대상으로부터 어떤 대접을 받고 있다고 느끼는가 하는 것이다. 아이가 도움을 청할 때 부모가 그 요구를 비교적 잘 받아주고, 아이가 요구하지 않아도 보살피고 위로해주고, 자극이 필요할 때 그렇게 해주었다면 아이는 자기 자신을 부모로부터 사랑받을 만한 자격이 있는 존재라고 생각한다. 그리고 부모를 민감하고 유능한 사람이라고 생각한다. 또한 이런 생각은 자기 자신과 상대방에 대한 호감도를 높이면서 긍정적인 내적 작동 모델로 이어진다.

그러나 그렇지 않은 부모 밑에서 자라는 아이는 어떨까? 어떤 부모는 아이가 도움을 요청하면 귀찮아하거나 자꾸 뒤로 미루려고 한다. 민성이의 엄마는 세 돌이 채 안 된 아이의 행동 하나하나에 불만이 많았다. 텔레비전 드라마를 열심히 보는데 민성이가 울거나 뭔가 해달라고 하면 짜증이 나서 견딜 수가 없었다. 얼른 해달라는 걸 해주고 나서 다시 텔레비전을 볼라치면 아이는 또 다른 것을 요구한다. 그럴 때면 아이가 너무 이기적이라는 생각이 들고 마치 엄마를 골탕 먹이려는 것 같다는 생각에 짜증을 내곤 했다. 아이가 자다가 칭얼댈 때도 정말 미치도록 짜증이 났는데, 어느 땐 깊이 잠든 척하며 일어나지 않은 적도 있었다.

민성이는 지금도 무슨 말을 할 때마다 울먹이며 칭얼대는 투로 말한다. 높이 있는 물건을 내려달라는 쉬운 부탁도 마치 하면 안 되는 부탁이라도 하는 양 인상을 쓰고 울먹이는 어투로 보채듯이 말한다. 그러니 진짜 어려운 부탁은 하지도 못한다. 밖에서도 다른 사람과 함께 있을 때는 너무 눈치를 보고 오히려 혼자 있을 때 더 편안해 보인다. 어린 나이임에도 '나는 나쁜 아이다. 다른 사람을 성가시게 하는 아이다. 다른 사람들은 날 싫어하고 조금만 잘못해도 야단을 칠 것이다'라는 매우 부정적인 내적 작동 모델을 형성했기 때문이다.

부모의 적절한 개입이 아이의 마음을 키운다

어떤 부모는 아이가 요구하지 않으면 어떤 도움도 주지 않고 아이 문제에 개입하지도 않는다. 아이가 요구하지 않으니 아무 문제도 없다고 생각하는 매우 둔감한 부모라고 할 수 있다. 이런 부모를 둔 아이는 자신이 부모의 관심을 받을 만큼 매력적이지 못한 존재라고 생각하며, 나중에는 정말 힘든 일이 있어도 남에게 도움을 청하지 못하고 좋은 것도 함께 나누지 못한다. 이런 아이는 얼핏 보면 독립적으로 보이지만 사실 다른 사람들과 친밀하게 지내고 도움을 주고받는 것에 매우 서툴다.

여덟 살인 영은이는 모범생처럼 행동해 어른들에게는 언제나 칭찬을 받지만, 또래 사이에서는 별로 친한 친구가 없다. 둘째 딸인 영은이는 까다로운 언니에 비해 성가시게 하지 않고 혼자서도 잘 노는 아이라 부모는 마음속으로 기특하게 여겼지만, 아이에게 딱히 표현해준 적은 없다. 친구를 초대해 생일 파티를 해준 적도 없고, 생일 파티를 하고 싶은지 물어본 적도 없다. 옷을 사러 가면 언니는 이것저것 사달라고 조르지만 영은이는 그저 사주는 대로 입었다. 언니가 늘 친구들을 데려오는 통에 영은이에게는 친구를 데려오라고 한 적도 없다. 그래도 불만 없이 잘 자라주는 영은이를, 그저 부모의 뜻을 잘 따르는 순한 아이로만 여겼다.

그런데 영은이는 커가면서 점점 깍쟁이가 되어갔다. 남의 것을 탐하지는 않지만 누가 제 것을 만지면 화를 내며 자기 것은 절대 나누려 하지 않았고 협동하는 활동을 싫어했다. 아이가 요구하지 않는다고 해서 부모에게 바라는 것이 없지는 않았을 텐데, 부모가 둔감하여 아이를 먼저 배려하지 않은 까닭에 아이도 다른 사람을 도와주거나 배려하는 방법을 배우지 못했던 것이다. 이런 아이들은 '나는 나, 너는 너다! 다른 사람 일에 좋든 싫든 끼어들면 안 된다. 다른 사람의 것을 빌리지도 않지만 내 것도 빌려주지 않는다'는 내적 작동 모델을 형성하여 영은이처럼 겉으로는 착한 것 같지만 사실은 이기적인 아이로 자라게 된다.

반면 아이가 스스로 할 수 있는 일인데도 나서서 해주거나 하지 못하게 막는 부모도 있다. "위험해!", "잘하지도 못하면서", "하지 마!"라며 부모가 모든 것을 통제하려 하는 것도 아이의 건강한 내적 작동 모델의 형성을 위협한다.

극심한 분리불안을 보여 상담센터를 찾아온 여섯 살 소민이는 아기 때부터 부모가 늘 "위험해!", "할 수 있겠어?"라는 말을 달고 살았다. 외출할 때도 엄마는 늘 아이와 함께 다녔는데, 엄마가 볼일이 급할 때도 아빠에게 맡기는 법 없이 아이를 데리고 화장실에 다녀오고는 했다. 아이가 엄마와 떨어지면 불안해할 거라고 생각했기 때문이다. 아장아장 걷기 시작해 놀이터에 나갈 때도 엄마는 "엄마 손 꼭 잡고 가야지! 넘어지면 어떡하려고?", "혼자 가면 안 돼!"라고 말하며 미끄럼틀이나 시소도 늘 아이를 안고 탔다. 또래 아이가 다가오면 아이를 때리거나 물건을 뺏을까 봐 염려되어 다른 곳으로 슬그머니 자리를 옮겼다.

소민이가 네 살이 되면서 처음으로 방문 미술 수업을 시작했는데, 아이가 버거워하는 것처럼 보이자 엄마는 옆에서 색칠하기를 도와주기도 했다. 다섯 살이 되어 유치원에 보내려 하자 아이는 엄마와 함께 가는 곳이 아니라면 자신은 갈 수 없다고 통곡하는 바람에 지금까지 엄마와 집에서 지내고 있다. 집에서 하는 수업도 몇 개 시작해보았지만 아이가 도저히 스스로 하려는 마음이 없어 지금은 모두 그만둔 상태다.

소민이의 내적 작동 모델을 들여다보면 '나는 너무 무능해서 엄마 없이는 아무것도 할 수 없다'는 생각이 들어 있다. 따라서 소민이는 '엄마 없는 세상은 매우 무섭고 두려운 곳이며, 세상에는 각종 위험과 힘든 일이 도사리고 있기 때문에 피해야 한다'고 생각한다.

아이의 말과 행동에 단서가 있다

아이들을 가만히 살펴보면 아이마다 유난히 자주 하는 말과 행동 패턴을 발견할 수 있다. 어떤 아이는 쉽게 "무서워"라는 말을 하고, 어떤 아이는 "난 못해!"라고 하며, 어떤 아이는 사소한 일에도 분통을 터뜨린다. 부모라면 이런 것에 주목해야 한다. 왜냐하면 이처럼 반복적으로 되풀이되는 말과 행동이 아이의 내적 작동 모델을 추론할 수 있는 단서가 되기 때문이다.

"무서워"라는 말을 자주 하는 아이는 아마도 '세상을 위협적으로 지각하는' 내적 작동 모델을 지녔을 가능성이 높으므로 엄마에 대한 분리불안이나 과잉불안을 나타낼 수 있다. 또 "난 못해!"라고 말하는 아이는 '난 무능해서 엄마가 도와주지 않으면 아무것도 할 수 없어'라는 내적 작동 모델 때문에 아기처럼 굴고 징징대는 퇴행 행동과 분리불안, 그리고 학습에 대한 거부나 새로운 것에 대한 회피를 나타낼 가능성이 높다.

사소한 일에도 화를 잘 내는 아이는 '사람들은 날 도와주지도 않으며 오히려 괴롭힐 뿐이다. 세상에는 나를 불편하게 하는 사람들과 일로 가득 차 있다'는 내적 작동 모델 때문에 툭하면 화를 내는지도 모른다. 이런 아이에게 화를 낸다고 야단치고 짜증을 내면 아이는 마음속으로 '거봐, 이 사람도 날 좋아하지 않잖아'라고 생각하며 세상을 더욱 불편한 곳으로 여기게 될 것이다.

아이를 도와주려면 아이가 문제 상황에서 자주 하는 말과 행동을 잘 살펴보고 기록한 후 이를 통해 아이를 움직이는 내적 작동 모델을 추론해봐야 한다. 특히 아이가 갈등이 일어나는 상황에서 어떻게 행동하는지, 무엇 때문에 문제가 일어났다고 생각하는지를 잘 살펴본다. 그리고 부모 자신이 아이에게 가장 자주 하는 말이 무엇인지, 아이를 생각하면 가장 먼저 떠오르는 형용사가 무엇인지도 함께 적어본다. 기록한 것을 들여다보면 대부분 아이의 행동과 부모의 행동이 상당 부분 일치하는 것을 발견할 수 있다.

부모가 "어휴, 저 겁쟁이! 쟨 왜 저렇게 겁이 많아"라고 말했다면 아이는 새로운 일을 앞두고 "난 못해!"라는 말을 하며 울적한 표정을 지었을 것이다. "저런 천방지축! 너무 산만해"라고 자주 말하는 부모 밑에는 정말 정신없고 산만한 아이가 있다. 어떤 사람은 아이가 그런 행동을 자주 하니까 부모가 그렇게 말하고 생각할 수밖에 없다고 하겠지만 반대의 경우도 있다. 부모가 그렇게 단정 지으니까 아이가 부모의 생각대로 따라가기도 한다. 멀쩡한 사람에게 '바보'라는 말을 계속한다면 어느 순간 '내가 정말 바보인가 보다'라고 생각하는 것과 마찬가지다.

어떤 부모는 멀쩡한 아이를 문제아로 취급하기도 하고, 특별 대접을 하기도 한다. 민성이 엄마처럼 아이의 당연한 요구에 짜증 내며 비난을 퍼붓기도 하고, 소민이 엄마처럼 아이 혼자서는 아무것도 할 수 없는 것처럼 대하거나, 영은이 부모처럼 아이를 어른 대하듯 내버려두면 멀쩡하게 태어난 아이도 자기 자신과 타인, 그리고 세상에 대한 잘못된 시선을 만들어간다. 그리고 그것을 진실로 알고 그렇게 자란다. 만약 아이의 마음속에 아이를 더욱 부정적인 방향으로 움직이게 하는 톱니바퀴가 있다면, 이를 멈추고 좀더 긍정적이고 행복한 방향으로 아이가 움직이도록 도와주는 것, 그것이 바로 현명한 부모의 역할이자 책임이다.

아이의 마음속, 꺾인 나무도 다시 자랄 수 있다

자기 아이가 마치 '꼬마 악마' 같다고 하소연하는 부부가 상담센터를 찾아왔다. 과연 별칭대로 아이는 등장부터 예사롭지 않았다. 상담실에 들어서기도 전에 복도에서부터 귀청이 찢어져라 비명을 지르면서 안으로 들어오지 않으려는 아이와 부모 간의 처절한 실랑이가 벌어졌다. 그러다가 언제 그랬냐는 듯 아빠 품속에서 손가락을 빨다가 혀 짧은 소리로 "여기가 어디야?"라며 천진난만한 표정으로 주위를 둘러보았다. 현재 나이 여덟 살, 초등학교 1학년인 현태는 심각한 등교 거부로 지금 학교를 다니지 않고 있다.

현태는 아기 때부터 입이 짧고 잠도 적어 엄마를 매우 힘들게 하는 아이였다. 병이 있는 건 아닌데 쉽게 피곤함을 느끼는 엄마는 현태를 주로 시댁과 친정에 번갈아 맡기며 키웠다. 고집불통인 현태가 한번 떼를 쓰기 시작하면 엄마는 정신이 아득해지고 어떻게 해야 할지 몰라 멍하니 있을 때가 많았다. 그렇게 가만히 쳐다보고 있으면 아이는 더욱 화가 나는지 엄마를 발로 차고 때리며 떼를 썼고, 주변에 있던 사람들이 오히려 아이를 말리며 엄마를 위로해주곤 했다.

어쩌다가 마트에 가거나 작은 가게에라도 들르면 현태는 여지없이 뭔가를 사달라고 떼쓰며 뒹굴었다. 시끄러운 소리를 참다 못한 가게 주인이 현태를 마구 나무라면서 강제로 가게 밖으로 끌고 나가는 것으로 현태의 외출은 끝이 나곤 했다. 사람들은 그런 현태를 보면서 "저런 몹쓸 놈, 저렇게 버릇이 없어서야……"라며 혀를 찼고, 현태 엄마에게는 "애 키우느라 힘들겠어요"라며 동정했다.

다섯 살이 되자 현태는 명성이 자자한 유치원에 등록했지만 유치원 문 앞에서 소리 지르고 난리를 쳐서 3년 동안 유치원을 다닌 기간은 모두 합쳐봤자 열 달도 되지 않았다. 문제는 초등학교에 들어가면서 더욱 커졌다. 교실 문 앞에서 꼼짝도 안 하고 서 있기만 할 뿐 들어가려고 하지 않았기 때문이다. 제 발로는 절대 교실 문턱을 넘지 않았다. 두 달 동안 협박도 하고, 교장 선생님까지 나서서 아이를 교실로 들여보내려 했으나, 온 학교가 떠나가도록 소리를 질러대는 바람에 다른 학생들에게 방해가 된다는 이유로 수업도 받지 못하고 돌아와야 하는 날이 대부분이었다. 강제로 교실에 들어간다 해도 앉혀주지 않으면 그대로 서 있고, 책을 꺼내지도 급식을 받지도 않왔다. 학교에서도 현태는 주변 선생님과 친구들로부터 유별난 아이라며 눈총을 받아야 했다.

치료 첫날, 약속 시간이 되었지만 현태는 도착하지 않았다. 10분쯤 지났을 때 아이 엄마한테서 전화가 왔다. 도착했는데 현태가 택시에서 내리지 않는다는 것이었다. 밖으로 나가보니 택시 안에는 잔뜩 화가 나 있는 현태와 무기력한 모습으로 새치름히 앉아 있는 엄마의 모습이 눈에 띄었다. 택시 기사는 답답하다는 듯이 "살다 살다 저런 아이는 처음 봤다"면서 혀를 찼다. 현태는 나를 보자마자 엄마에게 "아까 엄마가 나 빵점이라고 말했던 거 취소해!" 하며 다시 떼쓰기 시작했다. 결국 엄마는 잔뜩 찌푸린 얼굴로 택시 기사에게 아이를 끌어내어 달라고 부탁했다.

우여곡절 끝에 상담센터로 들어온 현태는 이번엔 치료실에 들어가기를 거부했다. '메롱' 하고 혀를 내밀며 소파 위를 뛰어다니고 멀쩡한 의자를 엎으며 소란을 피우기 시작했다. 결국 내가 나서서 난리 치는 아이의 몸을 꼭 잡고 치료실로 들어갔다. 그러자 현태는 마치 우리에 갇힌 야생동물처럼 화를 내며 나가려 했고, 이를 막는 내 손을 물고 모래 상자에서 모래를 한 움큼 집어 뿌려댔다. 단호한 어조로 현태의 공격적인 행동을 제지하자 놀란 듯 잠시 주춤하더니 곧 소리를 내며 울먹거렸다. 그제야 나는 아이의 마음을 다독여주면서 치료실에 있는 흥미로운 장난감들을 보여주고 함께할 수 있는 일에 대해서도 말해주었다. 현태는 장난감들을 만지지는 않았지만 그

중 몇 개에 흥미를 보이면서 곧 안정을 되찾았다. 그러다가 돌아갈 시간이 되자 또다시 모래를 던지려 하고 발로 차려 하고 장난감들을 주머니에 쑤셔 넣더니 집에 가져가겠다고 떼쓰기 시작했다.

다음번에 만난 현태는 여전히 대기실에서 엄마에게 화를 내고 떼를 썼지만 치료실로 들어가자는 나의 요구에는 못 이기는 척하더니 쑥 들어왔다. 주변을 맴돌던 현태는 갑자기 내가 들고 있던 종이와 펜을 뺏더니 비뚤비뚤 말도 안 되는 글씨를 써서 보여주었다. 그러고는 아기 같은 목소리로 "이거 뭐야?"라고 물으며 자신이 쓴 말도 안 되는 글씨를 읽어보라고 했다. 그 뒤에도 현태는 종종 알 수 없는 그림을 그린 후 맞혀보라고 했다. 시간이 지나면서 잘 지내는 시간이 늘어났지만 가끔씩 갑자기 주먹을 들이대거나 옷에 침을 묻히거나 욕을 해대기도 했다. 그리고 나서는 나의 눈치를 보며 아기 같은 행동을 했다.

이래도 나를 내버려둘 거예요?

이런 현태의 내적 작동 모델은 어떨까? 현태는 현재 매우 공격적이면서도 자신감 없는 행동을 보인다. 학교를 가지 않는 것은 물론 새로운 것을 배우는 자체를 거부한다. 이런 행동은 현태가 자기 자신을 매우 무능한 존재로 보고 있다는 뜻이다. 그렇다면 어떻게 현태는 이런 모습을 갖게 되었을까? 앞에서 말했듯이 긍정적인 내적 작동 모델을 형성하려면 결정적인 영향을 끼치는 두 가지 요소―'아이가 부모에게 지지와 보호를 청했을 때 부모가 잘 반응해주었는가', '아이가 부모에게 충분한 지지와 도움을 받았다고 느꼈는가?'―가 충족되어야 한다.

이런 점에서 현태는 부모한테 매우 실망한 아이임이 분명하다. 어린아이들은 자신이 스스로 통제하지 못할 때 부모가 그런 자신을 잘 다스려주기를 원한다. 아이가 떼쓸 때도 민감한 부모는 어느 선까지 달래주고, 어느 선에서 제지하고 혼내야 할지를 잘 안다. 또한 민감한 부모는 어린아이가 떼쓰는 것은 그 아이가 나빠서가 아니라 아직 어리기 때문이라는 것을 잘 알기에, 아이가 자기감정을 조절하고 적절한 방법으로 표현하도록 가르치려 노력한다.

그러나 현태 엄마는 아이의 거친 태도를 적절히 다루지 못했다. 아이가 떼를 써도 방치하거나 아이 스스로 나쁜 사람이라 생각하게 하여 수치심과 죄책감을 느끼도록 다그치고, 부모가 아닌 다른 사람이 아이를 거칠게 대하도록 허용하거나 때로는 유도함으로써 아이에게 자기 자신에 대해서도 혐오감을 갖도록 만들었다. 또한 부모가 아닌 제삼자가 자신을 강압적으로 대할 때 현태는 타인에 대한 적대감과 두려움을 느꼈을 것이다. 동시에 극심한 불안과 공포를 경험하면서 아기처럼 구는 퇴행 행동을 보이게 된 것이다.

이런 일이 되풀이되자 현태는 스스로 화를 통제하지 못하고 수치심과 공포심을 느끼면서도 타인에게 제지를 당해야 떼쓰기를 멈추는 행동을 되풀이하게 되었다. 또한 부모를 포함한 다른 사람들로부터 빈번히 들어야만 했던 자신에 대한 부정적인 메시지로 말미암아 사람들에 대한 적대감과 불신감이 뿌리 깊게 자리 잡았다.

현태는 상담센터에 와서도 쉽게 상대를 믿지 못하고 일부러 무례하고 자극적인 행동을 해서 나를 시험하려 했다. '이래도 나한테 화를 안 낼래? 너도 친절한 척하지만 다른 사람들처럼 나를 싫어하고 야단칠 것이 뻔해! 그러니 어서 본색을 드러내고 화를 내보지'라는 마음이 숨어 있었던 것이다.

실제로는 똑똑하고 글씨도 잘 쓰는 아이였지만 일부러 비뚤비뚤 글씨를 써 보이고 그것을 나에게 읽으라고 한 것도 상대를 자극하려는 일종의 시험 행동이었다. '1학년이 이렇게 엉망으로 글씨를 쓰다니 얼마나 멍청한 아이인가!', '이 아이는 어쩔 수 없구나!'라는 표정을 확인하고자 내 얼굴을 열심히 들여다보고 마음을 읽으려 했다. 자신은 무능하고 열등한 존재이며, 분명 이 사람도 다른 사람과 마찬가지로 그렇게 느낄 것임을 확인하고 싶었던 것이다. 학교에 대한 거부도 같은 맥락에서 이해할 수 있다. '나는 무능하고 나쁘고 형편없으니 학교생활도 잘할 수 없을 거야. 엄마도 내가 유별나다고 하니 나는 다른 아이들처럼 학교생활을 잘해나갈 수 없을 거야'라고 스스로 결론을 내린 것이다.

이렇듯 현태는 부모로부터 적절한 보살핌과 지지를 받지 못하면서 매우 부정적인 내적 작동 모델을 형성하고 그대로 충실히 살아가고 있었던 것이다. 그렇다면 이런 부정적인 내적 작동 모델을 어떻게 긍정적으로 변화시킬 수 있을까? 한번 강하게 형성된 내적 작동 모델은 웬만해선 바뀌지 않지만, 그렇다고 해서 절대로 변하지 않는 것은 아니다. 다만 내적 작동 모델의 변화가 이루어지려면 앞선 것보다 더욱 강력한 변화를 경험하는 것이 필요하다.

아이의 마음을 변화시키는 기적

현태의 내적 작동 모델을 바꾸기 위해 나는 두 가지 방법을 사용했다. 첫째는 부모와의 관계 개선이다. 이제 현태가 떼쓸 때 아이가 제삼자로부터 수치심과 죄책감을 느끼게 놔두지 말고, 아이의 떼가 심해지면 그것을 끊어주는 이는 부모여야 한다는 것을 강력하게 인지시켰다. 현태 엄마는 아이가 심하게 떼를 쓸 때는 무기력하게 있다가 아이가 풀이 꺾이기 시작하면 쏘아대고 비난하던 버릇을 고치기 위해 노력했다. 어떤 경우에도 아이에게 인신공격을 해서는 안 되고, 떼를 심하게 쓸 때도 도와준다는 심정으로 아이의 마음을 다스려야 한다는 것을 계속해서 상기했다.

또한 아이가 통제되지 않을 때는 부모의 강한 힘을 보여주고 아이가 진정되면 부드럽게 다독이면서 아이의 체면을 세워주는 경험이 있어야만 현태가 부모를 두려워하지 않고 퇴행 행동으로 도망가지 않을 거라는 점을 강조했다. 생생한 교육을 위해 현태 부모님을 치료실로 초대해 아이와 함께 상황을 경험하며, 문제가 생기면 그 즉시 다루는 법을 알려주었다. 그 뒤 한두 차례 치료실에서 현태의 심한 행동이 있기는 했지만 엄마는 아이를 그냥 내버려두거나 비난하는 법 없이 잘 견디며 따라주었다. 그러면서 현태는 엄마의 품에서 점점 진정되었다. 아이 엄마는 이런 경험을 '기적 같은 일'이라고 표현했다. 떼를 쓴 후에도 아이와 편안하게 마주 볼 수 있다는 것이 믿기지 않는다고 기뻐했다. 기쁜 것은 현태도 마찬가지였다.

둘째는 자긍심 키워주기였다. 현태는 그동안의 경험으로 사람들에 대한 불신감이 가득했다. 사람들이 자기를 좋아하지 않을 거라는 강한 믿음 때문에 끊임없이 상대방을 시험하고 자극하는 행동을 했고, 결국 현태의 예상대로 언제나 야단맞고 미움받는 것으로 상황은 끝이 났다. 이런 현태에게 적어도 나는 아이의 잘못된 행동은 제한하되, 되도록 짜증과 화를 내지 않고 아주 사소한 일도 격려하고 칭찬해주었다.

나는 의도적으로 "넌 정말 소중하고 특별해", "난 네가 정말 좋아"와 같은 말을 많이 했는데, 자신에 대한 자긍심이 부족한 아이에게 이런 말은 강력한 힘을 발휘한다. 또 알 수 없는 그림을 들이대며 맞혀보라는 아이의 요구에 최대한 아이의 그림을 이해하려고 애쓰면서 느낀 바를 말해주고 아이의 마음을 헤아렸다. 그러자 나를 시험하고 자극시키는 행동보다 함께 놀고 말하는 시간이 점점 늘어났다.

그러던 어느 날 새로운 것은 절대 안 하려던 현태가 치료실에 있는 카드 게임 상자를 들고 와서 "나는 잘하는 게 없는데, 게임도 잘 못하는데, 그래서 안 했는데……"라고 하면서 놀이 방법을 알려달라고 했다. 처음 하는 게임이라서 긴장했는지 설명을 다 듣고 나서도 "아, 하나도 모르겠다! 복잡해! 복잡해!"라고 자신의 머리까지 쥐어박았다. 하지만 조심스럽게 시도한 첫 도전은 흥분과 즐거움으로 끝났고, 그 후로도 현태는 새롭고 흥미로운 도전을 해나갔다.

약 6개월간의 치료를 마친 뒤 현태는 지금 학교생활을 잘 해내고 있다. 혼자서 학교에 갈 뿐 아니라 급식도 잘 먹고 방과 후에는 친구들과 축구 교실도 함께 다닌다. 하지만 오랜 기간 현태가 느꼈던 엄청난 양의 수치심과 죄책감을 생각한다면 앞으로도 지속적인 격려와 지지, 그리고 사람들과 신뢰감을 쌓아가는 경험이 있어야만 이런 긍정적인 변화가 계속될 수 있다.

그동안 현태를 벼랑으로 내몰던 거대한 톱니바퀴는 이제 멈췄으나, 이 톱니바퀴가 좋은 쪽으로 완전히 방향을 틀었다고 하기에는 너무 짧은 시간이다. 내적 작동 모델이 생후 초기 수년간의 경험으로 만들어지는 것처럼 이것이 변화하기 위해서는 더 많은 시간과 경험이 필요하기 때문이다.

PART 3

부모와 아이 사이, 관계의 온도가 애착을 결정한다

내 아이와의 애착, 괜찮나요?

사람들마다 애정을 표현하는 방식이 다르고 스트레스를 해결하는 방식이 다른 것처럼 애착의 모습도 아이와 그 부모의 성향에 따라 여러 가지 형태로 나타난다. 아이와 부모가 서로 사이좋게 다독거리는 편안한 관계가 있는가 하면, 애증이 교차되어 싸우고 집착하기를 반복하는 부모와 자녀 사이도 있고, 아이가 부모를 피하고 어려워하는 관계도 있다. 제각각의 특성이 있지만, 그 관계를 자세히 들여다보면 모든 부모와 자녀 관계는 일반적으로 네 가지 유형으로 분류할 수 있다.

이 네 가지 유형은 발달심리학자인 메리 에인스워스(Mary Ainsworth)가 고안한 '낯선 상황 절차(Strange situation procedure)'라는 실험에서 비롯됐다. 원래 이 실험의 목적은 영아와 엄마 간의 애착 관계가 생후 1년간 시간이 흐르면서 어떻게 변화하는지 알아보기 위한 것이었다. 이를 위해 애착 행동이 가장 잘 나타나는 상황으로 생각해낸 것이 바로 '낯선 상황'이다. 이는 아이가 낯선 상황에 처하면 부모에게 다가가려는 반응을 가장 잘 드러낼 것이라고 생각했기 때문이다. 또한 부모와 분리되는 상황에서 아이의 애착 행동을 관찰하기 위해 '낯선 상황'과 함께 부모와 떨어지는 '분리 상황'도 실험했다.

'낯선 상황 절차'는 대략 12개월에서 18개월 사이의 아이를 대상으로 아이가 갖고 놀 수 있는 장난감이 있는 방에서 이루어진다. 먼저 아이와 엄마가 함께 방으로 들어오고, 다음에는 친절하지만 낯선 사람이 한 명 들어온다. 잠시 뒤 엄마가 아이를 남겨두고 방을 나가면 아이는 낯선 사람과 함께 방에 남아 있고 약 3분 후에 엄마가 다시 돌아온다. 그다음 엄마가 다시 그 방을 나가고 낯선 사람도 나간 뒤 아이 혼자 잠시 동안 방에 남아 있게 되는데, 이번엔 낯선 사람이 엄마보다 먼저 방으로 돌아오고 그다음에 엄마가 돌아오는 것으로 실험은 끝난다.

실험하는 동안 아이가 보이는 엄마와의 분리, 재결합, 그리고 낯선 사람에 대한 반응이 애착 유형을 결정하는 요소가 된다. 그중에서도 가장 중요한 것은 바로 엄마와 다시 만날 때 아이가 보이는 '재결합 반응'이다. 이때의 행동은 단순히 잠시 헤어졌다가 다시 만난 것에 대한 반응을 넘어서 평소 엄마와 아이의 애착 상태를 보여준다.

실험 결과, 낯선 상황과 분리 상황에서 보이는 아이들의 행동에서 일정한 유형을 발견했다. 그것이 바로 '안정 애착', '불안정-회피적 애착', '불안정-저항적 애착', 그리고 '불안정-와해·혼돈형 애착'으로 총 네 가지 애착 유형이다. 이후 '낯선 상황 절차' 실험은 우리나라를 비롯해 여러 나라에서 신뢰도 있게 이루어졌고, 인종이나 성별을 불문하고 대부분의 아이는 이 네 가지 유형 중 하나에 속한다는 사실이 증명되면서 이제 '낯선 상황 절차'는 애착 유형을 분류하는 중요한 기준으로 자리 잡았다.

이외에도 그동안 이루어진 애착에 관한 많은 연구는 한 살 이전에 형성된 애착 유형과 이에 따른 행동 특성이 성장한 이후에도 일관성 있게 지속된다는 결과를 내놓았다. 이런 결과가 의미하는 것은 무엇일까? 바로 문제가 있는 애착 관계는 우리가 흔히 말하는 것처럼 크면서 나아지는 것이 아니라 성장 후에도 문제가 있는 부모와 자녀 관계를 만든다는 사실이다. 호미로 막을 것을 가래로 막아야 하는 실수를 저지르지 않기 위해, 그리고 행복한 부모와 자녀 관계를 위해서 지금 내 아이의 애착을 살펴봐야 한다. 내 아이와의 애착, 과연 괜찮은 것일까?

> 안정 애착

부모에 대한 신뢰감이 세상을 향한 믿음으로 발전한다

딸아이가 26개월 즈음이 되었을 때의 일이다. 아이와 함께 산책을 나가려고 외출 준비를 하다가 그만 아이 혼자 엘리베이터를 타고 내려가게 되었다. 그때 우리 집은 18층이였는데 한 번도 혼자 엘리베이터를 탄 적이 없는 아이가 그 안에서 얼마나 무서울지, 혹시 엉뚱한 곳에 내려서 헤매지나 않을지 그 짧은 순간에 별생각이 다 들었다. 나와 남편은 아이를 안심시키려고 "지수야, 엄마 아빠가 곧 갈게!"라고 외치며 계단을 급히 뛰어 내려갔는데, 다행히 아이는 1층에서 어떤 언니의 손을 꼭 잡고 서 있었다. 다소 긴장한 눈치였지만 엄마, 아빠를 보자 환한 얼굴로 달려와 안기며 그동안 자신을 봐줬던 언니에게 손을 흔들고 작별 인사를 하는 여유까지 보여주었다. 그 뒤에도 아이는 다행히 엘리베이터를 무서워하지 않았고, 잠시 혼자 있게 되는 것도 두려워하지 않았다. 그동안 애착의 중요성을 역설하고 다녔던 나로서는 혹시라도 우리 아이의 애착에 문제가 있으면 어떡하나 노심초사했는데, 이 일을 통해 안심할 수 있었다.

그 후 1년쯤 시간이 흘렀을 때 우연히 엘리베이터 사건에 대해 이야기하게 되었다. "그때 엄마, 아빠는 정말 깜짝 놀랐어. 혹시 네가 무서워하면 어떡하나, 혼자 헤매고 다니면 어떡하나 해서"라고 말하자, 딸아이는 "엄마, 아빠 올 거잖아? 그리고 길을 잃으면 다른 사람들이 도와줄 텐데 뭐. 그렇지?"라며 대수롭지 않게 대답했다.

초등학생이 되어서도 딸아이는 타인에 대한 긍정적인 믿음을 잃지 않았다. 세상을 뒤숭숭하게 만든 유괴 사건에 관한 뉴스를 본 뒤에도 딸아이는 "엄마, 저 사람은 정말 나빠. 하지만 그래도 이 세상엔 좋은 사람이 훨씬 많지? 내 주변에는 좋은 어른이 정말 많은데. 편의점 아주머니는 가끔 내게 공짜로 초콜릿을 주고, 닭갈비집 아저씨는 내가 매운 거 잘 못 먹으니까 따로 간장으로 볶아주잖아! 선생님들도 모두 정말 좋아!"라고 말했다. 딸은 고등학생이 된 지금도 여전히 그 모습 그대로이다. 성적은 엄마의 욕심에 미치지 못하지만 선생님들과 친구들에게 유쾌하고 낙천적이며 친절하고 배려심 많다는 칭찬을 곧잘 들어 엄마의 마음을 뿌듯하게 해주는 딸로 성장했다.

애착 유형 가운데 가장 바람직한 유형은 바로 '안정 애착'으로, 전체의 50퍼센트에 해당하는 아이들이 안정 애착을 보인다. 안정 애착을 보이는 아이는 엄마와의 관계에서 안전감을 느끼고 엄마를 신뢰한다. 아직 어리기 때문에 '낯선 상황 절차' 실험에서 처음에는 낯선 상황에 다소 움츠러들기도 하지만 자신을 안전하게 지켜줄 것이라고 믿는 엄마와 함께 있기에 곧 안정을 찾고, 낯선 곳과 그곳에 있는 장난감에 관심을 보이며 엄마와 함께 놀이를 한다. 그러다가 엄마가 방을 나가면 깜짝 놀라는 반응을 보이며 엄마를 찾아 나선다. 엄마가 자신을 낯선 곳, 낯선 사람들 사이에 남겨두고 나갔으니 놀라는 것은 당연하다. 이때 '안정 애착'을 보이는 아이들은 엄마가 올 때까지 칭얼거리기도 하고 찾아 나서기도 하지만, 대부분 '엄마에게 잠깐 무슨 일이 생겼나 보다. 하지만 엄마는 늘 그랬듯이 곧 내게 돌아올 거야'라는 믿음으로 엄마가 올 때까지 낯선 사람의 위로를 받으면서 엄마를 기다린다. 그러다가 엄마가 돌아오면 반가운 마음에 얼른 달려가 품에 안겨 애교를 부린다. "도대체 날 두고 어디 간 거냐"라며 투정을 부리기도 하지만, 이런 투정은 오래가지 않고 엄마가 달래주면 쉽게 기분이 풀어져 엄마와 함께 다시 놀이를 시작한다.

안정적으로 애착이 형성된 아이는 환경에 대해 즐거움과 자신감, 호기심을 느끼므로 낯선 상황에서도 적극적으로 주변을 탐색하며 놀이를 한다. 엄마와 분리되었을 때는 헤어짐에 따른 고통을 표현할 줄 알고, 엄마가 돌아오면 안심하면서 비교적 쉽게 진정된다. 이런 것들은 지극히 자연스러운 감정 반응이다. 이런 아이들은 불안감을 느낄 땐 그것을 표현하고, 도움이 필요할 땐 도와달라고 청할 수 있다. 또한 좌절에 대한 인내력도 강하다. 평소 '엄마는 날 돌봐주는 사람이야. 그러니까 위험에서 날 보호해줄 거야'라는 강한 믿음이 있어서 아이는 잠시 위협적인 상황에 처하더라도 고통에 압도되지 않고 엄마가 돌아와 자신을 돌봐줄 거라고 믿으며 참을 수 있다. 그리고 엄마가 돌아왔을 때 기뻐하며 쉽게 기운을 회복한다.

부모에게 신뢰감을 느끼며 부모가 자신을 지켜줄 것이라고 믿는 아이는 자라면서 부모에게 받은 신뢰감을 다른 사람, 그리고 세상으로 확대시킨다. 애착에 관한 많은 연구에서 안정적인 애착을 형성한 아이는 이후 다른 어른들이나 또래와 원만하게 사귀고, 자신의 감정을 능숙하게 조절하며 타인과 협동이 필요한 놀이 활동도 무리 없이 수행한다는 결과를 내놓았다. 공감 능력도 발달하여 다른 아이들의 고통을 이해하고 달래줌으로써 무리에서 인정받고 인기를 얻는다. 그렇다고 다른 사람에게 무조건 동화되지도 않는다. 즉 다른 사람과 잘 어울려 지내지만 지나치게 집착하거나 의존하지 않는다. 그래서 집단생활에서 어떤 아이가 자신을 싫어한다고 해서 크게 상처받지 않는다. 자신을 싫어하는 아이에게 골몰하기보다는 자신과 관계가 좋은 아이들과 더 잘 어울려 지낸다.

이는 안정적인 애착 관계를 통해 자신과 타인에 대한 긍정적인 믿음을 가졌을 때만 가능한 일이다. 누군가 자신을 험담하더라도 그것은 자신이 평소 생각하던 자기에 대한 믿음과 다르고, 자신을 좋아해주는 사람들의 생각과도 맞지 않는다고 생각한다. 그러므로 그런 험담은 별로 중요하지 않은 것으로 밀어내버리며 자신을 좋아해주고 긍정적으로 봐주는 사람들과 더 가까이 지낼 수 있다. 따라서 어린 시절 부모와의 안정적인 애착 관계는 훗날 학교생활에도 영향을 미친다. 성장기에 부모와 형성한 애착이 이후 아이의 긍정적인 대인 관계와 삶의 태도에 튼튼한 토대가 되어주는 것이다.

이처럼 아이의 발달에 큰 영향을 미치는 '안정 애착'은 믿을 만하고 안정감 있는 부모에게서 비롯된다. 아이의 입장에서 믿을 만한 부모란 자신을 소중한 존재라고 느끼게 해주고 긍정적인 상호작용을 제공해주는 사람, 필요할 때 적절한 도움과 자극을 주는 민감한 사람, 그리고 일관된 태도로 편안한 안정감을 주는 사람이다. 아이에게, 특히 아직 자아가 발달하지 못한 세 살 이전의 아이에게 부모는 세상의 전부나 마찬가지다. 그러므로 이런 멋진 부모를 둔 아이에게 세상은 당연히 편하고 따뜻하며 긍정적인 곳일 수밖에 없다.

불안정-회피적 애착
부모의 지지가 아이를 상처에서 벗어나게 한다

영수는 아기 때부터 평소에 그다지 엄마를 찾지 않았다고 했다. 15개월이 된 영수는 한 손에는 아끼는 미니카를 꼭 쥐고 뒤뚱거리는 걸음으로 놀이터의 이곳저곳을 기웃거리며 돌아다녔고, 엄마는 그런 영수에게 익숙한 듯 가끔씩 쳐다볼 뿐 다른 엄마들과 수다를 떠느라 바빴다. 영수가 너무 멀리 떨어져 있다 싶을 때는 달려가 아이를 번쩍 안아 엄마 옆에 두었고, 영수는 엄마 옆에 잠시 머물다 다시 돌아다니기를 반복했다. 수다를 떨던 엄마가 전화를 받고 잠깐 자리를 비울 때도 영수는 멀어지는 엄마의 뒷모습을 물끄러미 바라보기만 할 뿐이었다. 돌부리에 걸려 넘어졌을 때 영수는 놀란 듯 그 자리에 넘어진 채 한동안 가만히 있다가 다시 묵묵히 일어나 조심스레 떨어진 미니카를 챙겼다. 엄마가 뒤늦게 다가가 다친 무릎을 만지려

하면 영수는 엄마의 손을 조심스럽게 밀쳐내고 몸을 뒤로 빼며 아무 일도 없었던 것처럼 다시 주변을 돌아다녔다. 엄마는 영수의 의젓함을 자랑스러워했고, 주변 엄마들의 부러움을 한 몸에 받았다.

영수가 여섯 살이 되었을 때 유치원 선생님은 영수가 '나무랄 데 없는, 오히려 너무 모범생이라 살짝 걱정되는 아이'라는 말과 함께 다음과 같은 이야기를 했다. "영수는 친구들과도 싸우는 법이 없이 정말 양보도 잘하고 착해요. 그래서 아이들은 영수를 참 좋아하죠. 근데 영수가 아이들을 좋아하는지는 잘 모르겠어요. 착하고 말도 잘 듣고, 늘 미소를 짓긴 하는데, 왠지 영수랑 친해지기가 쉽지는 않은 것 같아요. 혼자 노는 걸 더 편해하는 것 같기도 하고……." 왠지 찜찜한 마음으로 집에 돌아온 엄마를 흘낏 쳐다본 영수는 조용히 자기 방으로 들어가 엄마가 저녁밥을 먹으라고 말할 때까지 나오지 않았다.

영수는 애착 유형 중 '불안정-회피적 애착'으로 분류할 수 있는 아이다. 불안정-회피적 애착을 보이는 아이는 '낯선 상황 절차' 실험에서 엄마와 친밀하게 접촉하는 것을 피하고 엄마가 방을 떠났을 때 놀라거나 울지 않는다. 엄마가 돌아온 후에 엄마와의 접촉을 더욱 피하는 경우가 많으며, 낯선 상황에서 불안을 느낄 때 엄마에게 다가가 위안을 얻으려 하기보다는 장난감 같은 사물이나 엄마가 아닌 타인을 통해 위안을 구하려 한다. 이토록 어린아이가 왜 엄마를 피하고 다른 대상을 통해 위안을 얻으려 하는 것일까? 그 해답은 바로 부모에게 있다.

불안정-회피적 애착을 보이는 아이의 부모를 보면 대부분 아이와 친밀하지 못하고 거리감이 있으며, 아이를 자주 거부하고 밀어내는 행동을 한다. 또한 아이가 말을 듣지 않거나 귀찮게 할 때 버럭 소리를 지르거나 벌을 세우고 때리는 등 처벌을 통한 훈육을 하는 경향이 있다.

영수의 엄마도 아이에게 자주 짜증과 화를 내곤 했다. 늦은 결혼에 노산이었던 영수 엄마는 아기를 돌보며 집안일을 하는 것이 늘 버거웠고 쉽게 피곤함을 느꼈다. 그래서 우유를 먹이고 기저귀를 가는 일상적인 육아에도 "아휴, 지겨워!"라고 말하며 영수를 거칠게 대할 때가 많았다. 그러다 보니 영수는 언제부터인가 혼자 미니카를 갖고 놀기 시작했고, 엄마의 기분이 좋지 않으면 슬쩍 자리를 피했다. 결국 짜증 내고 화내는 엄마 대신 아무런 감정도 나타내지 않는 미니카에 집착하면서 회피적인 애착을 보이게 되었던 것이다.

아이에게 화를 많이 내지는 않지만 사소한 일에도 잔소리를 늘어놓거나 제재가 많은 부모를 둔 아이들도 '불안정-회피적 애착' 유형을 보이기 쉽다. 되는 것보다 안 되는 것이 훨씬 많고, 안 되는 이유를 장황하게 늘어놓으며 피곤하게 하는 부모도 아이에게는 피하고 싶은 대상이다.

엄마를 필요로 하지만 엄마가 그런 자신의 필요를 충족시켜주지 못할 때 아이는 엄마를 안전감을 주는 대상으로 여기지 못하며 때론 위협의 대상으로 인식하고 피하려 한다. 무섭고 성가신 엄마보다 타인이 덜 무서우며 자신에게 별다른 요구나 기대도 하지 않는다고 느껴지면, 아이는 불안하거나 힘들 때 엄마가 아닌 타인에게 위안과 안전감을 얻으려고 할 수 있다. 만일 다른 어른들에게도 필요한 안전감을 얻지 못했다면 사람보다 자신이 마음대로 다룰 수 있는 사물이 자신을 더 편하게 해주고 안정시켜준다고 느끼게 된다. 이로 인해 자동차나 기차, 공룡, 심지어 숫자나 알파벳과 같은 사물이나 무생물에 의지하고 집착하기도 한다.

정서적으로는 가까운 사람과의 관계에서 상처받고 실망하면서 차라리 감정을 느끼지 않거나 표현하지 않는 것이 낫다고 생각하게 된다. 이로 인해 감정이 없거나 감정을 매우 억제하게 되는 것이다. 그 때문에 불안정-회피적 애착을 보였던 아이는 자라서 감정 표현이 적고 다른 사람과 잘 어울리지 못하는 외톨이가 되기도 한다. 부모의 강한 감정 표현 혹은 무관심에 질리고 위축되었기 때문이다. 반대로 겉으로 보기엔 유쾌하고 농담도 잘하는 아이도 있다. 얼핏 보면 사교성이 좋아 보이지만 정작 자신의 감정이나 생각, 욕구들에 대해서는 말을 하지 못한다. 기대거나 도움을 받는 친밀한 관계를 경험해보지 못했으니 대인 관계도 피상적인 수준에만 머물게 되는 것이다.

불안정-회피적 애착을 보였던 아이들 중에서는 영수처럼 '착하다', '모범생이다'라는 수식어를 늘 달고 다니는 아이도 있다. 이러한 경우의 착한 행동은 상당 부분 사람들과 얽히지 않기 위해 발달시킨 전략이라 할 수 있다. 상대가 요구하는 행동을 얼른 해주면 야단을 맞거나 갈등이 생기는 것을 피할 수가 있다. 가령 엎지른 물을 재빨리 걸레로 닦아 엄마에게 야단을 맞지 않았던 아이는 친구가 자신의 장난감을 탐할 때 흔쾌히 건네주는 것으로 갈등 상황을 피하려 한다. 엄마 옆에 있으면 잔소리를 듣게 된다는 것을 아는 아이는 엄마와 놀기보다 혼자서 책을 보는 것이 안전하다고 생각하게 된다. 이러한 회피 행동으로 뭘 모르는 사람들에게는 '착하다', '양보를 잘한다'는 칭찬까지 듣게 되니 아이 입장에서는 일석이조인 셈이다.

반대로 매사 남 탓을 하거나 거짓말을 하고 친구들을 괴롭히는 말썽꾸러기가 되는 아이들도 있다. 부모에게 빈번히 거부당하고 처벌 받으며 생긴 분노감과 열등감이 만만한 또래에게 전이되어 표출되는 것이다. 또한 또래에게 관심이 있어도 친절한 표현 방법을 몰라 부모에게 배운 방식대로 성질내고 괴롭히며 관심을 표현하는 것이기도 하다. 자신이 부모한테서 받은 부정적인 경험을 고스란히 또래 관계에 옮겨놓는 셈이다.

기대어 위로받고 싶을 때 이를 귀찮아하는 부모, 도움을 청했을 때 도리어 화를 내는 부모를 둔 아이가 불안정-회피적 애착을 보이기 쉽다. 겉으로 나타나는 양상은 조금씩 달라도 이 유형의 아이는 자라면서 상처를 받거나 좌절했을 때도 이를 표현하지 않고 다른 사람에게 도움을 청하지도 않는다. 그동안의 경험으로 도움을 청해봤자 도와주지도 않고, 오히려 더 야단을 맞거나 비난당할 것이 뻔하다고 생각하기 때문에 참거나 스스로의 방식으로 혼자 해결하고자 한다.

한마디로 불안정-회피적 애착을 보이는 아이들은 부모의 지지와 도움을 받지 못해 상처받은 아이들이다. 어디선가 '지지해주지 않는 행동은 그저 힘든 사람을 도와주지 않는 것을 넘어 힘든 사람을 더욱 힘들게 하는 것'이라는 글을 읽은 적이 있다. 사람이 힘들어할 때 지지와 공감을 받지 못하면 그 사람은 자신이 타인의 공감과 지지를 받을 만큼 중요하거나 소중한 존재가 아니라고 생각하게 된다. 그리고 문제를 해결하지 못하고 힘들어하는 자신의 능력에 회의를 느끼게 된다. 어른에게도 지지와 위로는 필요하다. 그러니 아직 능력과 경험이 부족한 아이에게는 이런 도움이 더욱 간절하다. 이런 점에서 어린 시절 부모의 지지를 받지 못하고 자란 '불안정-회피적 애착'의 아이는 이 넓은 세상을 홀로 맞서 살아야 하는 외로움과 두려움으로 때로는 동굴로 숨어들어 외톨이가 되기도 하고, 절망감에 마구 칼을 휘두르며 돌진하는 공격자가 될 수도 있다.

불안정-저항적 애착
거친 행동 속에 숨겨진 사랑받고 싶은 마음

엄마에게 지후는 까다롭고 어려운, 그리고 도대체 속을 알 수 없는 아이였다. 결혼 6년 만에 시험관 시술로 갖게 된 지후는 부모 모두에게 귀하디귀한 아기였다. 하지만 아기에게 젖을 물린 그 순간부터 육아는 쉽지 않았다. 엄마의 모유량이 많지 않아 지후의 식사는 늘 불만족스러웠다. 지후는 원하는 만큼 모유를 먹지 못해서 울었고, 그래도 엄마는 '모유가 최고다'라는 신념으로 계속 젖을 물렸다. 그런 상태로 몇 개월이 지나자 주변 사람들이 득음을 했다고 농을 건넬 정도로 지후의 울음소리는 더욱 커지고 늘어만 갔다. 생후 6개월이 지나 소아과에서 분유와 모유를 섞어 먹일 것을 권하고 나서야 지후의 배고픔은 해소될 수 있었다.

하지만 또 다른 문제가 발생했는데, 바로 지후의 낯가림이었다. 귀한 손주를 보러 지방에서 올라온 조부모에게 지후가 안기려 하지 않자, 엄마는 할머니에게 지후를 강제로 업히고 숨어버린 것이다. 포대기에서 30분 이상 엄마를 찾아 격렬하게 울기만 할 뿐 진정될 기미가 보이지 않자 할 수 없이 엄마가 지후를 안아주었고 지후는 그제서야 울음을 멈췄다.

두 돌이 지나 지후는 엄마와 함께하는 문화센터 강좌에 나가게 되었다. 선생님이 지후의 이름을 부르고 물감을 나눠줄 때 지후는 들은 척도 하지 않았다. 엄마가 몇 번이나 "지후야, 선생님이 부르시잖아. 어서 나가서 받아 와"라고 불렀지만 지후는 엄마가 하라며 징징거렸다. 몇 차례의 실랑이 끝에 결국 엄마가 나가서 받아 와야했다. 늘 이런 식이었다.

세 돌이 되었을 때 엄마는 더 이상 집에만 있을 수 없다고 생각해

지후를 어린이집에 보냈다. 지후는 예상대로 어린이집 현관 앞에서 엄마의 다리를 꼭 끌어안고 징징대기 시작했다. 엄마는 지후를 달래기도 하고, 야단도 치고, 협박도 하고 숨기도 했지만 지후는 계속 인상을 찌푸리고 훌쩍이기만 했다. 어쩔 수 없이 엄마는 지후를 집에 데리고 올 수밖에 없었다. 하루 종일 지후는 '엄마 껌딱지'가 되어 엄마 곁을 맴돌며 징징거렸다. "제발 혼자 놀아!"라고 외치는 엄마에게 지후는 "엄마, 나 두고 가려고", "엄마, 나빠!"라고 삐지며 울기를 몇 번이나 반복했다.

초등학교 입학을 앞두고 한글을 공부할 때도 곤혹을 치러야 했다. 학습지 선생님 말로는 제법 영특하다고 하는데, 숙제를 할 때는 혼자 하는 법이 없었다. 늘 "숙제 싫어, 어려워"를 입에 달며 엄마가 알려줘야 한다고 떼를 썼다. 엄마는 무시도 해보고 야단도 쳐봤지만 결국 엄마가 달래서 붙들고 옆에 앉아야 끝이 났다. 입학 후 처음 맞는 상담 시간에 담임선생님은 지후가 또래에 비해 어리며, 자신감이 부족하고, 쉽게 삐져서 아이들에게 얕보일 수 있다는 걱정을 건넸다.

지후처럼 엄마를 몹시 사랑하여 늘 엄마와 함께하려 하고, 그렇지 못할 때 심하게 절망하며 화를 내는 아이는 애착 유형 중 '불안정-저항적 애착'에 속한다. '낯선 상황 절차' 실험에서도 이러한 애착 유형에 속하는 아이는 엄마와 떨어지게 되었을 때 몹시 불안해하며 자지러지듯 울어젖히는 것을 심심찮게 볼 수 있다. 아직 어린아이니까 엄마와 떨어진 것이 두려울 수도 있다고 이해는 하지만, 엄마와 다시 만나 품에 안겨 있어도 울음소리가 잦아들지 않고 너무한다 싶을 정도로 오랫동안 보채고 성내기도 한다. 심지어 '도대체 날 두고 어딜 갔었느냐'고 말하는 듯이 품에 안겨서도 엄마를 째려보고 때리거나, '나 단단히 삐졌어'라고 온몸으로 표현하면서 마지못해 품에 안겨 있는 모습을 보인다.

불안정-저항적 애착인 아이들 중에서는 새로운 것에 대한 경계가 심해 엄마와 함께 있을 때도 장난감을 마다하고 엄마에게만 붙어 있는 아이도 있다. 엄마와 함께 있었을 때는 혼자서 장난감을 갖고 놀던 아이가 엄마와 한 번 떨어진 후에는 잔뜩 경계하며 오로지 엄마에게만 매달려 있으려 하고 엄마나 타인이 놀아주려고 해도 거부하는 경우도 허다하다.

불안정-저항적 애착을 보이는 아이가 그토록 매달리고 사랑하는 부모를 보면, 부모 역시 아이를 사랑하고 아낀다. 하지만 문제는 이 유형의 부모 대부분이 아이에게 둔감하며 양육의 일관성이 부족하다는 것이다. 아이를 사랑하지만 아이의 욕구를 빨리 간파하지 못할 때가 많다. 민감한 부모는 아이의 표정이나 몸짓을 보고 '아, 지금 배가 고프구나' 혹은 '심심하구나'를 알아차리지만, 둔감한 부모는 다른 것에 정신이 팔려 있을 때는 아이의 불편함을 알아차리지 못하고, 아이를 보고 있을 때에도 아이가 보내는 신호를 종종 놓치거나 잘못 파악하기도 한다.

지후의 엄마처럼 모유가 부족하다는 것을 알고는 있지만 그게 아이를 얼마나 힘들게 하는 것인지를 충분히 이해하지 못하거나, '모유가 좋다'는 엄마의 신념을 지후의 허기보다 더 중요하게 여기는 것도 둔감함의 증거라 할 수 있다. 이런 부모를 둔 아이는 부모의 둔감함을 일깨우고 자신에게 보다 집중토록 하기 위해 문제가 있을 때 신호를 강하게 보낼 수밖에 없다. 엄마가 알아서 살펴주지 않고, 신호를 미약하게 보내면 알아차리지 못하니 조금 아파도 많이 아픈 것처럼 울어젖혀야 엄마가 달려와 자신을 보살펴줄 것이라 생각한다.

혼자서 할 수 있는 것이 별로 없는 어린아이일수록 엄마의 도움과 보호를 받기 위해서는 늘 엄마를 주시해야 하고, 엄마가 자신에게서 눈을 떼지 못하도록 매달려 있어야 한다고 생각한다. 그렇기에 놀잇감이 있어도 엄마에게 매달리며, 새로운 상황같이 위험할 수 있는 곳에서는 더더욱 엄마에게 붙어 있을 수밖에 없다. 이렇게 온 신경을 엄마에게만 쓰느라 놀이할 기회를 갖지 못하고 심신이 잔뜩 피곤해진 아이는 자신을 이렇게 만든 둔감한 엄마에게 화가 난다. 이런 이유로 불안정-저항적 애착을 보이는 아이들은 엄마가 자신의 요구를 들어줘도 기분이 풀리지 않으며 성을 내는 것이다.

부모의 둔감함은 비일관적인 양육으로 이어진다. 어떤 것이 문제인지를 모르면 문제를 해결하는 방법도 본인의 기분이나 주변 환경에 따라 쉽게 변하게 된다. 민감한 부모는 아이의 성장 발달을 위해 때로는 아이가 원하는 것보다 '해야 하는 것'으로 지도를 하며 규칙을 이해시키고, 스스로 탐색하고 조작할 수 있도록 아이를 격려하며 연습을 시킨다. 이를 통해 아이는 세상을 예측 가능하고 안전한 곳으로 받아들이게 된다. 그러나 일관성 있는 양육 규칙이 없고 부모의 기분 상태에 따라, 혹은 아이가 떼를 쓰는 것에 따라 해결 방법이 달라지면 아이는 부모와의 관계에서 안전감을 느끼지 못하는 것은 물론, 세상에 대해서도 두려움을 느끼게 된다.

불안정-저항적 애착을 보이는 아이의 부모들은 모질지 못해 아이가 떼를 쓰거나 화를 내면 결국은 아이의 요구를 따르는 경우가 꽤 많다. 아이는 화를 내면 부모가 자신에게 신경을 쓰며 자기 요구를 들어준다는 것을 알게 되면서 작은 일에도 쉽게 화를 내고 좌절한다. 나아가 스스로 문제를 해결하기보다는 부모에게 의존하고 부모 탓을 하는 아이로 성장하게 된다.

부모에게 화를 내고 뾰로통하게 삐지고 때론 때리기까지 하는 아이지만 그 속내를 들여다보면 '나 좀 돌봐줘요'라는 몸부림이기에 사실 저항적 애착을 보이는 아이는 강하기보다 여린 아이라 할 수 있다. 이 유형의 아이들은 스트레스에 매우 취약한 성질을 갖고 있어 작은 스트레스에도 크게 반응한다. 이런 특성 때문에 학령기 때 학교 폭력의 타깃이 되는 경우도 많다. 가해자의 입장에서 보면 불안정-저항적 애착 유형의 아이들은 살짝 툭 건드리기만 해도 우수수 반응이 쏟아져 나오는 흥미로운 장난감이기 때문이다. 그러므로 불안, 무기력, 공격성, 떼쓰기, 매달림 등 강한 행동들 뒤에 숨은 아이의 나약한 모습을 보듬어주고 아이가 요구하기 전에 부모가 먼저 아이의 욕구와 감정을 헤아려준다면 아이는 성가신 껍질을 내던지고 누구보다도 사랑스럽고 다정다감한 모습으로 다가올 것이다.

> **불안정-와해・혼돈형 애착**
> ## 부모가 흔들리면 아이도 흔들린다

처음 상담센터를 방문하고 치료실로 들어온 준서는 엄마와 떨어지는 것이 불안한 듯 놀이에 집중하지 못하다가 "엄마한테 간다"면서 문을 열었다. 그리고 문을 연 순간 아이는 5초 동안 그 자리에 얼어붙은 듯 서 있었다. 문을 열자 바로 앞에 엄마가 서 있었다. 엄마한테 간다며 나간 준서는 막상 자신이 찾던 엄마를 보자 마치 귀신을 본 사람처럼 놀라며 멈춰 서버린 것이다. 그러더니 바로 몸을 돌려 마치 아무 일도 없었다는 듯이 치료실 안으로 들어와 장난감을 갖고 놀기 시작했다.

준서 엄마는 결혼 전부터 우울증을 앓았다. 아이를 낳은 후 산후우울증과 겹치면서 점차 증세가 심해졌다. 일주일 동안 집 안에만 틀어박혀 있기도 하고, 아이를 먹이고 씻기는 것 외에는 아무것도 해주지 않고 내버려두다가 갑자기 왜 집을 어질러놓았느냐면서 아이를 때린 적도 많다고 했다. 엄마 자신도 '내가 미쳤나'라는 생각이 들 정도로 악에 받쳐 소리를 질러대며 준서를 화풀이 대상으로 삼

왔다. 그러다가 마음이 안정되면 아이에게 미안한 생각이 들어 안아주거나 놀아주기도 했지만, 기분이 가라앉을 때는 모든 것이 마음에 안 들고 화가 나 견딜 수가 없어 다시 꼬투리를 잡아가며 아이를 혼내곤 했다.

아홉 살 현준이는 또랑또랑하고 잘생긴 남자아이다. 처음 만났을 때 말도 잘하고 어른들에게도 싹싹하게 행동해서 예쁨을 받을 만한 아이가 왜 상담을 받으러 왔나 이상할 정도였다. 상담센터를 방문한 이유는 흥미롭게도 이제 아홉 살밖에 안 된 아이가 선생님이 지적하면 반항하고, 멋대로 학원에 빠지고, 약한 아이들을 괴롭힌다는 것이었다. 그래도 처음 방문한 곳이어서 그런지 묻는 말에 고분고분 답변을 잘하던 현준이가 이상행동을 보인 건 부모에 대한 이야기를 할 때부터였다. 가족에 대해 질문을 하자 현준이는 어쩐지 달갑지 않다는 표정을 짓더니 엄마, 아빠에 대해 좀더 구체적으로 묻자 화가 난 표정으로 "몰라요", "그건 왜 물어요?", "다른 애들이 생각하는 것과 똑같아요", "그러니까 다른 애들한테 물어보세요"라며 대답을 피했다. 그러다가 얼굴 표정이 점차 일그러지며 안절부절못하더니 "나갈래요", "언제 끝나요?"라며 초조해하기도 했다.

알고 보니 현준이는 복잡한 가정사가 있는 아이였다. 아빠는 알코올의존증으로 술만 마시면 주사가 심했다. 고래고래 소리를 질러 집안을 발칵 뒤집어놓고 아내와 아이에게도 폭력을 휘둘렀다. 술 때문에 직장에서도 자주 쫓겨나 생계는 엄마의 차지였다. 일하러 나간 엄마를 대신해 아빠가 현준이를 돌봐야 할 때가 많았는데, 술을 마시지 않고 정신이 온전한 상태에서는 아이와 놀이터에 나가 신나게 놀아주거나 집에서 함께 레슬링과 칼싸움을 하기도 했다. 하지만 술을 마시면 다시 폭언을 남발하고 위험한 행동을 하곤 했다. 현준이가 기억하는 정말 무서운 사건은 아빠가 술을 잔뜩 마신 후 자고 있는 현준이와 엄마를 깨워 한밤중에 드라이브를 가자면서 차에 태우고 과속 질주를 했던 일이다. 이런 경험이 쌓이면서 현준이에게 아빠는 떠올리면 두렵고, 그래서 아예 떠올리고 싶지 않은 존재가 되어버렸다.

설문 조사나 유형 분류를 하다 보면 어디에도 해당되지 않는 '기타' 항목이 생긴다. 애착 유형의 분류에도 이런 '기타'에 해당하는 아이들이 있는데, 바로 '불안정-와해·혼돈형 애착'을 보이는 아이들이다. 초기 애착 유형에 대한 실험에서 안정 애착, 불안정-회피적 애착, 그리고 불안정-저항적 애착의 세 가지 유형만 발견되었다. 그런데 실험을 진행하다 보니 아이의 반응이 이랬다저랬다 해서 딱히 유형을 분류할 수 없는 경우가 생겨났다. 특히 이런 유형에 해당하는 어린아이의 반응 중 가장 특이한 것은 엄마와 분리되었다가 다시 만날 때 보이는 행동이었다. 자기만 두고 밖으로 나간 엄마를 찾으려는 듯 문 앞으로 다가섰다가 막상 엄마가 들어오면 몹시 당황하며 엄마를 찾지 않았다는 듯 뒤돌아서거나 그 자리에 얼어붙어 어쩔 줄 몰라 했다. 그리고 불필요한 행동을 하면서 엄마에게 선뜻 다가서지 못했다. 전체 아이들 중 10~20퍼센트 아이들이 이런 집단으로 분류

되었고, 연구자들은 이런 아이들을 불안정 애착 유형 중 '와해·혼돈형'이라고 이름 붙였다.

앞에서 소개한 준서와 현준이처럼 불안정-와해·혼돈형 애착을 보이는 아이에게 부모는 때로 위안을 주기도 하지만 동시에 강력한 스트레스의 제공자이기도 하다. 그래서 아이는 부모에게 가까이 가고 싶지만 다가갈 수 없는 고통을 겪는다. 아이의 행동과는 상관없이 부모 자신의 심리적 상태에 따라 들쑥날쑥 행동의 변화가 잦으니 아이는 당연히 불안할 수밖에 없다. 그리고 언제 자신에게 예상치 못한 불똥이 튈지 모르니 부모는 가까이 가면 안 되는 사람이라고 생각한다. 이런 부모들은 아이가 방심하고 있을 때 예상치도 못한 강한 위협과 공포를 제공한다. 이런 유형의 아이들에게 부모란 아이가 놀라거나 두려워할 때 달래주고 보호해주는 존재가 아니라 오히려 아이를 겁주고 무섭게 하는 존재인 것이다.

아동 학대를 당한 아이들 중 80퍼센트 이상이 불안정-와해·혼돈형 애착을 보이고, 알코올의존증에 걸린 부모를 둔 경우에도 이런 애착 유형을 보이는 경우가 많다. 부모가 조울증이나 우울증처럼 기분이 들쑥날쑥하고 감정이 폭발하는 기분장애를 앓는 경우, 혹은 경제적으로 매우 어렵거나 엄마 혼자 키우며 스트레스가 많은 경우도 자녀한테서 이런 와해·혼동형 애착이 자주 발견된다. 흥미로운 사실은 부모가 어렸을 적에 가까운 가족을 잃은 경험을 한 경우에도 아이에게서 이런 유형이 많이 나타난다는 사실이다. 어릴 때 가족을 잃은 상실감을 어른이 되어서도 해결하지 못해 가끔 슬픔이나 두려움, 때로는 분노에 휩싸이면서 아이에게 이런 감정을 분출하는 것으로 보인다.

불안정-와해·혼돈형 애착은 다른 어떤 애착 유형보다도 그 예후가 좋지 않다. 와해와 혼돈이라는 단어가 주는 매우 혼란스럽고 불안정한 느낌이 아이의 정서나 행동에 그대로 묻어난다. 다른 사람과 함께 있을 때 상대방에게 무심한 듯한 표정으로 몸을 긁어대는 등의 불필요한 행동을 하기도 하고, 눈을 깜박이거나 쿵쿵대는 틱 증상을 보이기도 한다. 상황에 맞지 않게 실실 웃어대거나 무감동한 표정을 짓기도 하는데, 이런 반응이 매우 부자연스러워 보인다.

좀더 커서는 산만하거나 반항적인 문제 행동을 일삼기도 하는데, 실제로 행동장애를 가진 아이들의 80퍼센트 정도가 이런 애착 유형에 속한다. 하지만 문제 행동보다도 이런 애착 유형이 갖는 가장 큰 문제는 타인과 친밀해지기 어렵다는 것이다. 불행하고 안타깝게도 이런 아이들에겐 친구도, 주변의 모든 사람도 '가까이하기엔 너무 먼 당신'이기 때문에 평생 외로움 속에 살아가야 하는 불행이 드리운다.

우리 아이의 마음, 어떻게 하면 달라질 수 있을까?

쉽게 삐지거나 덜렁대는 행동으로 부모의 속을 썩이는 아이들도 많다. 부모는 그런 아이의 행동이 마음에 들지는 않지만 그리 심한 편은 아니고 아직 어리니까 차차 나아질 것이라 믿으면서 변화를 위한 어떤 노력도 하지 않은 채 하루하루를 보낸다. 아이를 보고 혀를 끌끌 차거나 "저거, 언제 철이 들려나?"라고 소리만 질러댈 뿐 무엇이 문제인지, 어떻게 바로잡아야 하는지에 대해서는 진지하게 생각하지 않는다. 그러나 이러다간 호미로 막을 것을 가래로 막는 일이 생긴다.

만약 아이가 두 달 이상 계속해서 문제 되는 행동을 한다면 저절로 나아질 것이라 기대해서는 안 된다. 아이가 혹시 불안을 느낄 만한 일이 있었는지, 부정적인 경험을 한 것은 아닌지, 즉 아이의 내적 작동 모델에 부정적인 영향을 미칠 만한 사건이 있었던 것은 아닌지 살펴보아야 한다.

어린아이들은 아직 모든 발달에서 미숙하므로 몇 차례의 강력한 부정적 경험만으로도 큰 타격을 받는다. 가장 대표적인 예가 동생의 출생이다. 이제껏 부모와 비교적 잘 지내왔던 아이도 동생이 태어난 후 환경이 달라지면 쉽게 의기소침해지고 불안해하며 때론 공격적으로 변하기도 한다. 부모가 아이의 달라진 변화를 빨리 알아차리고 아이가 불안해하는 점을 파악해 이를 회복시키려 노력한다면 다시 예전의 안정적인 상태로 돌아오지만, 그렇지 않은 경우에는 궤도를 탈선한 열차처럼 아이의 내적 작동 모델은 엉뚱한 곳으로 내달리면서 문제 행동이 더욱 심각해진다.

특히 세 살에서 다섯 살 이전에 발생한 사건은 내적 작동 모델의 형성과 변화에 강한 영향을 미친다. 동시에 이 시기는 내적 작동 모델이 형성되는 초기이므로 아직 변화의 여지가 많다. 하지만 내적 작동 모델이 완성된 다섯 살 이후에는 강력한 경험을 반복적으로 하지 않는 한 아이는 쉽게 바뀌지 않는다. 바꾸어 생각하면 내적 작동 모델이 긍정적으로 형성되었다면 다섯 살 이후에는 다소의 스트레스가 있더라도 잘 견뎌낼 수 있지만, 내적 작동 모델이 부정적으로 형성된 다음에는 노력해도 쉽게 바뀌지 않는다는 의미이기도 하다.

똑같은 기억도 다르게 기억하게 만드는 마음의 창

어릴 때 형성된 내적 작동 모델이 쉽게 바뀌지 않는 이유는 내적 작동 모델이 우리의 기억과 정보처리 과정에도 영향을 미치기 때문이다. 이와 관련된 흥미로운 연구가 있다. 제이 벨스키(Jay Belsky)와 그의 동료들에 의해 행해진 연구를 보면 아이들은 자신의 애착 유형에 따라 각기 다른 방식으로 정보를 처리하고 기억하는 것으로 나타났다. 이들은 3세 아동에게 인형을 이용해 두 가지 사건을 보여주었다. 하나는 생일 선물을 받는 긍정적인 사건이었고, 다른 하나는 주스를 쏟는 부정적인 사건이었다. 이후 아이들이 어떤 사건을 더 잘 기억하는지 살펴본 결과, 영아기에 부모와 안정적인 애착을 형성했던 아이는 긍정적인 사건을 더 잘 기억했고, 불안정한 애착을 형성했던 아이는 반대로 부정적인 사건을 더 많이 기억해냈다.

이는 안정적인 애착을 형성한 아이는 긍정적인 내적 작동 모델을 형성했기 때문에 자신의 삶에서 긍정적인 사건이 일어날 것을 더 많이 기대할뿐더러, 나빴던 일보다 좋았던 일들을 더 잘 오래 기억한다는 것을 시사한다. 반대로 불안정한 애착을 형성한 아이는 좋은 일도 많았겠지만 좋지 않은 일들을 더 잘 기억할 것이고, 이로 인해 자신의 삶에는 불행한 일들이 많이 일어났으며 앞으로도 더 많이 일어나리라 예측할 것이다. 이처럼 자신의 애착 경험에 따라 형성된 내적 작동 모델은 세상에서 일어나는 일들에 대한 일종의 가이드라인 역할을 하면서 어느 한 방향으로 사람을 이끌게 되는 것이다.

예전에 30대 자매를 만난 적이 있었는데, 태어나서 20대 후반까지 한집에서 쭉 같이 살았고, 심지어 초중고까지 같은 학교를 다녔다. 그런데 이 둘의 어린 시절 기억이 너무 상이해서 깜짝 놀랐다. 동생은 어릴 때 살던 단독주택을 숨바꼭질하기 좋은 즐거운 놀이터로 묘사했다면, 언니는 단독주택이 낡아서 아파트로 이사 가고 싶었다는 이야기만 하였다. 아버지에 대한 기억도 달랐는데, 언니는 아버지가 술에 취하면 자꾸 깨워서 짜증이 났었다고 말한 반면 동생은 아버지가 술을 드시고 오는 날이면 늘 통닭을 사 오셨고 한밤중에 가족이 통닭 파티를 벌였다고 웃으며 회상하였다. 현재 언니는 남편과 이혼을 하고 그 싫다던 친정의 오래된 단독주택에서 살고 있으며, 동생은 유능한 직장인이자 행복한 아내로 열심히 살고 있다.

이 자매가 각각 어떤 애착 유형인지는 알지 못하지만, 그들이 세상을 어떻게 기억하고 또 어떻게 기대할지는 충분히 예측할 수 있다. 또한 이에 따라 그들의 미래가 어떻게 달라질지도 조심스럽지만 예측이 가능하다.

아이를 바꾸는 부모의 말 한마디

그렇다면 부정적으로 형성된 내적 작동 모델을 어떻게 긍정적으로 바꿔놓을 수 있을까? 만약 그동안 잘 지내던 아이가 갑작스럽게 문제를 보인다면 분명 어떤 사건이나 일시적인 것이 원인이므로 먼저 아이 주변을 잘 살펴 문제의 원인과 아이의 내적 작동 모델을 파악한다. 동생의 출생으로 울적해하거나 퇴행 행동을 보이는 것이라면 아이가 '엄마는 아기를 더 좋아한다', 혹은 '엄마가 나와 놀아줄 수 없는 것은 내가 커서 그런거다'라는 내적 작동 모델을 가졌기 때문일 수 있다.

그렇다면 부모는 여전히 아이를 사랑하고 잘 자라준 것이 자랑스럽다는 걸 보여주며, 아이가 컸기 때문에 할 수 있는 일들을 자주 칭찬해주어야 한다. 그러지 않고 동생에게 젖을 먹이는 엄마의 가슴을 만지려고 하는 아이에게 "다 큰 게 징그럽게 왜 그래?"라거나 "이젠 혼자서도 놀 나이가 됐잖아", "동생은 아기잖아. 그러니까 엄마가 돌봐줘야지"라고 말하며 밀쳐낸다면, 아이는 자신의 내적 작동 모델을 확신하며 문제 행동을 계속 이어나가게 된다.

심각한 수준은 아니더라도 아이가 오랫동안 좋지 않은 태도를 보인다면 부모는 아이의 내적 작동 모델을 살펴보아야 할 뿐 아니라 아이에 대한 부모 자신의 내적 작동 모델 또한 들여다보아야 한다. 항상 덜렁댄다고 꾸중 듣던 아이가 컵을 깨뜨리면 대부분의 부모는 "그것 봐! 내가 그럴 줄 알았다. 엄마가 조심하라는 말을 도대체 몇 번이나 했어? 도대체 넌 정신을 어디다 두고 다니는 거니?"라고 말한다. 그리고 잔뜩 화가 난 모습으로 아이가 깨뜨린 컵을 줍는다. 이

때 아이에 대한 엄마의 내적 작동 모델은 '부주의한 아이, 엄마의 말을 듣지 않는 아이'이며, 엄마에게 그런 소리를 자주 들으면 아이도 스스로 자신은 '부주의하고 덜렁대며 사고 치는 아이'라는 내적 작동 모델을 갖는다. 그런 자신이 컵을 깨뜨리는 것은 당연하므로 컵을 깨고 나서도 별다른 죄책감이 없다. "무슨 컵이 이렇게 쉽게 깨져?"라고 컵 탓으로 돌리거나, "난 원래 그렇잖아!"라며 태연해한다. 엄마도 자신이 컵을 깰 것이라고 생각했고, 엄마의 생각대로 일이 벌어진 것이니 아이에게는 놀랄 일도, 미안해할 일도 아닌 것이다.

이처럼 매일같이 야단맞고 잔소리를 들어도 고쳐지지 않는 행동은 부모가 아이에 대해 갖고 있는 내적 작동 모델과 밀접한 연관이 있다. 이런 경우 부모가 아이에 대한 부정적인 내적 작동 모델을 긍정적으로 고치려고 노력하지 않으면 아이의 문제 행동은 절대 고칠 수 없다. 부모는 평소에 하던 것과 반대로 하려고 애써야 한다. 아이가 컵을 깨뜨렸을 때 평소 하던 대로 "야! 내가 그럴 줄 알았어!"라는 말이 나오려 해도 입을 꽉 막고 반대로 말해야 한다. 아이를 걱정하는 목소리로 부드럽게 "어디 다치지 않았어? 괜찮니?"라고 말하며 아이가 다치지 않았는지 살펴주는 것이다.

그러면 아이는 엄마가 소리 지르지 않고 자신을 비난하지 않으니 오히려 당황스럽다. '원래 이런 게 아닌데. 난 엄마에게 야단맞아야 하는 아이인데, 왜 날 걱정하지? 엄마에겐 나보다 컵이 더 중요한데'라는 생각이 마음속을 스쳐 지나간다. 자신과 엄마에 대해 가졌던 내적 작동 모델이 한꺼번에 흔들리면서 혼란스럽다. 하지만 이런 경험이 반복되면 아이는 '내가 컵보다 소중한 사람인가?'라는 생각을 하면서 점차 '나는 컵보다 소중하다', 혹은 '나는 엄마에게 소중한 존재다'라고 생각하게 된다. 그리고 조금씩 자신에 대한 긍정적인 내적 작동 모델을 갖게 된 아이는 자신을 소중히 여겨 위험한 행동을 하지 않으며, 자신을 소중히 생각하는 사람의 기대를 충족시키려고 노력한다.

부정적인 내적 작동 모델을 가진 아이는 자꾸만 부정적으로 자신을 평가하고 행동하려 하기 때문에 부모는 아이를 더욱 긍정적으로 바라보고 이끌어주어야 한다. 자신의 내적 작동 모델에 부합되지 않는 경험을 강력하고 반복적으로 해야만 아이는 자신의 내적 작동 모델을 바꿀 수 있다. 자신을 사랑스럽지 않다고 생각했던 아이가 부모한테 '사랑스럽다', '사랑한다'는 말을 자주 듣고, 스스로 이기적이라고 생각했던 아이가 부모에게 '배려 깊다', '마음이 따뜻하다'는 말을 자주 듣는다면 아이는 자신에 대한 긍정적인 내적 작동 모델을 다시 만들어갈 수 있다.

가장 필요한 순간의 지지와 격려

얼마 전 고등학교 2학년 남학생을 둔 부모가 상담센터를 방문했다. 아이가 "상담센터 같은 곳에는 절대 가지 않겠다"면서 완강히 거부해 할 수 없이 부모만 온 것이라고 했다. 그날도 2시간가량 아이를 설득했는데, 아이가 하는 말이 "가서 부모님이나 교육받고 오세요"라고 했단다. 그 말에 아빠는 "네가 문제인데, 우리만 가면 어떡하느냐. 도대체 너한테 무슨 문제가 있는지, 또 그걸 어떻게 고쳐야 하는지 당사자가 가야 할 것 아니냐"며 화를 냈다고 한다. 그 말을 듣고 나니 당분간 그 아이는 절대 상담센터 같은 곳에는 오지 않겠구나 싶었다.

아이는 고등학교에 올라와서 자주 학교를 빠지고, 공부는 전혀 하지 않으며, 흡연이나 음주, 성관계 등 이른바 어른들이 싫어하는 행동은 다 하고 있었다. 아빠는 건설업계에서 일하는데 성실하고 아이에게 관심이 많지만 아이가 말을 듣지 않을 때는 따끔히 혼내야 한다는 생각에 체벌을 심하게 하는 편이었다. 꼼꼼하고 원리 원칙을 중시하는 성격의 아빠는 학교에 빠지고 학생이 해서는 안 될 일을 하는 아이에게 매우 분노하고 실망했다. 부부 관계가 썩 좋은 편은 아니지만 엄마 역시 원리원칙주의자여서 다른 것은 몰라도 아이 훈육에 매가 필요하다는 점에서는 부부의 의견이 일치했다.

부부가 상담센터에 와야겠다고 결심한 것은 얼마 전 학교에 가지 않은 아이를 불러다가 체벌하려는 순간 아이가 부엌에서 칼을 들고와 부모를 죽이겠다고 위협하면서 때리고 발로 차는 등의 폭력적인 행동을 했기 때문이다. 그러면서 부모를 향해 "이제 나도 당하고만 살 나이가 아니에요"라고 말했다며 아이가 무섭기도 하고, 부모로서 배신감을 느꼈다고도 했다.

아이의 부모는 그동안 있었던 여러 가지 일화를 들려주었는데, 여기에는 공통점이 있었다. 아이가 유치원을 다녔을 때의 일이다. 백화점으로 쇼핑을 갔는데, 아이는 백화점 주차장에서부터 장난감을 사달라고 떼쓰기 시작했다. 아내에게 아이가 평소에도 자주 떼를 쓴다는 말은 들었지만 아이와 떨어져 있는 시간이 많다 보니 아빠가 이런 모습을 본 것은 그때가 처음이었다. 아빠는 당장 아이의 버릇을 고쳐야겠다는 생각으로 주차장에서 아이를 때렸다. 그날 반쯤 죽을 정도로 맞은 아이는 결국 잘못했다고 말했다.

그리고 시간이 흘러 중학생이 되었을 때 아이가 갑자기 당시의 일에 대해 말을 꺼냈다. 왜 그렇게 심하게 때렸느냐면서 버럭 화를 낸 것이다. 아빠가 아이를 앉혀놓고 당시 아이의 잘못에 대해 조목조목 설명해주었더니 아이는 다시 잘못했다고 말했다. 그런데 아이는 고등학교 2학년이 되어 또다시 그때 일을 말하면서 기분 나빠했다. 아빠는 다시 설명했고, 아이는 아무 말이 없었다. 그러더니 자신이 초등학생이었을 때 아빠가 자기를 보고 "가나다라도 모르는 놈"이라고 말했다면서 따지고 들었다. 아빠는 그런 일이 전혀 기억나지 않아 "기억이 나지 않는다", "나는 모르는 일이다", "네가 지어낸 말인 것 같다"라고 대답했다.

한편 아이가 고등학교 1학년 때 반 친구들에게 심하게 맞아 병원에 입원한 적이 있었다. 아이가 담배 피우는 것을 본 반 친구들이 때린 것 같았다. 그 후로 아이는 학교 가는 것을 부쩍 더 싫어했지만 엄마는 어른들이 싫어도 일하러 나가야 하는 것처럼 학생은 학교에 가야 한다고 아이를 나무랐다. 엄마는 때린 친구들도 잘못이지만 담배를 피우지 않았다면 그런 일이 일어나지 않았을 테니 담배를 피운 아이도 잘못이라고 생각했다. 그래서 아이가 계속 학교에 가기 싫다는데도 자신이 해야 할 의무를 다하지 않으면 부모 역시 자식을 돌봐줄 의무가 없다면서 아이에게 학교에 가라고 강요했다.

이 두 가지 이야기에서 보이는 공통점은 아이에게 위로가 필요한 순간, 부모는 지지와 격려를 제공해주지 못했을뿐더러 오히려 아이를 비난했다는 것이다. 아이가 어린 시절 떼를 부려 야단을 맞은 그 일을 그토록 오랫동안 마음에 담아왔다는 것은 아이 생각에 자신의 행동에 비해 아빠의 반응이 너무 지나쳐서 억울했을 수도 있고, 그렇게 심한 체벌을 받은 후 아빠가 자신을 미워하는 것은 아닌지 불안했을 수도 있다는 뜻이다.

아이는 그 사건에 대해 두 번이나 다시 아빠와 이야기하길 원했고, 그때마다 아빠가 자신의 마음을 이해하고 다독여주기를 기대했을 것이다. "그때 많이 서운했니? 아빠가 네 버릇을 고친다고 그랬어. 마음에 담아둔 걸 보니 많이 억울했나 보구나. 그때는 그 방법이 옳다고 생각했는데, 네 마음은 안 그랬겠다. 미안하다"라는 위로와 격려가 필요한 순간이었다. 하지만 아빠는 아이에게 일이 그렇게 된 것은 전적으로 네 탓이라고 강조했고, 아이는 마음속으로 다시 한 번 강한 고통과 분노를 느꼈을 것이다.

엄마 또한 아이가 친구들에게 폭행을 당하고 입원해야 할 정도로 심각한 고통을 겪었는데도 위로해주기는커녕, 자신이 해야 할 일을 게을리하고 규범을 어기는 나쁜 아이라고 혼내며 부모의 보살핌과 지지를 받을 자격도 없는 아이로 내몰았다.

이렇듯 아이에게 도움과 위로와 격려가 필요할 때 이것을 제공해주지 못하는 부모는 도와주지 못한 정도가 아니라 오히려 아이에게 고통을 주는 존재다. 부모로부터 고통을 받은 아이가 자라면 자신이 받은 만큼의 고통을 부모에게 되돌려주려 할 것이다. 그리고 대부분의 아이는 자신의 발달과 성장을 담보 삼아 부모에게 고통을 주려고 한다. 가출, 학교 중퇴, 학습 부진, 왕따, 폭력 등 아이가 자주 사용하는 복수의 수단은 부모한테도 고통을 주지만 결국 자신을 피폐하게 만드는 행동이다. 그래서 부모가 죽은 후에도 자신을 망친 부모를 원망하며 온전한 삶을 살지 못한다.

아이는 다른 사람이 아닌 바로 부모가 내 편이 아닐 때 한없이 절망한다. 편을 든다는 것은 무조건 아이가 옳다고 하는 것이 아니다. 아이의 실수에 도대체 왜 이런 어이없는 실수를 했느냐고 비난하거나 따져 묻는 대신, 그 실수 때문에 아이가 겪게 된 어려움을 같이 안타까워하고 다음엔 좀더 잘해보라고 격려해야 한다. 아이가 잘못된 행동을 했을 땐 그에 따른 벌을 받아야 하지만, 부모는 그래도 여전히 아이를 사랑하고 믿는다는 진심을 전하는 것이 중요하다. 아이가 변명을 늘어놓더라도 귀 기울여 들어주고 그 마음속에 깔린 아이의 미안함이나 죄책감, 두려움을 다독여줄 수 있다면 그것이 바로 아이를 지지하고 격려해주는 것이다. 그리고 이런 적절한 순간의 부모의 지지와 격려는 아이를 올바른 쪽으로 움직이게 하는 가장 큰 힘이다.

안정적인 애착을 위한 부모의 제1조건, 민감성

육아에 관한 책이나 방송을 보면 '양육자의 민감성'이라는 말이 자주 나온다. 엄마들도 이제는 민감함의 중요성은 모두 알고 있다. 하지만 '민감하다', '센시티브하다'는 것이 대충 어떤 느낌인지는 알아도 구체적으로 이해하고 실천하려면 도대체 어떻게 해야 하는 것인지 알쏭달쏭하기만 하다. 소위 전문가라는 나 역시 '민감성'을 어떻게 풀어 설명해야 할지 막막한 것은 마찬가지다. 한 단어로 쉽게 축약되는 말이긴 하지만 사실 민감성이라는 단어는 아동 발달과 심리에 대한 이해, 부모 자신의 인격적 성숙, 순발력, 통찰력 등 너무나 많은 것을 포함하고 있기 때문이다. 이 막막한 단어를 이해하려면 먼저 상대방에 대한 뛰어난 관찰 능력부터 이야기하는 것이 맞겠다.

나는 자녀와 부모가 함께 상담센터에 오면 먼저 부모와 아이가 함께 노는 시간을 주고 두 사람을 들여다본다. 이때 부모들의 반응을 보면 부모가 민감한지, 둔감한지 비교적 쉽게 알 수 있다. 낯선 것에 대한 경계심이 많은 아이는 자신의 흥미를 끄는 장난감이 많아도 선뜻 다가서지 못하고 가만히 얼어붙어 있는 경우가 많다. 이때 민감한 부모는 아이가 낯선 곳이라 두려워한다는 것을 알고 편안히 대해주려 애쓰지만 둔한 부모는 "야, 왜 그래? 재미있는 것 많은데 왜 안 해?", "재미없어?", "하고 싶은 거 없나 보네"라며 아이의 진짜 마음과는 다른 이야기를 한다. 그렇게 말하는 엄마는 정작 아이는 제대로 쳐다보지도 않은 채 본인이 이리저리 둘러보느라 바쁘다. 사실 아이는 아까부터 근사하게 생긴 공항 놀이 장난감을 계속 지켜보고 있었지만 엄마가 "재미있는 거 없구나!"라고 단정 지어 말하는 바람에 찍어두었던 놀잇감을 꺼내지도 못하고 우두커니 서 있게 된다.

만약 엄마가 아이를 유심히 지켜보았더라면 아이가 무엇을 원하는지, 재미가 없어서 아무 것도 안 하는 게 아니라 낯선 곳이라 두려워서, 혹은 남의 것인데 정말 갖고 놀아도 되는지 몰라서 망설이고 있다는 것을 알았을 것이다. 이처럼 아이를 잘 지켜보기만 해도 아이의 느낌이나 생각, 욕구에 대한 많은 단서를 얻을 수 있다.

그러므로 민감하기 위해서는 먼저 상대방을 잘 관찰하는 능력이 있어야 한다. 육아에 관한 민감성은 자녀의 느낌이나 생각, 욕구를 잘 이해한다는 뜻으로 이를 위해서는 반드시 상대방에게 집중하는 태도가 필요하다. 관찰을 통해 상대방의 마음을 읽으면 그 사람의 처지가 되어 공감할 수 있기 때문이다.

유심히 관찰하고 아이에게 필요한 방식으로 표현하라

민감성은 관찰로만 끝나는 것은 아니다. 관찰을 통해 얻은 자료를 아이에게 도움이 되는 방식으로 표현하는 것도 민감성에 포함된다. 낯가림이 심해 아이가 원하는 장난감을 꺼내지 못하고 얼어붙어 있다는 것을 알아차린 엄마들도 도움을 주는 방식에서는 둔감하게 반응할 때가 종종 있다. "무서워? 괜찮아!", "뭐가 무서워?"라고 말하거나 계속 "너 이거 좋아하잖아, 꺼내봐"라고 말하면서 아이가 움직이기를 종용하거나, 나를 보면서 "원래 낯가림이 심해서 새로운 곳에 가면 아무것도 못 해요"라며 아이를 계속 안고 있는 경우가 그에 해당한다. 아이의 행동에 대한 이유는 알지만 아이의 발달 상태나 심리를 제대로 파악하지 못해서 적절한 도움을 주지 못하는 것이다.

낯가림이 심한 아이들에게 위안과 안심이 필요한 것은 사실이지만 이것을 말로만 표현하는 것은 별로 의미가 없다. 또한 아이가 두려워한다고 마냥 아이만 감싸는 것도 두려움을 극복하는 데에는 도움이 되지 않는다. 오히려 시간이 지날수록 두려움이 더욱 커져 엄마에게 집으로 돌아가자고 보채는 경우가 많다.

어린아이의 지적 수준은 어른과는 너무나 다르다. 여섯 살 이전의 아이는 자신이 직접 만지고 경험해보지 않은 것은 추론하고 이해하지 못한다. 어른이 벌건 난롯불을 가리키며 아무리 "앗, 뜨거! 저건 뜨거운 거야!"라고 외쳐도 아이들은 그저 "뜨거? 앗, 뜨거!"라고만 따라 할 뿐 뜨거운 것이 뭔지 몰라 난롯불을 무서워하지 않는다. 그러다가 우연히 난롯불 가까이에 손을 대어 뜨거움을 경험하고 나서야 "뜨거!" 하고 놀라면서 그게 뭔지를 알게 된다. 이처럼 경험하지 않으면 알 수 없는 어린아이에게 마냥 "괜찮다", "안 무섭다"라는 말만 하거나 안아주는 것만으로는 무서움을 극복하게 할 수가 없다. 낯선 것에 대한 불안을 줄이려면 실제로 낯선 것이 위협적이지 않다는 경험을 직접 겪게 해야만 한다.

민감한 엄마는 아이의 발달 수준상 말로만 안심시켜서는 소용이 없고 낯선 것에 대한 두려움을 극복하는 경험이 필요하다는 것을 안다. 그리고 실천한다. 민감한 엄마는 아이를 부드럽게 감싸 안으면서 낯선 상황에 조금씩 다가간다. 아이가 장난감을 보기만 할 뿐 만지지 못할 때 엄마는 아이의 모습을 지켜보며 부드럽게 "기차를 보고 있구나. 와, 이 기차는 우리 집에 있는 기차와는 다르게 생겼다"라고 말하며 자연스럽게 기차를 꺼낸다. 아이는 내심 갖고 놀고 싶었던 터라 엄마가 자기 앞에 기차를 놓아주면 못 이기는 척하며 둘러본다.

엄마는 아이의 관심과 움직임을 따라 해주며 아이가 낯선 곳이라는 두려움보다 새로운 것에 대한 흥미와 호기심을 높일 수 있도록 격려해준다. 아이는 기차 놀이에 몰두하면서 처음에 가졌던 두려움을 조금씩 줄여간다. 그리고 든든한 엄마가 지켜보고 있으므로 자신감까지 생긴다. 이제 아이는 다른 새로운 장난감에 눈길을 준다. 엄마가 자연스러운 목소리로 "그것도 재밌겠구나. 해보자!"라고 부추기면 이제 아이는 낯선 곳이라는 사실도 잊고 즐겁게 놀 수 있다. 민감한 엄마는 이런 경험을 반복적으로 제공하면서 점차 아이가 주도할 수 있도록 이끈다.

또 하나, 육아의 민감성에는 개입해야 할 때와 내버려두어야 할 때를 구분하는 능력도 포함된다. 같은 행동일지라도 아이의 발달 수준에 따라 개입 여부는 달라진다. 매우 진지한 모습으로 혼자서 신발을 신으려고 애쓰는 걸음마 단계의 아이들은 그저 지켜보기만 해도 괜찮다. 지금 이 아이는 자율성을 습득하기 위해 노력하는 과정이므로 옆에서 아이의 힘을 돋우는 몇 마디 추임새만으로도 엄마의 역할은 충분하다. 하지만 졸리고 피곤해 짜증이 밀려온 아이에게 스스로 신발을 신지 않는다고 야단치는 것은 민감하지 못해 하는 실수이다. 민감한 엄마는 발달 수준에 따라 아이가 할 수 있는 것과 할 수 없는 것, 꼭 해야만 하는 것과 그렇지 않은 것을 잘 구별할 수 있다.

'척 하면 착', 아이의 조화로운 파트너가 되어라

　우리는 평소 민감하지 못한 사람을 두고 '굼뜨다', '느려터졌다', '둔하다'라는 식의 말을 한다. 민감성은 순발력을 바탕으로 한다. 특히 육아와 관련된 민감성은 더욱 그렇다. 부모의 민감성이 가장 많이 요구되는 세 살 이전의 아이는 자신에게 닥친 문제를 거의 혼자 해결하지 못한다. 사회적으로 매우 무능한 존재인 셈이다. 언어와 사고, 운동 능력이 충분히 발달하지 않아서 자신의 생각을 언어와 행동으로 명확하게 표현하지 못한다. 또한 참을성도 매우 부족해 욕구가 좌절되면 불같이 화를 내거나 매우 서럽게 울어댄다. 이처럼 미숙한 상대를 다루기 위해서는 상황을 최대한 빨리 정확히 판단하여 필요하다고 생각되는 조치를 얼른 취해주는 순발력이 요구된다.

　아이가 배고파 빽빽 울어대는데 제 할 일을 다 끝내고 아이가 지쳐버린 다음에야 젖을 준다거나, 아이가 손을 베여 자지러지게 울고 있는데도 "괜찮아"만 연발하면서 느릿느릿 다가오는 엄마는 순발력이 떨어지는 굼뜬 엄마다. 이런 엄마를 둔 아이는 사오정을 보면 분통을 터뜨리며 답답해하는 손오공처럼 엄마를 볼 때마다 짜증이 늘어나게 된다. 반대로 필요할 때마다 적절히 개입하고 도와주는 순발력이 뛰어난 엄마를 둔 아이는 자신이 매우 소중한 존재라고 생각한다. 나아가 아이는 세상은 외롭지 않은 곳이며, 설령 위험한 일이 있더라도 누군가 자기를 도와주고, 언젠가는 스스로 잘 헤쳐 나갈 수 있으리라는 믿음을 갖는다. 이런 이유로 민감성은 아이와 엄마 간의 애착을 결정하는 가장 중요한 요소로 꼽힌다.

민감한 양육자와 아이를 살펴보면 마치 이 둘의 관계는 조화로운 커플의 춤을 보는 것만 같다. 한 사람이 발을 앞으로 내딛으면 상대는 한 발 뒤로 물러선다. 리드미컬하게 움직이며 어떠한 불안 요소도 없이 잘 들어맞는 춤은 보는 사람과 추는 사람 모두에게 안정감을 주며 아름다움을 느끼게 한다. 졸음이 와서 칭얼거리는 아기를 엄마는 부드럽게 가슴에 안아 올려 토닥여주고 아기는 곧 엄마 품에서 새근새근 잠이 드는 모습을 상상해보라. 입가에 절로 미소가 지어지고, 평화로운 기운이 우리 주변에 넘쳐나게 될 것이다. 안정적인 애착을 형성한 엄마와 아기 커플에게서 발견할 수 있는, 이러한 평화로운 장면은 아기가 태어난 이후 아기의 상태에 세심하게 주의를 기울이고 반응한 민감한 양육의 결과이다.

아기는 태어난 지 한 달이 지나면 엄마의 얼굴을 매우 뚫어지게 쳐다보기 시작하며, 두세 달이 지나면 몇 가지 기초적인 사회적 반응을 이해하고 기대하기 시작한다. 예를 들면, 엄마가 자신을 향해 미소를 지으면 자신도 엄마에게 미소를 보여준다. 그러고는 엄마가 자신을 안아주거나 다시 크게 미소 지어주기를 기대하는 것이다. 만일 자신의 기대와는 달리 엄마가 웃어주지 않으면 아기는 크게 실망한다. 이처럼 아기도 자신의 행동에 대해 부모가 반응해주기를 기대한다.

부모가 아기의 행동에 대해 적절히 반응해주면 아기와 부모 간의 상호작용은 날로 조화롭게 발달한다. '까꿍 놀이'나 '잡기 놀이'는 이러한 아기와 부모 간의 상호작용을 잘 보여주는 놀이 형태이다. 아기는 자신의 얼굴을 숨겼다가 보여주면서 '엄마, 깜짝 놀랐지?'라는 표정으로 엄마를 응시한다. 이에 엄마는 "우리 아기가 돌아왔네!"라며 기쁨에 겨운 소리를 내뱉고, 아기는 즐거움에 찬 소리를 지른다. '잡기 놀이'를 할 때도 마찬가지다. 아기는 아빠를 힐끗 쳐다보고는 반대쪽으로 내달린다. 그러고는 멈춰서 아빠가 자신을 따라오는지 확인한다. 아빠가 자신을 향해 뛰어오면 아기는 "꺅!" 하며 다시 내달리고, 자신을 잡아 꼭 안아주는 아빠의 품속에서 온몸으로 즐거움을 표현한다. 만일 아빠가 자신을 따라오지 않고 다른 쪽을 보고 있으면 아기는 일단 소리를 질러 아빠의 주의를 끌려 하고 아빠가 자신을 쳐다보면 다시 뛰기 시작한다. 하지만 이러한 노력에도 불구하고 아빠가 쫓아오지 않으면 아기는 그 자리에 주저앉아 울거나 떼를 쓰기 시작한다.

이와 같은 아기의 행동은 자신이 웃는 얼굴로 아빠를 부르며 뛸 때에는 아빠 역시 웃으며 자신을 잡으러 올 것이라는 분명한 기대가 있었던 것이고, 이에 대한 기대가 어긋날 때 아기는 좌절하며 당황한다는 것을 보여주는 증거이다. 기대가 어긋나면 아기는 자신이 아빠의 주의와 관심을 끌 만큼 유능하거나 매력적이지 못한 존재라고 생각함과 동시에 자신의 욕구와 신호에 무심한 아빠에게 실망하게 된다. 반면 자신의 기대에 맞게 반응해주는 양육자를 둔 아기는 양육자에 대한 신뢰감을 쌓고 어떻게 하면 양육자의 주의와 관심을 끌어낼 수 있을지에 대해 잘 알게 된다. 양육자 역시 아기의 신호를 읽고 반응하는 법을 더 잘 알게 되면서 양육자와 아기의 관계는 서로에게 자신의 행동을 보다 잘 맞추는 조화로운 파트너가 되어가는 것이다.

부모의 민감성을 방해하는 요인들

민감성이 떨어지는 부모들을 주의 깊게 살펴보면 몇 가지 특성들을 발견할 수 있다. 가장 대표적인 특성은 바로 '우울감'이다. 우울의 사전적 정의는 '근심스럽거나 답답하여 활기가 없음', '반성과 공상이 따르는 가벼운 슬픔'이다. 이처럼 우울은 근심스러운 생각으로 가득하지만 딱히 해결 방법도 없이 답답함에 막혀 활력이 없고 기분도 처져 있는 상태를 뜻한다. 대부분의 사람들은 살면서 한두 번 정도 우울감을 겪는다. 이때는 아무것도 하고 싶지 않고, 괜히 짜증이 나기도 하며 집중력이 떨어진다. 혼자 살면 하루쯤 굶어도 죽지 않을 것이고 하루 종일 소파에 누워 늘어져 있어도 괜찮지만, 아기가 있는 상황이라면 이야기는 다르다.

아기는 본능에 꽤 충실해 조금만 배가 고프거나 잠자리가 불편하면 바로 칭얼대며, 기저귀를 몇 차례만 제때 갈아주지 않으면 엉덩이에 똥독이 올라 고통을 느끼게 된다. 아무것도 하고 싶지 않은 우울한 엄마에게는 3시간마다 젖 달라고 보채며 울어대는 아기와 밤중에도 몇 번씩 깨서 아이를 살펴야 하는 육아가 너무 끔찍하게 다가온다. 우울감에 빠지면 집중력이 흐트러지기 때문에 아기의 욕구나 신호를 빨리 알아차리지 못하여 아기가 목청껏 울어대야 아기를 쳐다보게 된다. 엄마는 그런 아기를 까다롭다고 생각하기 쉽고, 아기 또한 자신에게 적절히 반응해주지 못하는 엄마에게 실망하고 화가 나면서 불안정한 애착을 형성하게 된다.

자신이 아이였을 때 부모에게 사랑받지 못하고 무시당했거나 학대받았다고 느끼던 사람 역시 둔감한 양육자가 되기 쉽다. 이런 양육자는 결혼 전이나 임신 전에는 '나는 엄마가 되면 우리 엄마처럼 하지는 않을 거야. 아이에게 사랑도 듬뿍 주고 정말 잘해줄 거야"라고 입버릇처럼 말하고는 한다. 임신 중에는 아기가 태어나면 함께할 근사한 일들을 상상하며 좋은 엄마가 되겠다고 다짐한다. 이러한 의도와 다짐은 매우 훌륭한 것이지만, 문제는 이들은 아기에 대해 너무 완벽한 모습을 상상하고 기대한다는 것이다. 예쁘고 다정하며 순종적이고 엄마를 특별히 더 사랑하는 아기의 모습은 육아 과정에서 종종 물거품처럼 사라지고 만다. 엄마의 좋은 의도를 알아주지 않고 아기가 계속 울고 보채면, 과거 자신의 부모에게 수용되지 못했던 엄마는 아기에게도 거부당했다고 느끼며 상처를 받게 된다. 이들은

'역시 나는 무시당하거나 거부당하는 사람일 뿐이야'라고 느끼며 육아에 매우 소극적으로 변한다. 어떤 이들은 '내 속으로 낳은 내 새끼까지 날 무시하다니, 견딜 수가 없군! 너도 똑같이 당해봐'라며 자신의 아기를 무시하거나 학대하기도 한다.

 계획하지 않은 임신도 민감한 양육을 저해하는 요소로 작용할 수 있다. 원치 않은 아기를 낳게 된 부모 중에서는 '자신의 인생 계획을 망친 존재'라고 생각하며 아기를 원망하거나 아기를 거부하는 경우도 있다. 결혼에 대한 확신이 없던 상대와 혼전 임신으로 결혼을 하게 되고, 이후 불행한 결혼 생활이 이어질 때, 그리고 아기 때문에 결혼 생활을 끝낼 수 없을 때 가장 비극적인 애착 관계를 초래한다. 앞서 언급한 우울이나 부모 자신의 불행했던 어린 시절 경험은 모두 배우자와의 안정적인 관계로 극복할 수 있는 요인이다. 그러므로 원치 않았던 결혼이야말로 양육자의 민감성을 저해하는 가장 강력한 위험 요인이라 할 수 있다.

안정적인 애착을 위한 부모의 제2조건, 의미 있는 대화

아이가 자라면서 부모의 민감성도 아이의 발달 수준에 맞게 바뀌어야 한다. 아이가 어렸을 때는 목소리와 얼굴 표정, 행동을 관찰하는 것으로 부모의 민감성을 발휘했다면, 아이가 말을 시작하면 아이와 의미 있는 대화를 나누는 능력이 가장 중요해진다. 대화를 하려면 우리는 상대방에게 집중해야만 한다. 말을 많이 하는 사람도 있고 이야기를 재미있게 할 수 있는 사람도 있지만, 그렇다고 이들이 모두 대화를 잘할 수 있는 것은 아니다. 대화, 그중에서도 의미 있는 대화는 민감성이 있어야만 가능하다. 상대방의 이야기와 태도에 집중하여 그의 생각과 기분, 욕구를 잘 파악해야 의미 있는 대화가 가능하기 때문이다.

아이의 의도를 이해하고 공감하라

의미 있는 대화는 상대방이 불안을 느끼지 않으면서 점차 더 깊은 수준으로 자기를 노출해가는 대화를 뜻한다. 대화를 통해 자신의 생각이나 기분, 욕구가 자연스럽게 드러나기 때문에 부모는 아이의 진짜 생각과 기분을 알 수 있고, 따라서 아이의 문제에 도움을 줄 때도 유용하다.

놀이터에 나갔던 아이가 울적한 표정으로 집에 들어왔다고 해보자. 민감한 부모는 아이의 기분을 금방 알아차리고 무슨 일이 있었는지 아이가 편하게 말하도록 분위기를 만들어준다.

"기분이 좋지 않아 보이네. 엄마에게 말하고 싶으면 언제든지 이야기해도 돼. 기분이 안 좋을 때 이야기를 나누다 보면 훨씬 좋아지기도 하거든."

부모가 자신을 재촉하거나 추궁하기보다 안타까워하고 도와주고자 하는 느낌이 들면 아이는 "있잖아, 아까 놀이터에서……"라며 말문을 연다. 이때 민감한 부모는 섣불리 판단하거나 조언해주기보다 아이가 더 많은 이야기를 하도록 유도한다. "아!", "음~", "그래서?"와 같은 간단한 추임새만으로도 대화는 점점 더 의미를 갖게 된다.

의미 있는 대화의 하이라이트는 부모가 아이의 이야기를 정리해서 말해주고 더 나아가 아이의 이야기 속에 담겨 있는 의도와 감정을 공감하며 말해주는 것이다. "그러니까 너는 모래삽을 친구에게 빌려줬는데, 친구는 자기 장난감 자랑만 하고 만져보지 못하게 해서 많이 섭섭했구나?" 혹은 "다른 때는 친구에게 인사를 하고 왔지만 오늘 그냥 말도 없이 들어온 건 그 애한테 네가 많이 섭섭했다는 것을 보여주고 싶었기 때문이구나"와 같은 식이다. 이런 반응은 아이와의 대화를 한층 깊이 있는 수준으로 끌어올린다. 부모가 자기의 감정과 생각을 정리해주는 것을 들으며 아이는 사건 당시 자기가 느꼈던 감정과 생각까지 다시 한 번 돌아보며 엄마에게 말할 수 있게 된다. 의미 있는 대화는 그 자체로도 치유의 효과가 있다. 대화를 통해 상대방과 교감을 나누고, 대화하는 동안 자신을 돌아보며 문제 해결의 실마리를 얻어내기도 하기 때문이다.

부모가 궁금한 것보다 아이가 먼저다

반면 의미 있는 대화를 나눌 수 없다면 부모는 아이한테서 아무런 정보도 얻어낼 수 없다. 울적한 표정의 아이를 보자마자 "왜 그래? 응? 왜 기분이 나빠졌어? 아까는 신나서 나갔잖아? 무슨 일 있었어? 누가 때렸어? 어서 말해봐!"라고 다그치면 아이는 부모가 자신을 염려해서 묻는 것인지, 아니면 부모의 궁금증 때문에 재촉하는 것인지 헷갈린다. 또한 말할 준비도 안 되어 있는데 자꾸 재촉하고, 연이어 질문을 퍼부으면 아이는 자신이 추궁을 당한다는 느낌이 들어 그 자리를 피하려고 한다. 많은 아이가 이런 상황에 처하면 "몰라요", "그냥요", "생각 안 나요", "그저 그래요", "보통이요"라는 식의 애매모호한 답변만 늘어놓는다. 과장되거나 거짓 답변을 할 때도 종종 있는데, 아이의 입장에서는 별것 아닌 일인데 부모가 너무 과장된 반응을 보이면 작은 일을 크게 부풀려야 할 것 같고, 없던 일도 만들어야 할 것 같아진다.

이렇듯 아이와 의미 있는 대화를 나눌 수 없는 가장 큰 이유는 부모가 아이의 처지에서 민감하게 생각하지 않고, 아이한테서 부모 자신이 듣고자 하는 정보를 캐내는 것에 더 큰 비중을 두기 때문이다. 아이에게 문제가 있는 것 같으면 부모는 도대체 어떤 일이 일어났는지 궁금해서 쉽게 말을 꺼내지 못하는 아이를 집요하게 추궁한다. 아이가 쉽사리 말을 꺼내지 못한다면 다독여주고 편하게 해주어야 하는 것이 우선이지만 아이의 처지보다 부모 본인의 욕구가 더 앞서는 통에 아이를 계속 다그치고 만다. 하지만 자신을 배려해주지 않는 사람과의 대화는 자연스럽게 단절될 수밖에 없는 법이다.

이처럼 부모의 민감성은 아이와의 안정적인 애착과 의미 있는 대화에 너무나 중요한 역할을 한다. 하지만 모든 부모가 민감하지는 않다. 특히 부모가 스스로 살펴보고 되돌아보는 자기 성찰 능력이 부족한 사람이라면 민감성은 기대하기 어렵다. 자기 성찰이 부족한 부모는 자신이 느끼고 생각하는 것처럼 다른 사람도 그럴 것이라고 믿는다. 그리고 자신과 타인의 차이를 인정하지 못하며, 이것은 어런아이에 대해서도 예외가 아니다. 남이 때리면 나도 때려야 한다고 생각하는 부모는 아이가 친구에게 맞았는데도 때리지 못하는 것이 이해되지 않는다. 윗사람 말에는 무조건 복종해야 한다고 믿는 부모는 아이가 "싫어! 안 해!"라고 말하는 것을 용납할 수가 없다. 민감성은 상대방의 감정과 생각을 잘 관찰하고 살피는 능력인데, 아이의 마음과 행동을 자신의 기준에 따라 판단하고 해석하는 부모에게는 민감성을 기대할 수 없다. 따라서 스스로 생각하기에 민감성이 부족하다고 느끼는 부모라면 자기를 들여다보는 능력을 키우기 위해 노력해야 한다. 그렇다면 자기 성찰 능력이란 도대체 어떤 것일까? 여기에서부터 다시 이야기를 시작해보자.

아이가
내 마음 같지 않아
너무 힘든 부모에게

윤주는 순하고 무던한 성격이어서 친구들 사이에서 인기가 많은 편이다. 영리하거나 재빠르지 못해 놀이를 할 때 리더가 되지는 못하지만, 그에 대한 스트레스도 별로 없다. 반면 윤주 엄마는 욕심이 많다. 어릴 때 모든 면에서 뛰어난 언니의 그늘 밑에서 항상 2인자로 생활했던 서러움이 있어서인지 지는 것을 싫어하고, 무시당하거나 자기 것을 뺏기면 못 참아 한다. 그래서인지 악착같다는 소리를 듣지만 그래야 살아남을 수 있을 거라 믿는다.

어느 날 윤주네 집에서 친구들이 술래잡기를 하며 놀고 있었다. 그런데 윤주 엄마가 살펴보니 서너 번을 연속해서 윤주만 술래를 하는 것이었다. 나름대로 가위바위보로 술래를 정하는데, 술래가 된 아이가 하기 싫다고 하면 윤주가 대신해주는 것이었다. 윤주 엄마는 그런 윤주의 행동이 너무 바보 같고, 착한 윤주를 이용하는 아이들이 미워서 참을 수가 없었다. 핑계를 대어 아이들을 돌려보낸 후 윤주가 불쌍하다는 생각에 맛있는 것도 해주고, 다음번에 다른 아이들이 술래를 시키면 "싫어!"라고 말하라고 교육도 했다.

며칠 뒤 그 아이들이 다시 놀러 왔고, 이번엔 '엄마·아빠 놀이'를 한다고 했다. 윤주는 평소 엄마와 놀 때는 엄마 역할을 가장 좋아했는데, 다른 아이들도 마찬가지인지 모두들 엄마를 하겠다고 했다. 그러니 윤주는 배시시 웃으면서 "그래, 그럼 내가 아이 할 게"라며 양보했다.

그 순간 윤주 엄마는 치밀어 오르는 분노를 누르지 못한 채 윤주를 향해 "하지 마! 왜 너만 맨날 양보하고 그러니? 너도 엄마 하고 싶잖아. 너희는 친구라는 애들이 윤주만 이용하고, 어쩜 그리 이기적이니?"라고 소리를 질러댔다. 그러자 놀란 아이들은 슬금슬금 눈치를 보며 집으로 돌아갔고, 윤주도 기가 죽었다. 하지만 문제는 윤주가 여전히 그 아이들과 놀고 싶어 한다는 것이었다. 어떻게 자신을 무시하고 이용하는 아이들과 놀고 싶은지 윤주 엄마는 이해가 안 되고, 그런 아이가 바보 같아 보여서 화가 났다.

그러나 과연 윤주가 바보 같아서 무조건 양보만 할까? 친구들에게 양보할 때 엄마가 생각하는 것처럼 윤주도 굴욕감을 느끼고 화가 날까? 또한 친구들은 엄마 생각처럼 윤주를 이용하고 함부로 대하는 것일까? 사실은 그게 아닐 수도 있다. 윤주가 다른 아이들에 비해 배려심이 많은 편이지만 필요할 때는 자기주장도 하는 아이이고, 친구들을 배려하는 것이 윤주에게 즐겁고 행복한 일일 수도 있다. 하지만 엄마는 어린 시절 늘 뛰어난 언니에게 밀려서 주연을 차지하지 못해 느꼈던 자신의 서러움과 열등감 때문에 윤주 역시 리더가 되지 못할 때 자신처럼 서럽고 초라할 것이라고 생각했다. 이는 엄마 자신의 개인적 경험을 통해 얻은 감정과 생각을 마치 모든 사람이 느끼는 것처럼 행동함으로써 한마디로 '오버'를 한 것일 수도 있다.

누구나 좋은 부모가 될 수 있다

대인 관계에서 어려움을 느끼거나 마음이 건강하지 못한 사람들은 같은 상황이라도 사람에 따라 다르게 생각하고 느낀다는 사실을 인정하지 않는다. 즉 사람은 모두 자기 나름의 생각과 감정을 갖고 있는데, 이를 알지 못하고 자신이 느끼는 것처럼 상대방도 느끼고, 자신이 생각한 것처럼 상대방도 생각할 거라고 철석같이 믿는 경우가 많다. 그래서 아이를 키울 때도 남들이 보기에는 별것 아닌 일에 격하게 반응하고 화를 내거나 지나치게 측은해하고 답답해할 때가 있다. 윤주 엄마도 그런 사람 가운데 하나였던 것이다.

자기 성찰 능력이 부족한 사람은 사람마다 생각과 감정이 제각기 다르며, 상황에 대한 해석과 판단도 제각각일 수 있다는 것을 이해하지 못한다. 자기 성찰 능력이 뛰어난 사람은 자신의 과거 경험에 따라 현재 자신의 심리 상태가 결정되며, 사람들은 과거와 현재의 경험이 다양하므로 그에 따라 각자 나름의 심리 상태가 존재한다는 것을 안다. 과거에 부모에게 학대받은 사람이라면 작은 위협에도 두려워하거나 거칠게 저항할 수 있음을 이해하며, 버림받은 경험이 있는 사람이라면 외로움이나 거절에 예민하게 반응할 수 있음을 안다. 그렇기 때문에 사람들이 보이는 다양한 감정이나 의외의 반응에 지나치게 당황하거나 압도당하지 않고 관계를 원만하게 이어갈 수 있다.

어떤 사람들은 나에게 직업상 스트레스를 많이 받을 것 같다며 위로한다. 매일 떼쓰고 말 안 듣고 답답한 아이들을 만나니 얼마나 힘들겠냐는 것이다. 물론 내가 만나는 아이들의 대다수는 이런저런 이유로 마음의 상처를 받았고, 그 때문에 아이들이 보이는 행동도 예사롭지 않을 때가 많다. 초등학생 아이가 휴지를 찢어 콘센트 구멍에 꽂으려다가 이를 제지당하면 소리를 지르고 의자를 발로 차며 침을 뱉기도 한다. 여섯 살 난 여자아이는 내가 다가가자 눈을 질끈 감으며 10여 분 동안을 꼼짝도 안 하고 버티기도 한다.

그러나 나는 이런 아이들의 행동 때문에 화가 나거나 스트레스를 받지는 않는다. 이 아이들이 이렇게 행동하는 것은 상대를 골탕 먹이거나 괴롭히려는 것이 아니라 어떤 이유에서든 자신의 감정과 사고를 적절히 표현하는 방법을 잘 배우지 못해서라고 생각하기 때문이다. 이렇게 생각할 수 있게 된 것은 그동안 상담자로서 공부하고 훈련을 받으면서 어느 정도 자기 성찰 능력을 습득한 덕분이다.

개인적인 경험으로도 그렇고, 부모들을 상담하면서도 느낀 점은 다행히도 자기 성찰 능력은 노력과 경험으로 충분히 발달시킬 수 있다는 것이다. 상담을 마친 부모들은 종종 눈물을 흘리면서 "저도 바뀔 수 있을까요?", "저도 아이를 사랑할 수 있을까요?", "화가 나는 이 감정을 추스를 수 있을까요?"라고 묻곤 한다. 이때 나의 대답은 항상 'YES'다. 불편하더라도 전에는 미처 생각하지 못했거나 생각하려고 애쓰지도 않았던 것들을 떠올리는 연습만 한다면 누구나 훌륭한 자기 성찰 능력을 얻을 수 있다. 그리고 이러한 능력은 자녀와의 애착을 안정적이고 견고하게 만드는 훌륭한 토대가 된다.

나를 알고 나면 아이를 키우기가 쉬워진다

앞에서 말했듯이 자기 성찰 능력이란 누구나 자기 나름의 감정과 사고를 가졌으며, 지금 그 사람의 심리 상태는 과거나 현재의 애착 및 대인 관계 경험에 따라 다르게 결정된다는 것을 이해하는 능력이다. 이 밖에도 자기 성찰 능력은 몇 가지 다른 요소를 포함한다.

첫째, 자기 성찰 능력이 뛰어난 사람은 자신의 심리 상태에 대한 다른 사람의 반응을 예측할 수 있다. 자신이 얼굴을 찌푸리고 짜증 내면 다른 사람이 어떤 생각을 하고 반응할지 아는 것이다. 이런 추측이 가능한 사람은 다른 사람과의 관계에서 자신의 표현을 원만하게 조절할 수 있다. 가령 여러 사람이 함께하는 모임에서는 기분 좋지 않은 일이 있더라도 내 감정을 크게 드러내지 않고 분위기를 맞춰나간다. 반면 그렇지 못한 사람은 내 기분이 나쁘면 주위와 상관없이 신경질을 내며 계속 뚱한 표정을 지어 분위기를 싸늘하게 만들곤 한다. 바로 자기 성찰 능력이 부족한 사람이다.

이런 사람들은 종종 이기적이고 미숙하다는 이야기를 들으며 "왜 그렇게 행동했느냐?"라고 물으면 "어때, 남들이 무슨 상관이야? 기분이 나쁜데, 나보고 어떡하라고?"라며 화를 내기도 한다. 이런 사람이 부모가 되면 아이 앞에서도 자신의 감정을 잘 조절하지 못한다. 아이에 대한 감정이 얼굴에 쉽게 드러나 아이는 자주 부모의 눈치를 보게 된다. 부부 싸움을 하면 며칠 동안 남편뿐 아니라 아이한테도 싸늘하고 짜증스럽게 대하며 쉽게 화를 낸다. 자신의 심리 상태가 제일 중요하며, 자신의 기분이 다른 사람에게 어떤 영향을 미칠지 생각하지 않기 때문에 이런 식으로 행동하는 것이다.

둘째, 자기 성찰 능력이 뛰어난 사람은 타인을 직접 관찰하고 경험하고 추론하는 과정에서 인간관계의 기술을 배운다는 것을 이미 알고 있다. 따라서 자기 성찰 능력이 뛰어난 부모는 아이가 좋은 사회성을 습득하려면 실제로 부모와 주위 사람들이 좋은 모델이 되어야 하며, 풍부한 사회적 경험을 제공해야 한다는 것을 알고 그러기 위해 애쓴다. 반면 그렇지 못한 부모는 사회성은 본디 타고나는 것이라 치부하고 아이에게 그저 몇 가지 방법만 말해주면 저절로 아이의 사회성이 향상될 것이라 착각한다.

대표적인 예가 또래와의 관계에서 맞기만 하는 아이에게 "너도 때려! 맞지 말고 때리란 말이야!"라고 조언을 하는 부모다. 하지만 아이가 때릴 수 있었다면 맞지도 않았을 것이다. 또래 관계에서 적절히 자기주장을 할 수 있으려면 실제 자기 의견이 존중되고 지지받았던 경험이 필요하다. 나아가 주변 사람들이 문제 상황에서 적절한 방법으로 문제를 해결하는 것을 보고 배우는 과정 또한 필요하다. 평소에 부부 싸움을 하면서 큰소리를 지르거나 물건을 던져 아이의 기를 죽여놓고서는 아이가 제대로 자기주장을 하리라고 기대해서는 안 된다.

셋째, 사람들에게 일어나는 모든 일은 사람들 간의 상호작용의 결과임을 이해하는 것도 자기 성찰 능력에 포함된다. 어떤 부부는 결혼 생활 내내 죽기 살기로 싸우고 결국 이혼하더니, 각자 새로운 배우자를 만나서는 깨 볶으며 행복하게 살기도 한다. 사이가 좋은 부부는 우리가 흔히 말하는 궁합이 좋은 부부인데, 이 궁합이라는 것은 상호작용이 원활하게 이루어지는 것을 뜻한다. 상호작용에 문제가 있다고 해서 일방적으로 한쪽에만 책임이나 문제가 있는 것이 아니다. 핑퐁처럼 주거니 받거니 하는 관계에서 문제가 생기면 어느 한쪽에만 책임을 물을 수는 없다. 따라서 대인 관계에서 어려움을 느낄 때 자기 성찰 능력이 뛰어난 사람은 상대 탓만 하지 않고 자신에게 어떤 문제가 있는지를 살펴본다.

한번은 어떤 부부가 이혼하겠다면서 상담센터에 찾아온 일이 있었다. 아내는 남편이 새로운 사업을 시작하고 나서 가정에 소홀해졌다며 불만을 토로했다. 집에 늦게 들어오고 주말에도 공장에 간다고 집을 비우거나 거래처 사람들을 접대한다며 룸살롱까지 드나든다는 것이다. 이 부부는 1년 전까지는 아내가 생계를 책임지다시피 했으나 늦둥이를 보는 바람에 남편에게 작은 사업체를 만들어주고 아내는 일을 접고 살림만 하게 된 경우였다. 남편은 그동안 무책임하고 미숙한 행동으로 아내의 신임을 얻지 못한 데다 아내보다 세 살 연하여서 아내에게 끌려다니며 살아왔다. 그러다 본격적으로 일을 시작하게 되어 좋기도 했으나 한편으로는 부담스럽기도 했다.

그러나 이런 불안감을 말하면 아내는 미덥지 못하다며 화를 내거나 툭하면 "그렇게 자신 없으면 차라리 그만두고 집에서 애들이나 보라"고 말했다. 특히 남편이 가장 듣기 싫었던 것은 "그 공장에 들어간 내 돈 내놓고 이 집에서도 나가!"라는 말이었다. 그래서 남편은 가장으로서 무너진 자존심을 살리기 위해서라도 반드시 성공해 아내 앞에 당당히 나서겠다는 각오로 주말도 마다하고 일하는데, 오히려 집에 소홀하다면서 타박을 주니 어찌해야 할지 모르겠다고 하소연했다. 정황을 살펴보니 아내가 너무 남편 탓을 많이 하고, 남편에게 바라는 것도 지나쳤다. 물론 아내의 처지에서는 바깥일만 하다

집에 들어앉게 되니 답답하고 늦둥이를 키우는 일도 버거웠겠지만, 이 모든 상황을 남편 탓으로만 돌리고 남편이 모두 해결해주기를 바라는 건 미숙하고 자기중심적인 사고에서 나온 것이다.

넷째, 자기 성찰 능력이 뛰어난 사람은 현재의 심리 상태나 대인 관계 경험이 나의 모든 행동에 영향을 미친다는 것을 이해한다. 즉 우리 행동과 심리적 상태, 대인 관계 경험이 인과관계를 이루고 있으므로 단순히 돌발적이거나 독자적인 행동이란 없으며 모든 행동의 이면에는 어떤 이유나 근거가 반드시 있다. 그래서 아이가 문제 행동을 했을 때도 무조건 나무라거나 다그치기보다는 아이가 왜 그런 행동을 하게 되었을까 생각해본다. 이것은 아이의 마음을 이해하고 공감해주는 데 결정적인 역할을 하는 매우 중요한 요소다.

사실 몇몇 경우를 제외하고 아이의 문제 행동 대부분은 분명한 심리적 요인으로 일어난다. 그리고 이런 심리적 요인은 대개 사람과의 관계, 특히 부모와의 관계와 연결되어 있다. 지난 몇 년간 SBS 〈우리 아이가 달라졌어요〉와 EBS 〈생방송 60분 부모〉 등 문제 아동을 다루는 프로그램에서 자문 역할을 맡아왔는데, 그간 만났던 아이들은 지나치다 싶을 정도로 거침없는 문제 행동을 했지만 그 속을 들여다보면 부모와의 관계에서 좌절된 욕구나 잘못된 양육 경험 때문에 문제아가 된 경우가 대부분이었다. 그 사정도 모르고 주변 사람들은 "뭐 저딴 아이가 다 있지?", "어휴, 꼴통!", "저 구제 불능!", "부모가 불쌍하다!" 등의 말을 해왔던 것이다.

마지막으로 자기 성찰 능력이 발달한 사람은 사람이 그리 단순한 존재가 아니라는 것을 안다. 누구나 자신의 감정과 생각을 정확하게 알지는 못한다는 것, 그리고 이를 솔직히 표현하지도 못한다는 것을 이해한다. 프로이트가 말한 것처럼 우리가 느끼고 생각할 수 있는 의식은 빙산의 일각에 불과하다. 가끔은 나 자신의 속마음이 무엇인지 스스로도 잘 몰라 당혹스러우며, 때로는 내 마음을 알아도 숨기거나 다르게 표현한다. 호감이 있는 이성에게 괜히 냉담하게 굴 때도 있으며, 친구라고 굳게 믿었던 상대를 사랑하고 있었음을 뒤늦게 깨닫기도 한다. 이처럼 사람의 마음은 복잡하고 미묘하며 분명하지 않기 때문에 상대방의 행동을 보고 단순히 결론지어버리는 실수를 하기 쉽다.

그러나 자기 성찰 능력이 뛰어난 사람은 이러한 인간 내면의 복잡성을 이해하므로 좀더 진지하게 여러 차원에서 생각하고 느껴보려 애쓴다. 이런 사람은 애증과 같은 매우 복잡한 감정을 더 쉽게 이해하고 인정한다. 그래서 부정적인 면으로만 치우치는 실수를 덜 하게 되며, 나쁜 상황에서도 긍정적인 면을 더 쉽게 발견할 수 있다. 반면 자기 성찰 능력이 부족한 사람은 복잡한 일이 생기면 쉽게 포기하거나 부정적인 면으로 단정 짓기 쉽다.

어떤 사람을 만나거나 어떤 상황이 닥쳤을 때, 찜찜함이 느껴진다면 그건 분명히 마음속에 뭔가 미묘하고 복잡한 것이 깔렸다는 뜻이다. 자기 성찰 능력이 발달한 사람은 이런 찜찜한 감정을 좀더 자세히 알아보려고 애쓴다. 그러다 보면 찜찜함 뒤에 실망감이나 열등감, 허탈함, 창피함 등의 감정이 있음을 발견하고, 내 욕구가 무엇이었는 지, 내가 기대했던 것이 무엇이었는지도 알 수 있다. 자신의 욕구와 기대를 잘 알면 다음번에는 이것을 이룰 수 있는 해결 방법도 적극적으로 모색하게 된다. 반대로 그저 '뭔지 모르겠는데 찜찜해!'라고만 생각하고 끝내면 이후에도 계속 이런 감정을 지니게 된다.

한마디로 종합하자면, 자기 성찰 능력은 '지피지기(知彼知己)'인 셈이다. 나를 알고 상대를 아는 것이다. '지피지기면 백전백승이다'라는 말처럼 자기 성찰 능력을 지니면 적극적으로 자신의 문제를 해결하고 더 나아가 대인 관계의 문제 역시 해결할 수 있다. 자기 성찰 능력은 상황을 객관적이고 합리적이며 통합적으로 볼 수 있도록 하여 나만의 감정과 사고에 압도되어 문제를 그르치지 않도록 도와준다. 또한 상대방의 행동을 나쁘게만 보지 않고 나름의 이유가 있었다는 것으로 이해하게 되어 훨씬 여유롭고 관대해진다. 무엇보다 가장 좋은 것은 쓸데없이 필요 이상으로 화를 내거나 분노하지 않으므로 갈등 상황에 휘말리지 않는다는 점이다.

PART 4

부모, 나의 애착 경험을 돌아보라

부모의 애착 경험이
아이의 인생을 결정한다

우리가 어렸을 적에는 어른은 아이와는 완전히 다른 존재라고 생각했다. 어른이 되면 무엇이든 현명하게 처리하고, 더는 부모의 도움도 필요 없으며, 마음만 먹으면 복잡한 문제도 뚝딱 해결할 수 있으리라 믿었다. 영화에서 평범했던 사람이 외계인에게 납치된 후 새로운 초능력을 부여받아 영웅이 되듯 어른이 되는 순간 어린 시절의 미숙함과 상처받은 흔적은 감쪽같이 사라지고, 완전히 새롭고 성숙한 인간으로 거듭날 수 있으리라 생각했다.

하지만 막상 어른이 되어보면 여전히 어린 시절의 좌절된 욕구와 상처에 아파하고, 어떤 상처는 덧나버려 자신을 더욱 괴롭게 하기도 한다. 어린 시절 나를 아프게 하고 짜증나게 했던 엄마의 행동은 어른이 되어서도 이해되기는커녕 여전히 힘들기만 하다.

어른은 분명 어린아이와는 다르다. 하지만 적어도 부모와 자식 관계라는 면에서는 어른이 되어도 크게 달라지는 것이 없다. 몸은 장성해 더는 보살핌과 도움이 없어도 살 수 있게 되었지만, 어떤 어른은 아직도 엄마라면 벌벌 떨거나 두려워하고, 어떤 어른은 엄마란 말만 들어도 가슴이 답답하고 서러워진다. 또 어떤 어른은 엄마가 밉다고 하면서도 그 주변을 맴돌며 지지고 볶고 괴로워하고 떠나지 못하기도 한다. 아이가 자신의 부모와 맺는 애착 경험이 모두 긍정적이지 않은 것처럼 어른이 되어 기억하고 경험하는 부모의 모습 역시 모두 긍정적일 수는 없다.

아이의 애착 유형을 안정 애착, 불안정-회피적 애착, 불안정-저항적 애착, 불안정-와해·혼돈형 애착으로 분류하는 것처럼 애착에 관한 어른의 심리 상태도 그 모습에 따라 자율형, 배척형, 집착형, 미해결형으로 총 네 가지로 나눠볼 수 있다. 부모가 된 당신은 지금 어떤 애착을 갖고 있을까?

자율형
성숙한 성인으로 성장하다

원희 씨는 세 살쯤에 어머니가 가출해서 할머니에게 맡겨졌다가 몇 달 후 절로 보내져 그곳에서 어린 시절을 보냈다. 그리고 중학생일 때 재혼한 어머니가 찾아와 고등학교 졸업 때까지 같이 살다가 원희 씨가 고등학교를 졸업하면서 독립했다. 비교적 순탄치 않았던 삶이었음에도 그녀는 지금 밝고 건강한 모습으로 살아가고 있다. 현재 원희 씨는 자상한 남편과 함께 아들 둘을 키우며 행복하게 지낸다. 최근에는 심리학에 관심이 많아져 심리학 교양 강좌를 들으러 다니며 일상을 즐기고 있다.

원희 씨가 불우한 환경에서도 건강하게 자라나 단란한 가정을 꾸릴 수 있었던 것은 주변에 좋은 사람들이 있었기 때문이다. 야무졌던 그녀는 학교에서 제 할 일을 잘하고 성적도 뛰어나 선생님들의 사랑을 듬뿍 받았다. 특히 초등학교 2학년 때 담임선생님은 고아나 다름없는 원희 씨를 가여워하면서 자상하게 챙겨주었다. 일부러 학급 임원을 맡기기도 하고 생일에는 따로 선물을 챙겨주기도 했다. 틈틈이 격려의 말을 적은 카드를 건네주기도 하고 위인전을 읽으라고 빌려주기도 했다. 그 후 담임선생님이 바뀌긴 했지만 어려운 환경에서도 항상 밝고 열심히 생활하는 원희 씨의 태도는 늘 선생님들에게 좋은 인상을 주어 많은 사랑과 칭찬을 받았다.

중학교 때 어머니와 함께 살게 돼 전학을 가서는 새로운 가족 사이에 적응하는 것이 어려웠지만 학교생활은 늘 즐거웠다. 고등학교 때도 원희 씨의 사정을 잘 아는 선생님이 직장을 알아봐주었고, 안정적인 직장을 구하면서 독립을 하게 된 것이다. 원희 씨는 자신을 인복이 많은 사람이라고 생각한다. 어찌 보면 어릴 적 버림받은 인생이지만 자신을 예쁘게 봐주고 염려해주었던 어른들이 있었기에 나쁜 길로 빠지지 않고 잘 성장할 수 있었다.

지금도 원희 씨는 어른들에게 참 싹싹해서 시댁에서도 사랑을 받는다. 그녀는 어린 시절의 경험을 통해 아이에게 어른의 역할이 얼마나 중요한지 깨달았다고 한다. 그래서 자신도 아이들에게 좋은 어른이 되기 위해 이런저런 책을 읽다가 심리학을 접하게 되었고, 자신을 되돌아보고 아픔을 다독이는 데 큰 도움을 얻어 현재는 사이버대학에 진학해 본격적으로 심리학 공부를 해보려 한다.

자율형의 애착 경험을 가진 어른은 자신의 경험을 떠올리는 것을 불편해하지 않는다. 그래서 다른 사람에게 어린 시절 자신의 부모와 겪었던 에피소드를 구체적으로 말할 수 있다. 비록 그 기억이 힘들거나 불편했더라도 숨기거나 지나치게 미화시키는 법 없이 솔직히 이야기한다. 이런 사람의 이야기를 듣다 보면 이 사람이 어떤 어린 시절을 보냈는지, 부모와의 관계는 어떠했는지 어렵지 않게 상상할 수 있고 쉽게 공감이 간다. 대체로 긍정적이었던 기억을 더 많이 떠올리며, 어린 시절의 애착 경험이 자신의 심리적 건강에 영향을 주었다고 믿는다.

이런 자율형의 애착 경험을 보이는 어른들은 어린 시절 자신을 지지하는 부모와 함께 안정적인 가정에서 자란 경우가 가장 많고, 비록 어린 시절을 힘들게 보냈지만 자기 성찰 능력이 뛰어나 어려움을 극복하고 사려 깊게 성장한 경우도 있다. 이런 사람들에게는 어린 시절 부모와의 관계에서 얻지 못한 안전감을 친척이나 선생님, 친구 등 다른 사람과의 관계에서 느낀 애착 경험이 있다.

발달장애 아들을 둔 미성 씨도 부모가 아닌 다른 사람과의 경험을 통해 안전감을 얻은 경우이다. 미성 씨의 부모는 불화가 심해 어린 시절 집안 분위기는 매우 좋지 않았다. 아버지는 부부 싸움을 하면 물건을 부수며 공포 분위기를 조성했다. 한번 부부 싸움이 나면 보름가량 집안 분위기가 냉랭했고 어머니는 이불을 쓰고 드러누웠다. 미성 씨의 집 근처에는 고모가 살았는데, 다행스럽게도 부부 싸움이 일어나면 고모가 달려와 미성 씨를 고모 집으로 데려갔다. 고모는 다정다감한 성격이었고 미성 씨보다 다섯 살 위인 사촌 언니도 그녀를 살갑게 대해주었다. 중학교 때는 고모 집에서 살고 싶어 고모 딸로 태어나지 못한 것에 잠시 우울해하기도 했으나, 다행히도 미성 씨가 대학생이 될 때까지 무서울 때면 고모네 집으로 달려갈 수 있어 큰 위안이 되었다. 지금도 미국으로 이민 간 고모와는 가끔 통화를 하며 좋은 관계를 유지하고 있다.

미성 씨가 결혼해 아들을 낳고 아들이 세 살 되던 해에 발달장애로 판정을 받았을 때도 그녀를 위로해준 것은 부모가 아닌 고모였다. 때때로 아들 때문에 화가 치밀어 자신을 두렵게 했던 아버지처럼 소리를 질러대는 자신의 모습을 발견할 때, 매사가 진저리나게 지겨워 어머니처럼 이불을 뒤집어쓴 채 누워 지내는 자신을 발견할 때면 고모에게 전화해 조언을 구했다. 미성 씨는 매우 불안정한 환경에서 성장했고 부모와의 관계에서는 좋은 양육을 경험하지 못했지만 기본적으로 사람에 대한 신뢰감이 있다. 덕분에 스스로 어떤 노력을 해야 하는지 적극적으로 탐색하고 선택할 수 있다. 이런 신뢰감의 뿌리는 가까이에서 미성 씨의 안전 기지가 되어주던 고모에게서 비롯된 것이다.

좋은 부모를 갖는 것은 아이가 선택할 수 있는 것이 아니다. 그런 면에서 세상에서 가장 인복이 많은 사람은 좋은 부모를 둔 사람이라고 할 수 있다. 하지만 불행히도 훌륭하지 못한 부모를 만났다 하더라도 그리 절망만 할 일은 아니다. 뒤늦게라도 좋은 사람을 만나고 좋은 관계를 형성하려 애쓴다면, 그래서 사람과의 관계에서 안전감과 편안함을 느낄 수 있다면 생애 초기의 불안정한 애착 경험을 만회할 수 있다.

세상에는 친절하고 건강하며 착한 사람도 많다. 나를 지치고 짜증 나게 하며 비참하게 만드는 사람들에게 매달리는 대신에 건강한 사람들과 친해지려고 애써보자. 좋은 애착은 좋은 사람들과의 관계에서만 경험할 수 있기 때문이다. 만약 주변에 믿을 만하고 심신이 건강한 사람이 없다면 상담이나 심리 치료를 받는 것도 매우 좋은 방법이다. 상담자는 기꺼이 말 상대가 되어줄뿐더러 나를 지지해주고 공감해주며 더 나아가 부정적인 내적 작동 모델을 긍정적으로 변화시킬 수 있는 기회를 만들어줄 것이다.

부모가 내 편이 되어주지 못한다면 내 편이 되어줄 다른 누군가가 이 세상에 있어야만 한다. 그 사람이 친구나 배우자나 상담자가 되어도 좋다. 찾아보면 우리 주변에 나에게 손 내밀어줄 누군가가 반드시 있다는 것을 잊지 말자.

배척형
아직도 상처받을까 두려워 감정을 숨기다

준수 씨는 아내의 손에 이끌려 억지로 상담을 받게 된 경우였다. 30대 후반으로 건장한 체격의 그는 상담 내내 얼굴을 옆으로 돌리거나 허공을 바라보며 나의 시선을 피하려고 애썼다. 별것 아닌 질문에도 쉽게 얼굴이 붉어졌으며 때론 불쾌한 표정과 입을 다무는 것으로 상담에 대한 저항을 나타냈다. 명문대를 졸업했으나 직장 생활을 오래 이어가지 못해 현재는 아르바이트를 하는 아내가 생계를 책임지고 있었다. 직장을 그만둔 뒤에는 사람들과 잘 어울리지 못하고, 새로운 일자리를 찾으려 노력하지도 않으며, 아내 몰래 카드를 꺼내다가 불필요한 물건을 사거나 PC방에서 게임만 했다. 그러자 이를 견디다 못한 아내가 상담을 받지 않으면 이혼하겠다는 엄포를 놓았고, 내키지 않지만 준수 씨는 결국 상담센터를 찾은 것이다.

예상대로 준수 씨와의 상담은 그리 쉽지 않았다. 자신은 아무 문제도 없고 마음만 먹으면 알아서 잘할 수 있으므로 다른 사람의 도움 따위는 필요 없다는 말만 되풀이했다. 현재의 어렵고 힘든 상황에 대해 위로하고 공감해주려고 하면 자신은 아무렇지도 않으니 다른 사람에게 위로받아야 할 이유가 없다고 했다. 상담을 통해 준수 씨에게는 다른 사람과 가까워지는 것에 대한 두려움이 있다는 것을 알게 되었고, 이를 통해 부모와의 애착 경험이 그다지 긍정적이지 않았음을 추론할 수 있었다.

준수 씨와 어린 시절에 대해 이야기해보려 했지만 놀랍게도 그는 어린 시절을 전혀 기억해내지 못했다. 어린 시절 경험 중 유일하게 생각해낸 것은 네 살인가 다섯 살 무렵 대구에서 서울로 이사를 온 것이었다. 그에게 부모님은 어떤 분이셨냐고 묻자 마치 남에 대해 이야기하듯 "좋은 분들이셨던 것 같아요"라고 대답했다. 또한 상담 도중 기분이 어떤지 묻자 당황해하고 화를 내기도 하며, 감정에 대해 말하는 것을 어려워했다. 그 뒤 계속된 상담을 통해 준수 씨의 어린 시절을 조금씩 알게 되면서 왜 그토록 그가 다른 사람의 도움을 받는 것을 어려워했는지, 친밀한 관계를 형성하는 것을 힘들어했는지 이해하게 되었다.

준수 씨는 어린 시절 매우 가난하게 살았다. 아버지는 경제적으로 무능했고, 그 때문에 어머니가 돈벌이에 나서야 했으므로 부부 싸움이 잦았다. 어머니는 부부 싸움을 한 뒤에는 늘 친정으로 갔고 외할머니가 찾아와서 한바탕 난리를 치고 나서야 아버지는 어머니를 데려왔다. 네다섯 살쯤 되었을 때 아버지는 가족을 데리고 고향인 대구를 떠나 서울로 상경해 시장 한구석에서 조그마한 시계수리점을 시작했다. 여전히 생활은 궁핍했고 부부 싸움도 잦았지만, 그래도 같이 놀 친구들이 있어 그나마 가장 즐거웠던 시절이었다.

그러나 서울로 올라온 지 6개월 즈음이 되었을 때 다시 한 번 부부 싸움이 일어났고, 대구에서 외할머니가 올라와 사위를 크게 야단쳤다. 그날 준수 씨 아버지는 집을 나갔다가 기찻길에서 죽은 채 발견되었다. 준수 씨는 아버지가 자살했다고 믿는다.

준수 씨에게 아버지는 어떤 사람이었냐고 물으니 '재능은 있으나 많이 배우지 못했고, 돈 때문에 아내와 장모에게 구박을 받은 불행했던 사람'으로 기억했다. 반면 어머니에 대해서는 별로 기억할 게 없다고 하면서 어머니 역시 돈 때문에 불행했고, 아버지가 돈을 좀 더 잘 벌었다면 아무런 문제도 없었을 것이라고 했다. 아버지가 돌아가시고 준수 씨는 외가에 맡겨져 몇 달을 지낸 후 어머니와 함께 살게 되었지만 어머니는 아침 일찍 나가 밤늦게 들어왔으며 자주 술을 마셨다. 집에 들어오지 않을 때도 있었고 툭하면 화를 내거나 울었다. 준수 씨는 두 살 터울의 여동생과 대부분의 시간을 보냈지만, 지기 싫어하고 고집 센 동생과 함께 놀지는 않았다.

준수 씨는 이런 이야기들을 매우 담담한 어조로 별일 아니라는 듯이 풀어냈다. 누구에게나 이런 사연 한두 가지쯤은 있을 텐데 뭐 그리 심각한 일도 아니고, 그 시절에는 모두 살기가 어려워 다른 집도 부모들이 아이들에게 무심했고, 설령 자신의 부모가 특별한 경우라고 하더라도 그런 건 크게 문제가 되지 않는다고 말했다. 그래도 그 어려운 형편에 대학 공부까지 시켜주었으니 부모로서 할 도리는 다한 거라는 말도 덧붙였다.

준수 씨는 전형적인 배척형 애착 경험을 가진 사람이다. 배척형은 자신은 사랑 따위에는 연연해하지 않는다고 생각하며, 그런 것에 초연한 사람인 것처럼 군다. 최초로 사랑을 나누는 대상인 부모와의 관계를 떠올릴 때도 부모의 사랑을 받지 않아도 괜찮다는 식으로 말하기도 한다. '부모님이 일 때문에 바빠서 시간을 많이 내주시지는 못했지만 난 괜찮다', '부모님을 이해한다', '예전에 모두 다 그렇지 않았느냐'는 식으로 합리화를 하거나, 부모를 매우 이상화시켜서 표현하곤 한다. 부모에 대해 이야기하거나 어린 시절에 대해 말할 때는 다른 사람의 이야기를 하듯 감정이 별로 묻어나지 않고 무미건조하다. 준수 씨처럼 어린 시절에 대해 기억하는 것을 힘들어하거나 말하는 것을 은근히 피하기도 한다.

이렇게 행동하는 이유는 사실 부모에게 거절당하고 관심을 받지 못함으로써 겪는 심리적 고통으로부터 자신을 보호하기 위해서다. 이솝 우화에 나오는 여우는 포도를 먹고 싶어 이리저리 애쓰다 도저히 먹을 수 없게 되자 "흥, 저런 신 포도를 누가 먹는담!"이라고 말하며 자신의 쓰린 마음을 달랜다. 부모에게 충분한 사랑과 관심을 받지 못하면 마치 자신은 부모가 주는 사랑과 관심 따위에는 원래부터 큰 관심이 없었던 것처럼, 혹은 그런 것은 삶에서 크게 중요하지 않은 것처럼 과소평가함으로써 그 상황을 합리화하고 자신의 상실감과 좌절감을 그나마 달래보려는 것이다.

이런 사람들은 어른이 되어서도 친밀한 대인 관계나 살가운 감정 따위를 불편해하거나 하찮게 여기게 되어 인간관계가 매우 형식적이고 표면적인 수준에 그치는 경우가 많다. 애착 이론의 창시자인 존 볼비에 따르면 배척형 애착 경험을 가진 사람들은 아동기에 어느 한쪽 부모를 잃고 자기 혼자 살아왔거나, 사랑과 관심을 받고 싶은 자연스러운 욕구를 부모가 비난하거나 공감해주지 않은 경우, 또는 위로는 적고 지나치게 간섭이 많은 부모 밑에서 자란 경우가 많다.

준수 씨의 어린 시절은 잦은 부부 싸움, 어머니의 빈번한 가출, 무능력한 아버지, 비난하는 할머니, 지독한 가난과 아버지의 죽음 등 상처투성이의 기억으로 채워져 있다. 준수 씨에게 어린 시절은 돌봄을 받지 못하고 거절당하고 버림받은 슬픈 기억으로 가득 차 있는, 지워버리고 싶은 과거일 뿐이다. 준수 씨 주변의 어른들은 모두 자신의 삶에 지치고 바빠서 어린아이를 돌봐주지 못했다. 그런 환경에서 어쩌면 준수 씨에게는 부모에게 돌봐달라고 요구해 좌절감을 계속 느끼기보다 포기하고 기대하지 않는 것이 오히려 자신을 보호하는 방법이었을 것이다.

그러나 문제는 이렇게 어린아이였을 때 선택했던 방법이 어른이 되어 상황이 바뀌어도 여전히 지속된다는 데 있다. 지금은 다른 사람과 친하게 지내고, 서로 기대가며, 감정을 나눠도 되는데 여전히 상처받을 것이 두려워 사람들을 멀리하며 그들이 내미는 손도 붙잡지 못하는 것이다.

집착형
채우지지 않은 사랑에 사로잡히다

시골에서 6남매 중 막내로 태어난 은희 씨는 매우 가정적인 남편과 결혼해 네 살 된 아들 하나를 두었다. 파트타임으로 치과기공사 일을 하고 있어 시간은 넉넉한 편이며 경제적으로도 여유롭다. 남들이 보기에는 걱정할 일이 없어 보이는 가정이지만 은희 씨는 늘 기력이 없고 삶의 재미를 느끼지 못한다. 그녀는 우울증을 앓고 있는데, 본인 자신도 초등학교 때부터 늘 우울했다고 기억한다.

네 살 된 아들은 순한 편이지만 자주 울고 안아달라면서 자꾸 칭얼거리는데 이때가 은희 씨에게 가장 힘든 순간이다. 치과 일을 끝내고 돌아오는 길에 어린이집으로 아이를 데리러 가면 아이는 은희 씨에게 달려와 "안아줘!"라고 하지만 은희 씨는 자신도 모르게 "엄마 힘들어, 일하고 왔잖아!"라며 아이를 밀쳐내고는 한다. 그러면 아이는 금방 울적한 표정을 지으며 눈물을 글썽이고, 그 모습을 보면 은희 씨는 마음이 아프면서도 화가 난다고 했다. 이런 이야기를 하며 그녀는 자신은 어머니에게 안겨본 기억조차 없다고 눈물을 글썽였다.

은희 씨가 기억하는 어머니는 나쁜 사람은 아니었다. 하지만 시골에서 농사짓고 자식들 키우느라 바빠서 함께 놀아주거나 살갑게 대해준 적이 없었다. 어머니는 작은언니와 가장 가까워 언니한테는 다정하게 대해주고 장난도 치고는 했지만, 정작 막내인 자신은 언니들에게만 맡겨놓고 별로 챙겨주지 않았다. 그래서 어머니에게 안기고 싶고 응석도 부리고 싶었지만 그렇게 할 수 없었고, 어머니가 자신의 마음을 모르는 것 같아 짜증 날 때가 많았다. 결혼을 한 뒤, 친정 엄마가 전화를 걸어와 이런저런 속상한 일을 털어놓고 의논을 하려고 하면 더욱 짜증이 나면서 마음속으로 '내게 해준 것도 없으면서 도대체 뭘 바라는 거야?'라는 생각이 들기도 했다. 또 친정 엄마가 "별일 없냐? 잘 지내냐?"고 물으면 '어릴 적에는 신경도 쓰지 않더니, 내게 별일이 있으면 어떡할 건데?'라는 은근히 꼬인 마음이 치솟았다.

이처럼 어릴 적 엄마에게 돌봄과 사랑을 받고 싶었던 욕구가 좌절되어 지금도 엄마의 사랑을 구걸하면서도 한편으로는 받지 못한 사랑 때문에 잔뜩 화가 난 은희 씨는 애착 경험으로 분류하면 집착형에 해당한다. 아직도 자신의 엄마에게 받고 싶은 사랑이 많고, 스스로 충분한 사랑과 보살핌을 받지 못했다고 느끼기 때문에 막상 자신의 자녀한테 애정을 쏟고 돌봐줄 마음의 힘이 부족한 것이다.

집착형은 배척형과는 달리 애착 대상에 지나치게 몰두하고 매달린다. 집착형의 애착 패턴을 보이는 어른은 어린아이였을 때 부모의 사랑과 보살핌을 간절히 원했으나 이런 욕구가 충분히 채워지지 않아 어른이 되어서도 부모의 애정과 관심을 얻으려고 애쓴다. 이를 위해 부모 옆에 머물며 부모를 기쁘게 해주려고 노력하다가도 자신의 마음을 잘 알아주지 않는 둔감한 부모에게 원망과 분노를 느낀다. 이렇듯 부모에 대한 사랑과 미움이 교차하는 양가감정(兩價感情, 어떤 대상에 대해 서로 모순된 마음이 공존하고 있어 혼란스러운 감정)을 느끼기 때문에 쉽게 부모 곁을 떠나지 못하는 것이 집착형의 가장 큰 특성이다.

집착형 어른은 부모에 대한 양가감정과 갈등 때문에 부모와의 관계를 회상할 때도 이랬다저랬다 하며 일관성 없는 모습을 보인다. 어느 순간에는 부모에 대한 효심을 나타내고 부모를 굉장히 좋은 사람으로 표현했다가, 금세 눈물을 글썽이며 부모에게 상처받은 감정을 드러내기도 한다. 부모에 대한 객관적인 평가를 내리는 것을 어려워하며, 자신의 정체성에 대해서도 혼란을 느낀다.

그동안의 경험으로 보면 집착형 애착 경험을 가진 부모들이 육아로 말미암은 스트레스를 가장 많이 받는다. 아이를 잘 키우고 싶고 사랑도 듬뿍 주고 싶지만 부모 자신의 유아적 욕구가 제대로 충족되지 않았기 때문에, 막상 아이가 요구하고 도움을 청할 때는 어른다운 관대함과 배려심으로 돌봐주지 못하고 귀찮아하거나 당황해하며 쉽게 지치는 경우가 많은 것이다.

사람마다 가지고 있는 예민함의 강도나 애정을 원하는 수준은 모두 다르다. 집착형의 어른은 어릴 적부터 예민하고, 애정과 의존 욕구가 많은 편이다. 이런 아이는 부모한테서 몇 차례 거절을 경험하고, 필요로 하는 순간 보살핌을 받지 못하면 마음에 깊은 상처를 받는다. 그리고 부모로부터 버림받거나 거절당하면 어떡하나 하는 불안감에 두려워한다. 이런 불안감은 부모에게 더욱 집착하거나, 부모의 사랑을 저울질하는 것으로 이어진다. 어른이 되어서도 대인 관계에 지나치게 몰두하거나 의심하고는 한다. 아기 때 부모의 사랑을 확신하지 못했던 경험은 어른이 되어서도 자신이 충분히 사랑받을 정도로 가치 있는 존재인지 의심하게 한다. 이렇게 자신이 사랑받고 있는지에 더욱 신경을 쓰다 보니 자녀를 심각하게 방치하거나 학대하기 쉽고 아이를 거부하지는 않지만 육아에는 서툴고 둔감한 편이다.

비일관적인 양육 태도 역시 집착형 부모에게서 자주 나타나는 패턴이다. 아이가 보내는 신호를 놓치거나 잘못 알아들어 아이를 짜증나게 만들 때도 많고, 부모의 기분에 따라 아이에게 다정하게 대하기도 하고 화를 내기도 한다. 집착형 부모는 때로는 아이를 밀쳐내고 때리고 폭언을 하지만 기본적으로 사랑을 갈구하는 타입이기 때문에 아이를 매몰차게 대한 후에는 후회와 자책을 하며 아이에게 다가가 비위를 맞추거나 사과한다. 이런 면 때문에 집착형 부모는 종종 아이에게 얕보이는 존재가 되기도 한다.

잦은 부부 싸움도 집착형 어른이 육아를 할 때 나타나는 현상이다. '왜 이런 힘든 육아를 나만 감당해야 하나?', '아무도 나를 도와주지 않는다'라는 생각에 서러움과 분노감을 느끼며 부부 싸움이 일어날 때가 많다. 자신을 돕지 않고 자신에게 제대로 된 육아 경험을 제공해주지 못한 부모에 대한 원망감 역시 자주 표현한다. '부모가 날 이렇게 만들었고, 배우자가 날 이렇게 완성했다'는 집착형 부모의 단골 레퍼토리라 할 수 있다.

사랑을 그토록 원했던 아이가 충분한 사랑을 받지 못해 어른이 되어서도 사랑받고 돌봄 받기를 간절히 원한다. 그런 어른이 사랑을 주고 돌봐야 할 아기를 갖게 되었다. 나눌 수 있는 사랑은 조금뿐인데 그걸 다 쓴 어른은 금세 지치며, 배고픈 아기처럼 자신의 부모와 배우자에게 사랑을 수유해달라고 떼를 쓴다. 그렇게 사랑을 수유받아야만 자신의 아기를 돌볼 수 있을 테니까. 이런 면에서 집착형 부모는 좋은 배우자, 좋은 이웃과 친구가 정말로 필요한 사람이며, 만일 사랑과 우정을 나눌 대상만 확보된다면 아기에게도 좋은 돌봄을 제공할 수 있는 사람이기도 하다.

미해결형
어린 시절의 심리적 충격을 담아두다

종숙 씨의 아버지는 직업군인이었는데, 평소에는 괜찮지만 술만 마시면 물건을 던지고 아내를 때리는 등 주사가 심했다. 몸이 약했던 엄마는 아버지의 폭력에 시달리고 나면 며칠 동안 앓아누웠고 점점 허약해진 엄마는 종숙 씨가 중학교 3학년 때 세상을 떠났다. 만딸인 종숙 씨는 그때부터 집안일과 동생들 뒤치다꺼리를 도맡아 했고, 아버지의 주사까지 받아주어야 했다. 술에 취해 아내가 보고 싶다고 주정을 하고, 잘해주지 못해 미안하다고 울부짖는 아버지를 보면 안쓰러운 마음도 들었으나 정신을 차리지 못하고 계속 술을 마시는 아버지가 밉기도 했다.

그녀는 이런 자신의 어린 시절을 이야기하는 동안 울다가 웃다가, 화를 냈다가 체념했다가 하는 식의 매우 극심한 감정 기복을 드러냈다. 폭력을 일삼던 아버지에 대해 분노하다가도, 아버지가 그렇게 된 것은 진급이 잘 안 되었기 때문이라면서 갑자기 군인 세계의 비리에 대해 열변을 토했다. 돌아가신 엄마에 대해 애틋한 감정을 내비치다가도 나약하기만 했던 생전 모습에 실망감을 표현했으며, 아버지에 대한 미움을 드러내다가 "난 그렇게 살지는 않을 거예요"라고 하면서 갑자기 남편 이야기를 하기도 했다.

아이의 애착 유형 분류 중 '불안정-와해·혼돈형 애착'이 아동 학대를 당한 경우에서 많이 발견되는 것과 마찬가지로, 어른의 경우에도 미해결형의 애착 경험을 가진 사람은 어려서 학대를 당했거나 부모를 일찍 여의었거나 버림받은 경우, 또는 그 밖의 심리적 충격을 받을 만한 사건을 경험한 경우에 자주 발견된다. 종숙 씨처럼 어릴 적 부모의 폭력이나 사별 등 커다란 심리적 충격을 받은 사람들은 어른이 되어서도 이런 충격에서 벗어나지 못해 힘들어하고 혼란스러운 모습을 보인다. 따라서 자신을 괴롭혔던 사건에 대해 이야기할 때도 이랬다저랬다 하며 일관성이 없고, 주제에서 벗어난 이야기를 하는 등 정신을 다른 곳에 놓아둔 사람처럼 행동하는 경우가 많다. 과거의 문제를 현재까지 해결하지 못했으니 이렇게 갈팡질팡하는 것이다.

어릴 적 문제를 해결하지 못한 사람은 부모가 되어 아이를 키울 때도 명확한 지침을 갖지 못해 일관성 없는 양육을 하기 쉽다. 과거의 큰 문제를 해결하지 못하고 마음이 혼란스러워서 매일 처리해야 하는 사소한 육아 문제도 잘 해결하지 못하는 것이다. 그러다 보니 이런 부모 밑에서 자란 아이는 불안정과 혼란을 느끼게 되며, 그 결과 '불안정-와해·혼돈형 애착'을 나타낼 가능성이 매우 높다.

아이를 상담하면서 부모의 애착에 관한 심리 상태를 살펴보는 이유는 이를 통해 자녀와 맺게 될 애착 관계를 추정해볼 수 있기 때문이다. 피터 포나기(Peter Fonagy)와 그의 동료들은 부모 자신의 내적 작동 모델이 자녀와의 애착에 미치는 영향에 대해 매우 흥미로운 연구 결과를 밝혀냈다. 영국의 임산부들을 대상으로 실시한 연구에서 연구자들은 엄마의 애착 관계 및 내적 작동 모델을 토대로 앞으로 태어날 아기와 엄마의 애착 관계를 75퍼센트 정도 정확하게 예측할 수 있다고 주장하였다. 캐나다, 독일, 네덜란드, 미국에서 수행된 연구들도 이와 유사한 결과를 보고했는데, 피실험자 중 60~70퍼센트에게서 엄마와 아이의 내적 작동 모델이 일치한다는 결과가 나온 것이다.

이러한 연구 결과를 보면 '자율형'에 속한 엄마의 대부분은 자녀와도 안정적인 애착 관계를 형성했으나, '배척형' 또는 '집착형'으로 분류된 엄마의 상당수는 자녀와도 불안정한 애착 관계를 맺는다는 것을 알 수 있다. 좀더 구체적으로 분류하면 '배척형' 엄마의 자녀는 '회피적' 애착을, '집착형' 엄마의 자녀는 '저항적' 애착을 형성할 확률이 매우 높다.

이런 연구 결과는 우리에게 중요한 메시지를 전해준다. 바로 '대물림의 악순환'이다. 불안정한 애착 패턴, 즉 손상된 부모와 자녀 관계가 대물림되어 세대에서 세대로 이어진다는 사실이다. 굉장히 무섭기도 하고 무력감도 느껴지는 결과지만, 한편으로는 나쁜 애착 패턴을 대물림하지 않기 위해 필사적으로 노력해야 한다는 절박감을 느끼게 한다. 그 방법을 알면 악순환의 고리를 절단해낼 수 있다. 아이에게 정신적 고통을 대물림해주는 대신에 안전감, 긍정적인 내적 작동 모델, 자기 성찰 능력과 같은 멋지고 아름다운 유산을 대물림해주는 일을 바로 지금, 당신이 시작할 수 있다는 것을 기억하자.

애착 경험은
연인·부부 관계에도 영향을 미친다

　애착 경험은 대인 관계, 특히 연인이나 부부 관계, 부모 자녀 관계와 같은 친밀한 대인 관계에 지대한 영향을 미친다. 성인은 부모가 되기 전에 먼저 연인이나 부부가 되는데, 어떤 사람에게 이끌리고 선택하는 과정에도 애착의 원리가 작동한다. 만일 이 책을 미혼자가 읽는다면 현재 연인과의 관계에 대해 숙고해보는 기회가 될 수 있으며, 미래의 배우자를 선택하는 데도 큰 도움이 될 것이다.
　애착 유형 중 미해결형은 가장 적은 비중을 차지하지만 가장 골치 아픈 경우이기 때문에 이를 제외한 자율형, 배척형, 집착형 애착 유형을 중심으로 살펴보도록 하자. 배척형, 다른 말로 회피형이라고 할 수 있는 이 애착 유형은 친밀한 관계를 불편해하기 때문에 배척형끼리 연인 관계로 발전할 가능성은 매우 적다. 하룻밤 풋사랑은 가능하겠지만 서로에 대해 호감이 생기기 시작하면 왠지 모를 불안감이 엄습하면서 자연스럽게 멀어질 것이기 때문이다. 배척형이 결혼을 하게 된다면 아마도 배우자는 집착형일 가능성이 매우 높다. 집착형은 늘 사랑을 요구하고 버림을 받을지라도 사랑하는 대상의 주위를 맴돌며 끊임없이 관계를 추구하며 매달리기 때문에 배척형의 파트너라도 쉽게 놔주지 않을 것이다.

만일 여자가 배척형이고 남자가 집착형이라고 상상해보자. 배척형의 여자는 왠지 차가워 보이며 신비스럽게 느껴질 수 있다. 다른 여자들처럼 남자의 관심을 얻으려고 애쓰지도 않고, 애정에 연연해하지도 않으며 상당히 쿨하게 보인다. 그러므로 집착형의 남자는 이런 여자에게 금세 호감을 느낀다. 두세 번의 만남은 그야말로 신선하다. 남자에게 의존하기보다는 독립적인 삶을 추구하는 이 신여성에게 남자는 왠지 든든함을 느끼며 함께 있고 싶어진다.

하지만 비극은 이때부터 시작된다. 집착형의 남자가 배척형의 여자에게 사랑과 관심을 구하고 함께하는 시간을 요구하면서 여자의 태도는 변하게 된다. 여자는 "왜 이리 질척거려?"와 같은 반응을 보이며 남자에게 "난 아직 어느 누구에게도 구속되고 싶지 않다", "좋은 친구로 지냈으면 좋겠다"는 말부터 "만날 친구도 없냐?", "의처증 있냐?", "난 당신을 결혼 상대로는 생각해본 적이 없다"와 같은 모욕적인 말을 하기도 한다.

남자는 굴욕감을 느끼지만 거절당하면 당할수록 여자에게 온갖 선물을 안기며 더욱더 집착하게 된다. 여자가 별 반응이 없으면 남자는 여자에게 쓸쓸한 겨울 바다 사진을 전송하며 '잘 살아라'라는 애매모호한 메시지를 남긴다. 그러고는 카카오톡의 상태 메시지를 '겨울 바다는 차가울까?'라고 고친 후 휴대폰의 전원을 끄고 잠적한다. 한 달 후, 남자는 수척해진 모습으로 여자 앞에 나타나 별짓 다 해봤는데 도저히 너를 잊을 수가 없었다고 말한다. 여자는 남자를 안쓰럽게 바라보며 "걱정했어. 그래도 그냥 친구로 지내자. 난 부담갖기 싫어"라고 말한다. 남자는 이 순간만큼은 여자 옆에 있는 것만으로도 행복하다. 그래도 그녀가 자신을 걱정했다는 사실에 희망을 발견하기도 한다.

   하지만 며칠이 지나면 남자는 다시 불행해지기 시작한다. '도대체 나는 이 여자에게 어떤 존재인가'라는 깊은 회의를 품으며, 동시에 여자가 다른 남자와 사랑에 빠진 것은 아닌지 걱정된다. 남자는 여자를 붙들어 둘 만한 재력과 학력이 부족한 것에 대해 스스로를 자책하며, 심지어 부모를 원망하기도 한다. 시름시름 앓고 있는 남자에게 여자는 다음과 같은 한마디를 남기며 이별을 고한다. "당신같이 나약하고 의존적인 사람에게 내 인생을 맡길 순 없어! 좀더 독립적이며 강해지기를 바라!"

   배척형과 집착형은 그들의 애착 경험을 통해 형성된 내적 작동 모델부터가 상극이기 때문에 만일 그들이 서로 이끌려 사랑을 하게 된다고 하더라도 비극으로 끝나게 될 가능성이 높다. 배척형의 내적 작동 모델은 '나는 옳지만 당신은 옳지 않다'에 근거한다. 그들은 자신들을 돌봐주지 않거나 핍박하는 애착 대상을 가졌고, 그 결과 애착 대상은 옳지 못하며 위험한 존재라고 생각한다. 그러한 애착 대상에게 기대하고 의존하기보다는 스스로 문제를 해결하는 것이 훨씬 갈등을 줄이는 일이라고 믿는다. 이러한 내적 작동 모델은 연인 사이와 같은 친밀한 관계에 고스란히 옮겨져 사랑하는 사람을 염려하거나 그 사람에게 자신의 감정을 토로하거나 의존하지 못한 채 정서적인 거리를 늘 두고 산다. 상대에게 매력을 느끼더라도 배척형의 사람에게는 '가까이 가면 상처받을 수 있고 위험할 수 있다'는 생각이 늘 자리하고 있기 때문에 상대에게 이끌리는 자신의 감정을 일시적이거나 하찮은 것으로 평가하면서 상대가 자신을 멀리하도록 모진 말을 하거나 냉담하게 굴기도 한다. 결국 이들의 관계는 파국으로 치달을 것이며 배척형의 사람은 '결국 이럴 줄 알았어. 관계는 늘 이런 식으로 끝나게 되지. 이 세상에 나를 진심으로 걱정하고 사랑해주는 사람은 없어'라고 결론짓게 된다.

집착형의 사람은 '나는 옳지 않지만 당신은 옳다'라는 내적 작동 모델을 갖는다. 상대가 자신을 행복하게 해줄 것이라 믿기 때문에 연인 관계에서도 파트너에게 지나치게 몰두하기 쉽다. 파트너의 기분과 행동에 예민하게 반응하며, 그가 자신을 사랑하는지를 끊임없이 확인하며 늘 그와 함께하고자 애쓴다. 이 때문에 종종 상대로부터 무시당하며 더욱 더 자신은 유능하지 못하다는 생각을 다지게 된다.

그렇다면 배척형과 집착형은 어떤 배우자를 만나야 할까? 말할 필요도 없이 안정형 애착 유형의 사람을 만나야 한다. 안정형 애착의 내적 작동 모델은 '나도 옳고, 당신도 옳다'이다. 이들은 파트너의 행동에 지나치게 간섭하지도 않지만 그렇다고 무시하지도 않는다. 필요할 때는 파트너의 감정과 사고, 행동을 격려해준다. 안정형의 사람은 관계를 밀고 당기는 것을 좋아하지 않기 때문에 특히 집착형의 사람에게 큰 안정감을 준다. 안정형의 사람들이 지니고 있는 친밀감과 편안함, 그리고 세상을 긍정적으로 보는 시각 등이 애착이 불안정한 사람들까지도 편안하게 만들어주는 마법을 이루어낸다. 강한 개성이 매력적으로 비춰지는 자극적인 현대 사회에서는 안정형의 사람들은 밋밋하거나 별 재미가 없는 사람으로 보일 수도 있다. 하지만 결혼 생활 내내 롤러코스터를 타는 기분을 느끼고 싶지 않다면 안정형의 배우자를 찾아야 한다. 만일 자신이 불안정한 애착의 소유자라면 더욱 그렇다. 안정형의 배우자는 나를 안정형 애착으로 다시 태어나게 해줄 것이기 때문이다.

만일 이 책을 읽고 있는 당신이 결혼을 했고, 당신이나 배우자가 불안정한 애착이라고 판단되면 어떻게 해야 할까? 그렇다면 당신부터 안정형 애착 유형을 가진 사람이 사용하는 전략을 배우고 실행해보자. 연습을 통해 당신 자신이 안정형 애착으로 변화할 수 있으며, 배우자 또한 변화시킬 수 있을 것이다. 다음은 정신과 의사인 아미르 레빈(Amir Levin)과 심리학자인 레이첼 헬러(Rachel Heller)가 쓴『그들이 그렇게 연애하는 까닭』에서 제시한 안정형 애착의 원리이다. 이 원리를 따라서 노력해보자. 처음에는 서툴고 어렵겠지만 싸우고 울고 도망가는 것보다는 훨씬 좋고 효과적인 방법이다.

♥ 안정형 애착 원리

1 파트너가 원할 때 곁에 있어줄 것
2 간섭하지 말 것
3 격려해줄 것
4 효과적으로 의사소통할 것
5 밀고 당기기를 하지 말 것
6 파트너의 행복에 책임감을 느낄 것
7 솔직하게 행동할 것(용감하고 정직하게 상대방을 대할 것)
8 직면한 문제에 집중할 것
9 싸우는 도중 갈등의 원인이나 서로의 행동을 일반화하지 말 것
10 산불로 번지기 전에 불씨를 끌 것(파트너의 기분이 더 상하기 전에 주의를 기울일 것)

아미르 레빈, 레이첼 헬러 『그들이 그렇게 연애하는 까닭』, RHK

부모는 아이의
거울이다

여덟 살짜리 남자아이 현수는 부유한 가정의 첫째였다. 하지만 어릴 때부터 빈번히 아빠에게 신체적·언어적 학대를 당했는데, 이런 이유로 충동적이고 공격적이며 산만한 행동을 보여 상담센터를 찾았다. 처음에 만난 현수는 작은 실수나 잘못에도 움츠러들어 "잘못했어요"라고 말하며 바들바들 떨었다. 그러다 내가 자신을 야단치지 않는다는 것을 알게 된 후에는 만날 때마다 식당에서 얻은 박하사탕을 치료실 구석에 숨겨놓고 가고는 했다. 또한 수시로 "선생님은 날 좋아하지요?"라고 물어보고 그렇다고 말해주면 행복해했다.

현수는 정말로 사랑스럽고 선한 아이였지만 아빠의 매는 멈추지 않았다. 아이 아빠는 현수를 때릴 핑계를 찾는 사람 같았다. 아빠가 텔레비전 뉴스를 보는 동안 현수가 동생과 장난을 치며 떠들면 "네가 시끄럽게 굴어서 뉴스를 듣지 못했다"며 때렸고, 아이들이 잠잠해지면 아빠는 텔레비전의 볼륨을 최대한 줄여놓고는 현수가 소리 내기를 기다렸다 또 때렸다.

학대받은 아이가 자라 학대하는 부모가 된다

현수의 아빠도 어린 시절 자신의 아버지에게 맞고 자랐다. 큰 회사를 경영하던 아버지는 사업에 문제가 생기면 집에 와서 아내와 아들에게 화풀이를 하고는 했다. 마시던 술잔을 아들에게 던져서 피가 난 적도 있었고, 사소한 일로도 꼬투리를 잡아 화를 내고 폭언을 퍼부었다. 그 밑에서 기가 죽어 지내던 아들은 친구도, 애인도 사귀지 못했고 직장도 얻지 못했다. 그러다가 나이가 차고 선을 봐서 현수 엄마와 결혼했는데 지금의 집과 자동차, 은행 예금도 모두 아버지가 마련해준 것이었다.

이 과정에서 현수 아빠는 아버지에게 '무능한 놈, 아무짝에도 쓸모없는 놈, 평생 부모 피만 빨아먹고 살 놈'이라며 견디기 힘든 무시를 당해야 했다. 넓은 집과 고급 외제차, 그리고 많은 돈을 가졌지만 이 모든 것은 아버지의 이름으로 되어 있고 자신의 것은 하나도 없었다. 아내 역시 남편보다는 시부모의 비위를 맞추는 데 급급했고,

아버지는 아들이 보는 앞에서 아내에게 "네가 저놈을 보살펴야 한다"는 말까지 했다.

그러다 현수가 태어났는데, 아버지는 처음 본 손자를 끔찍하게 아꼈다. 항상 "너는 네 아비처럼 되지 마라"는 말을 하면서 현수 앞에서는 끔뻑 죽는 시늉까지 했다. 그 모습에 아들은 분노했고, 현수는 그 후로 아주 작은 실수나 잘못에도 매를 맞아야 했다. 현수 아빠는 말리는 아내를 밀치면서 "잘못했으면 매를 맞아야 하는 거야. 그래야 정신을 차리지"라고 했는데, 이 말은 현수의 할아버지가 자주 쓰던 말이기도 했다.

하루는 가족이 모두 모여 외식을 하는데 현수가 돌아다니다가 물컵을 엎질렀고, 현수 아빠는 아버지가 보는 앞에서 아이를 때렸다. 아버지는 아들을 말렸으나 아들은 아버지에게 눈을 부릅뜨며 대들었고 집에 돌아와서도 현수 앞에서 자신을 나무란 아버지를 떠올리며 한참을 씩씩거렸다. 일주일 후 아들네 집을 찾아온 아버지와 어머니는 집 안에도 들어오지 못하고 쫓겨났다. 아들이 골프채를 휘두르며 집에 들어오면 죽이겠다고 협박하다가 야단치는 아버지를 때려 결국 다치게 하는 사고가 발생했기 때문이다.

그 후에도 몇 차례 매우 심각한 갈등이 일어났고, 결국 현수 아빠는 정신병원에 강제로 입원을 당했으며, 현수와 엄마는 중국으로 도피성 유학을 떠나게 되었다. 현수는 아빠한테서 벗어날 수 있다는 사실에 안도감을 느꼈지만 한편으로는 아빠가 나중에라도 쫓아와서 복수하면 어쩌나 하는 불안감과 그동안 귀에 못이 박히게 들었던 "네가 잘못했으니까"라는 말 때문에 죄책감으로 괴로워했다. 이처럼 비극적인 결말을 맺은 현수네 이야기는 어린 시절의 경험이 부모 역할에 얼마나 큰 영향을 미치는지를 알려준다.

자녀와의 애착 형성에서 가장 결정적인 역할을 담당하는 요소는 바로 부모 자신이 어떤 애착을 경험했는가 하는 것이다. 애착 이론의 창시자인 존 볼비의 말처럼 사람들은 자신이 대우받은 대로 다른 사람을 대하는 경향이 있으므로 대부분의 부모는 자신이 받았던 양육을 자녀에게 그대로 제공한다. 이런 이유로 '학대받은 아이가 커서 학대하는 부모가 된다'라는 말이 생기기도 한 것이다. 실제로 많은 사례에서 자신이 그토록 싫어했던 부모의 행동을 아이에게 그대로 하는 부모들을 볼 수 있다.

아이는 부모의 부정적인 면을 먼저 배운다

'부모는 아이의 거울'이라는 말처럼 아이는 부모의 말투, 행동, 가치관이나 신념까지 모두 보고 배우며 따라 한다. 그런데 놀라운 것은 아이는 특히 부모의 병리적인 부분, 부모의 부정적인 측면을 더 따라 하는 경향이 있다는 점이다. 이것을 심리학 용어로 '공격자와의 동일시'라고 한다. 원래 동일시란 자신이 모방하고자 하는 다른 사람을 자신의 일부로 통합하는 현상인데, 흔히 볼 수 있는 예로 자신이 좋아하는 아이돌 그룹과 자신을 동일시하는 10대 아이들을 들 수 있다. 만일 '엑소'를 좋아한다면 그들의 옷차림과 말투를 따라 하고, 누가 그들에 대해 욕하면 마치 자신이 욕을 먹은 것처럼 흥분하고 싸우기까지 한다. '공격자와의 동일시'란 이런 동일시의 원리와 유사하지만, 자신이 좋아하는 대상이 아니라 자신을 공격했던 대상의 행동이나 가치관 등을 자신의 것으로 삼는다는 점에서 차이가 있다.

공격자와 자신을 동일시하게 되면 겁에 질려 있던 사람, 당하기만 하던 사람에서 다른 사람을 겁주고 위협하는 사람으로 변신할 수 있다. 왕따를 당했던 아이가 왕따의 가해자가 되거나, 군대에서 모진 선임병에게 온갖 구박을 당했던 후임병이 나중에 악독한 선임병이 되는 것, 그리고 학대받았던 아이가 학대하는 부모가 되는 것 등은 모두 '공격자와의 동일시' 과정을 거쳐 이루어지는 것이다.

물론 한두 번의 부정적인 경험만으로 이렇게 되는 것은 아니지만 강한 두려움을 느끼면 일시적으로도 '공격자와의 동일시'를 보일 수 있다. 특히 아이는 공격을 받았을 때 느끼는 불안의 강도가 어른보다 심하기 때문에 '공격자와의 동일시'가 더 쉽게 나타난다.

속눈썹이 자꾸 눈을 찌르는 문제 때문에 반복적으로 안과에 가서 속눈썹을 뽑는 시술을 받게 된 여섯 살 남자아이가 있었다. 뾰족한 핀셋이 눈 가까이 다가오면 어른도 무서울 텐데 겁이 많은 아이가 이런 시술을 받아야 하니, 매번 몹시 두려워하고 저항이 심했다.

안과에 갈 때마다 억지로 끌려간 아이는 침대에 몸이 묶인 채 강제로 속눈썹을 뽑혀야 했다. 이런 일이 서너 차례 일어난 후부터 아이는 뾰족한 것만 보면 집어 들고 다른 사람의 눈을 찌르려는 행동을 했다. 그러다가 이런 행동이 점점 심해져 상담을 받게 되었다.

이 경우도 아이가 피해자에서 가해자로 전환된 '공격자와의 동일시'에 해당한다. 다행히 이 아이의 경우 병원 치료는 일시적인 사건이었기 때문에 놀이 치료를 통해 불안을 완화시키고 즐거운 경험을 하며 강제적으로 속눈썹 뽑는 일을 중단하자 공격적인 행동이 사라졌다. 하지만 불안과 공포를 야기하는 일이 지속적으로 일어났다면 아이의 공격적인 행동은 꽤 오랫동안 이어졌을 것이다.

이런 점에서 어렸을 때 양육자와의 관계에서 불안을 야기할 만한 경험이 지속적으로 반복되면 부모가 되어서도 자신의 자녀를 똑같이 학대하거나 방치하는 등 매우 나쁜 방식으로 불안한 관계를 만들어간다. 즉 반복적인 부정적 경험으로 말미암아 생긴 '공격자와의 동일시'가 고착되어 본인 성격의 일부가 되어버리는 것이다.

아빠와 아이의 애착도 중요하다

    1975년 아동발달학자 마이클 램(Michael Lamb)은 아빠를 '아동 발달의 잊혀진 기여자'라고 묘사했다. 이 책에서도 대부분의 이야기가 엄마에게 초점이 맞춰져 있다는 점을 생각할 때 아동 발달에 있어 아빠가 엄마에 비해 뒤편에 밀려나 있는 것은 40여 년이 지난 지금도 매한가지인 것 같다. 최근 들어 텔레비전의 여러 예능 프로그램에서 아빠의 육아를 다루면서 관심이 높아진 것은 사실이지만 여전히 육아에서 아빠의 역할은 한시적이며 엄마가 더 위대하고 결정적인 양육자이자 애착 대상으로 숭배된다. 하지만 사실 아빠는 엄마가 할 수 있는 육아의 모든 것들을 할 수 있는 존재이며, 엄마 역시 마찬가지이다.

    만일 아빠가 양육에 대해 긍정적인 태도를 갖고 있고, 아이와 많은 시간을 보내는 민감한 양육자라면 대부분의 아이들은 아빠와 안정적인 애착을 형성한다. 특히 아빠는 아이에게 놀이 친구로 인기가 높은 편인데, 엄마에 비해 좀더 흥분되고 예측이 어려운 신체 놀이를 많이 하여 대부분의 아이는 아빠와의 놀이를 좋아한다. 아빠와의 놀이 경험은 이후 아이의 교우 관계와 감정 조절 능력 발달에 긍정적인 영향을 미친다. 아빠와 안정적인 애착을 형성한다면 엄마와 불안정한 애착을 맺었더라도 그 영향을 최소화시키는 데 큰 도움이 된다.

아빠와 아기가 안정적인 애착을 형성하기 위해서는 엄마의 역할이 매우 중요하다. 만일 아빠가 행복한 결혼 생활을 유지하며 아내로부터 아빠의 역할을 격려받고 있다면, 아빠는 아이를 호의적으로 대하며 아이에게 집중하게 된다. 그러므로 남편이 서투르게 아기를 안더라도 타박하지 말고 그러한 남편의 노력을 알아주어야 한다. 가령 아빠의 장난에 아기가 눈을 동그랗게 뜨고 바라본다면 그 모습을 남편에게 긍정적으로 표현해주는 것이다. "쟤 좀 봐! 당신이 하는 게 신기한가 봐. 눈도 깜빡 안 하고 쳐다보네. 당신이 하는 장난을 정말 재밌어 하네!" 같은 센스 있는 말 한마디가 엄마의 육아를 좀더 수월하게 만들어주고, 아기와 아빠의 애착 형성에도 도움이 된다.

잘 키우고 싶은데
뜻대로 되지 않는 이유,
요람의 유령

미국 샌프란시스코 캘리포니아 대학교 정신과와 소아과 교수였던 셀마 프레이버그(Selma Fraiberg)는 1975년 미국 소아정신의학 저널에 『요람의 유령(Ghosts in the nursery)』이라는 논문을 발표했다. 이 논문은 영아 대상 정신 건강 프로그램을 통해 얻은 결과를 토대로 부모가 어린 시절 경험한 고통이 그대로 자녀에게 전달된다는 사실을 증명했다. 프레이버그는 어른이 아동기에 경험한 고통, 즉 부모와의 애착 관계가 단절되거나 불안전한 애착으로 야기된 고통을 유령으로 비유했다. 이런 고통은 의식에서 사라져 현재는 생각나지 않지만 여전히 자녀를 대하는 행동에 부정적인 영향을 주고, 부모의 이런 부적절한 행동은 자녀의 성격 발달에 나쁜 영향을 주는 대물림의 악순환으로 이어진다.

> 아이가 세상에 태어나는 순간부터 부모의 강박적 과거가 비극적인 가정의 아이를 짓누른다. 이런 가정의 부모들은 자신이 어린 시절 겪었던 비극을 자기 아이에게 정확하게 똑같이 반복하는 죄를 짓는다.
> ― 셀마 프레이버그, 『생후 1년간 영아의 정신 건강에 대한 임상적 연구』, 1980

많은 부모가 아이를 사랑한다고 말하고, 잘 키우고 싶다고 생각하면서도 욕설을 퍼붓거나 비난하고 매질을 하는 것은 바로 이런 유령 때문이다. 영화를 보면 귀신이나 유령은 어둠의 편에 속하므로 환한 대낮이나 마음이 평온할 때는 별 영향력을 발휘하지 못한다. 하지만 어둠이 밀려오고 마음이 불안하거나 혼란스러울 때는 이런 유령들이 활개를 친다.

요람의 유령도 마찬가지다. 부모의 기분이 좋고, 아이도 부모를 귀찮게 하지 않을 때는 평화가 유지되지만 부모가 스트레스를 받거나 아이가 부모에게 뭔가 요구하며 성가시게 굴 때는 스멀스멀 요람의 유령이 고개를 든다. 자신의 부모가 스트레스 상황에서 자신에게 한 것처럼 도움을 청하는 아이를 거부하거나, 온갖 짜증을 내면서 부탁을 들어주거나 야단을 친다. 유령에게 조종당할 때의 사람이 제정신이 아닌 것처럼 아이에게 화를 내고 신경질을 낼 때의 부모도 제정신이 아니다. 미친 듯이 욕설을 퍼붓고, 화를 내고, 아이를 내 버려두다가 시간이 지나 제정신을 차리면 자기 자신이 밉고, 자신을 나쁜 사람으로 만든 아이도 밉고, 자신을 말려주거나 도와주지 않은 배우자도 밉다. 정작 미워하고 내다 버려야 할 것은 자신의 마음속 깊이 자리 잡은 유령인데 이 존재를 깨닫지 못하니 계속 주변 사람들을 탓하고, 자신을 미워하는 것이다.

부모의 부모, 그 부모로 거슬러 올라가는 '요람의 유령'

셀마 프레이버그는 아이에게 상처를 주는 부모는 스스로 기억할 수 없을지라도 어렸을 때 고통을 겪은 사람이라고 했다. 즉 부모 또한 부모와 자녀 관계에서 안정적인 애착 경험을 하지 못한 피해자였다는 것이다. 하지만 자신이 부모가 되어서는 자녀에게 안정적인 애착 경험을 주지 못하는 가해자가 되어버렸다. 공격자였던 부모를 자신과 동일시하고, 자신에게 고통과 불안이라는 부정적인 정서와 경험을 안겨준 부모의 나쁜 측면을 그대로 답습해 본인 역시 자녀에게 부정적인 경험을 되돌려주는 것이다.

이런 과정을 생각하면 자녀와 안정적인 애착을 형성하지 못하는 책임은 부모의 부모, 또 그 부모에게로 거슬러 올라가 물어야 한다. 하지만 타임머신이라도 있으면 모를까 과거로 거슬러 올라갈 수도 없고, 이제 와서 부모에게 '왜 나를 이렇게 키웠느냐'고 원망해봤자 달라질 수 있는 것도 없다. 이미 어른이 된 지금, 부모와의 관계에서 잘못 묶인 매듭을 풀 수 있는 것은 본인 자신뿐이다.

대인기피증으로 온종일 자기 방에서 나오지 않고 지내는 스물네 살의 여성이 있었다. 그녀는 각종 심리학 도서를 독파해 웬만한 심리학자 못지않은 지식을 자랑했다. 하지만 그런 열정은 자신을 이렇게 만든 부모의 잘못을 확인하고 증거를 찾기 위한 것이었다. 이 여성은 부모의 행동을 하나하나 열거하고 자신이 왜 부모를 비난할 수밖에 없는지, 부모가 자신을 어떻게 망가뜨렸는지 말하면서 이렇게 살 수밖에 없는 자신의 인생을 한탄했다.

물론 그 말에 틀린 데는 없었지만 그녀는 매우 중요한 한 가지 사실을 놓치고 있었다. 과거의 상처에만 연연해 더 많은 시간이 남아 있는 현재와 미래를 놓아버린 것이다. 과거에 상처를 받았던 것은 분명하지만 상처를 낸 사람만 원망하다가 상처를 더 곪게 만들었다. 상처를 낸 사람은 아직도 "그까짓 게 뭐 대단한 상처냐?"며 신경도 쓰지 않는데, 계속 그 옆에서 아프다며 조르고 있으면 상처만 더 심해지기 마련이다. 스스로 자신의 상처를 소독하거나, 도와줄 수 있는 다른 사람을 찾는 것이 더 현명한 일인데 말이다.

고통의 대물림, 그 악순환을 끊어라

주위를 둘러보면 어려서 부모에게 버림받고, 매질을 당하며 살아왔어도 자신의 인생을 소중히 꾸려가며 자녀를 건강하게 키우는 사람이 많다. 힘들고 고달팠던 과거에도 아랑곳없이 여전히 삶에 대한 희망을 버리지 않고, 아이를 잘 키우려고 애쓰는 이런 사람들은 어떻게 '요람의 유령'을 피할 수 있었던 것일까? 내 아이에게 자신과 같은 끔찍한 유년 시절과 마음의 상처를 물려주고 싶은 부모가 어디 있을까. 그들은 부모가 된 이상 계속 과거만을 탓하고 살 수는 없다는 것을 깨달았기 때문이다.

지금도 시간은 계속 흘러간다. 과거에 상처받았다고 지금도 내일도 상처 입은 채 살아갈 수는 없는 노릇이다. 치유를 위한 시간을 갖고, 말끔히 치유되어 빛나고 생기 있는 시간을 살아가야만 한다. 상처 입은 과거가 있다면 앞으로의 시간은 더더욱 행복하게 꾸려나가야만 한다. 고통의 대물림, 그 악순환을 끊을 수 있는 방법은 생각보다 가까운 데 있다. 그리고 내가 그 주인공이 될 수 있다.

잘못된 애착의 대물림, 악순환을 끊는 방법

부모와 좋은 애착을 형성했더라면 굳이 자녀교육서를 들춰보지 않아도 아이를 키우는 일이 수월할 것이다. 하지만 그렇지 못하더라도 지금 책을 보며 공부하거나 주변에 물어가며 아이를 잘 키우려 노력하는 사람이라면 아무리 끔찍한 경험이라도 이겨낼 수 있다. 이런저런 이유로 부모와 좋은 애착을 맺지 못했다 하더라도 절망만 하고 있을 수는 없다. 쉽지는 않겠지만 이제라도 자신과 타인, 세상과 좋은 관계를 맺을 수 있고 아이와도 안정적인 애착을 형성할 수 있으며, 무시무시한 정신적 고통의 대물림도 끊을 수 있다. 그리고 내 아이에게 좋은 부모가 되어줄 수 있다. 좋은 부모가 되는 노력, 이렇게 시작해보자.

긍정적인 대인 관계를 많이 형성하라

어려서 자신의 부모와 안정적인 애착을 형성하지 못했을 때 가장 타격을 받는 부분은 신뢰감이다. 다른 말로 안전감이라고도 하는데, 자신을 돌봐주고 보호해주는 어른이 없을 때 아이는 자신과 타인, 그리고 세상에 대해 불신감과 불안전감을 느낀다. 어른이 되어서도 이런 불신감은 지속되어 주변 사람들을 잘 믿지 못하고, 대인 관계가 좁아져 필요할 때 도움을 얻을 만한 사람이 주변에 없다. 아이를 키우다 보면 예기치 못한 일이 일어나기도 하는데, 이때 도와줄 사람이 없으면 육아가 힘들어져 괜히 아이에게 짜증을 내고 아이와의 관계만 나빠진다.

배우자나 친척은 가장 쉽게 이용할 수 있는 인적자원이므로 이들을 잘 이용하는 것이 중요하다. 각각의 사람은 저마다의 장점이 있다. 어떤 사람은 일은 굼뜨지만 마음을 잘 헤아려주기도 하고, 어떤 사람은 무뚝뚝하지만 궂은일을 마다하지 않고 도와주기도 한다. 남편이 섬세하지는 못해도 시키는 일은 책임감 있게 해낸다면 아이와 놀아주거나 집안일을 거들어달라고 부탁해볼 수 있다. 대신 답답한 마음은 자신의 마음을 잘 읽어주는 옆집 아주머니에게 푸는 것이다.

어려서 안정적인 애착 경험이 부족한 사람은 한 사람에게 너무 많은 것을 바라는 경향이 있다. 이 유형의 대인 관계는 매우 좁아서 주로 배우자에게서 모든 것을 다 얻으려고 한다. 하지만 모든 면에서 완벽한 상대는 없다. 배우자에게 너무 많은 것을 바라며 늘 부족하다고 투정을 부리면 배우자도 지치고 화가 나서 관계를 포기하게 된다. 이렇게 되면 또 사람에 대한 불신감이 생기고, 나만 더욱 불행해질 뿐이다. '바랄 것을 바라라. 안 되는 것은 과감히 포기하라'는 것이 평소 나의 지론이다. 상대방이 노력해도 잘 안 되는 것을 끊임없이 요구하고 불만스러워하기보다는 상대방이 잘하는 것에 집중하고, 이에 대해 고마워하고 칭찬해준다면 관계는 더욱 좋아진다.

주변에 도움을 받을 만한 사람이 많으면 많을수록 좋다. 그렇게만 된다면 현실적인 도움도 많이 받을 수 있는 데다 어릴 적 경험하지 못했던 사람에 대한 신뢰감을 다시 쌓는 기회까지 얻는 것이기 때문이다. 이런 대인 관계를 통해 사람들과 친해지고 나누고 함께한다는 것이 얼마나 좋고 따뜻하며 유용한 것인지를 알 수 있으며, 이는 자연스럽게 자녀 양육에도 긍정적인 영향을 미치게 된다.

나쁜 사람과는 만나지 마라

아는 후배는 어려서 엄한 부모 밑에서 기를 펴지 못하고 살았다. 궂은일도 마다하지 않는 착한 심성 때문에 어느 자리를 가더라도 일복이 넘쳐났다. 어떤 사람은 그런 후배에게 고마워하며 칭찬도 해주었지만 어딜 가나 얄미운 사람은 있게 마련이어서 한 선배가 이 후배를 심하게 부려먹었다. 부려먹었으면서도 고마워하기는커녕 작은 실수에도 면박을 주고 마치 제 집 종을 부리는 것처럼 함부로 대했는데, 답답한 것은 이 후배가 아무 소리도 못 하고 그 부당한 대접을 다 감내하는 것이었다. 조용한 자리로 불러내 마음이 어떠냐고 물으니 후배는 눈물까지 흘리며 힘들다고 하소연을 하면서도 어떻게 해볼 도리가 없다며 무력해했다.

그 선배는 늘 비난과 험담을 늘어놓아 다른 사람의 기분을 망치는 '나쁜 사람'이었다. 많은 사람이 이 후배처럼 그 선배에게 상처를 받았지만 이후에는 거리를 두면서 자신을 보호했다. 하지만 마음이 여리기만 한 후배는 자신을 휘두르는 선배의 모습에서 기가 센 부모의 모습을 떠올리며 계속 상처받고 있었던 것이다. 이런 나쁜 대인관계는 잘라내야 한다. 상처만 주고받는 관계는 아무짝에도 쓸모없는 것이기에 계속 유지할 필요가 없다. 나를 비롯한 몇 명이 격려를 해준 끝에 후배는 나쁜 선배와의 주종 관계에서 벗어나 매우 행복해했다.

가끔 주변을 보면 나쁜 인간관계에 얽매어 슬퍼하고 짜증 내며 힘들어하는 사람이 있다. 한두 번의 경험만으로 단정 지어 관계를 단절해버리면 안 되지만 충분히 이해하고 노력해본 후에도 관계에서 불쾌감이 점점 늘어난다면 분명 좋은 관계가 아니다. 좋은 관계란 함께하면서 즐거움과 기쁨, 보람을 느낄 수 있어야 한다.

반면 나쁜 관계는 끊임없이 부정적인 것들로 점철되어 있다. 의심, 배신, 험담, 불만, 짜증 등의 부정적인 감정으로 채워진 관계는 나를 너무 지치게 하고 다른 사람들까지도 점점 더 믿지 못하게 만든다. 결국 불안정한 애착의 연장선으로 작용하며 세상을 불안한 곳으로 느끼게 한다. 이런 관계는 과감하게 끊어버리는 용기가 필요하다. 다행히도 세상에는 나쁜 사람도 있지만 좋은 사람도 많다. 나쁜 관계에 얽히면 자꾸만 주변에 나쁜 사람만 늘어나지만 좋은 사람과 관계를 만들면 그만큼 좋은 사람이 늘어난다.

좋은 사람과 나쁜 사람을 구별하는 방법은 생각보다 쉽다. 좋은 사람들은 좋은 이야기를 많이 한다. 세상과 사람에 대한 긍정적이고 따뜻한 시선을 잃지 않는다. 아픈 것에 동정심을 표하고, 즐거운 일에 같이 기뻐한다. 이에 반해 나쁜 사람들은 나쁜 이야기를 많이 한다. 다른 사람의 불행에 대해 이야기하기를 좋아하고, 좋은 일에서도 나쁜 점을 찾아내 기쁨을 반감시킨다. 좋은 사람과 나쁜 사람을 구별해 좋은 사람과의 만남에 집중해보자. 이러한 사람과 함께하면 세상에 대한 기쁨과 믿음이 늘어날 것이고, 그만큼 아이를 긍정적으로 보고 느낄 수 있는 기회도 많아진다.

세상을 바라보는 시선을 바꿔라

어려서 부모와 불안정한 애착을 형성한 사람은 자신도 모르게 부정적인 내적 작동 모델을 가슴에 품고 있다. 그리고 이런 부정적인 내적 작동 모델은 삶을 더욱 고단하게 만드는 데 일조한다. 육아가 힘들고 귀찮으며 짜증스러운 일로만 느껴지는 것도 이런 부정적인 내적 작동 모델 때문이다. 아이를 보면서 "아유, 짜증 나! 지겨워. 도대체 언제 클 거니?"라고 말하면 그 아이도 자라서 제 자식을 보며 똑같은 말을 내뱉을 것이다. 불안정한 애착 유형뿐만 아니라 부정적인 내적 작동 모델도 대물림된다. 따라서 과거에 불안정한 애착을 경험한 부모라면 자신의 내적 작동 모델을 점검하고 이를 부정적인 것에서 긍정적인 것으로 변화시키기 위해 노력해야 한다.

이를 위해서는 힘들지만 자꾸만 부정적으로 흘러가려는 사고를 멈추고 긍정적인 면을 찾으려 애쓰며, 불평불만 대신에 사소한 것에도 기쁨을 느끼려 노력해야 한다. 우리는 흔히 감정이나 생각을 어쩔 수 없는 것이라 여기지만 느끼고 생각하는 주체는 바로 '나'이므로 노력하면 감정과 사고도 조절할 수 있다. 의식적으로 좋은 쪽으로 생각하고 느끼려 애쓰면 된다.

부정적인 내적 작동 모델의 뿌리는 바로 불신감이기 때문에 이런 내적 작동 모델을 갖고 있는 사람은 좋지도 나쁘지도 않은 중성적인 사실을 대할 때 좋은 쪽보다는 나쁜 쪽으로 생각하기 쉽다. 친구가 "어머, 오늘 너무 예쁘다"라고 말하면 좋아하고 기뻐하기보다는 마음속으로 자신도 모르게 '쟤가 왜 저래? 나한테 뭐 바라는 게 있나?'라며 의심하고 "예쁘긴 뭐가 예뻐? 오늘 화장도 안 하고 나왔는데"라고 말해 분위기를 깨버린다. 부정적인 내적 작동 모델을 지닌 사람은 기쁨보다는 울적함, 호감보다는 비호감에 더 익숙해서 자신의 기쁨뿐만 아니라 다른 사람의 기쁨을 공감하고 나누는 것에도 서툴다. 모두 축하하고 기뻐해주는데 혼자 어두운 표정을 짓고 있다거나 기쁨을 반감시키는 말을 하기도 한다.

대학 시절, 친구 모임에서 유독 비관적이고 우울해하는 친구가 있었다. 그 친구의 아버지가 오랫동안 병석에 누워 있어 마음이 심란해서 그럴 것이라고 이해했지만 자기 자신은 물론 다른 사람의 기분까지 우울하게 만들 때마다 왠지 모르게 불편했다. 하루는 모임의 한 친구가 생일을 맞았다. 친구들이 생일 선물을 주는데, 그때마다 이 친구가 토를 다는 것이었다. "그거 얼마 주고 샀니? 너, 비싸게 주고 샀다. 동대문에서 그거랑 똑같은 걸 훨씬 싸게 파는데"라고 하거나 "너한텐 그 색이 잘 안 어울리는 것 같다"는 식으로 선물을 주는 사람도 받는 사람도 기분이 상할 말을 했다. 일부러 그러는 것 같지는 않았지만, 좋으면 그저 좋아할 수도 있고 기쁘면 신이 나서 폴짝폴짝 뛸 수도 있는 것인데 그러지 못하는 그 친구가 참 안쓰럽게 느껴졌다.

그때는 그런 친구의 행동이 잘 이해되지 않았지만 지금 생각해보면 아마 그 친구는 어렸을 적부터 즐거움을 마음껏 표현할 기회를 갖지 못했기 때문에 그랬을 거라고 짐작된다. 그렇다고 다른 사람의 기분까지 망치는 행동을 어른이 되어서도 계속해서는 안 된다. 쉽게 기쁨을 표현하고 공감하지 못하며, 자꾸 단점이나 불만 사항이 눈에 띈다면 이제까지와는 다른 방법으로 자신을 표현하도록 애써보자.

누군가 자신에게 긍정적인 말을 해주면 괜히 토를 달며 부정하는 대신에 환하게 웃으며 칭찬받는 것을 즐기자. "진짜요? 농담하시는 거 아니에요?"라고 말하는 대신에 "와, 고맙습니다"라고 말하고 그 사람이 나에게 해준 좋은 말을 그대로 믿어야 한다. 다른 사람에게 기쁜 일이 생겼을 때도 함께 기뻐해줄 수 있어야 한다. 그저 밝은 표정으로 "와, 축하해요", "정말 잘됐다"고 말해주는 것만으로도 충분하다. 즐거워지는 것은 다른 사람이 해주는 것이 아니라 나 자신이 느껴야 하는 일이다. 어떤 일 때문에 내가 즐거워지는 것이 아니라, 내가 즐겁게 느끼려고 했을 때 그 일이 즐거움으로 다가오는 것이다.

부정적인 내적 작동 모델을 가진 사람은 다른 사람들이 날 힘들게 하고, 웃지 못하게 한다고 남 탓을 한다. 하지만 사실은 다른 사람의 탓이라기보다 긍정적으로 사고하고 기쁨을 즐기지 못하는 본인의 탓이 더욱 크다. 이런 내적 작동 모델을 지닌 사람과 함께 살아야 하는 배우자와 아이들은 더 힘들다. 뭘 해도 이 사람을 만족시키지 못할 것 같은 무력감, 자책감과 함께 분노까지 느낀다. 아이는 어른인 부모의 비난을 일방적으로 받아야 하므로 주눅이 들고 마음이 비뚤어지고, 배우자와는 잦은 싸움에 휘말려 불화가 늘어난다.

실제로 불행한 어린 시절을 보냈고, 특히 부모와의 관계에서 어려움이 있었던 사람들은 결혼 후에도 심각한 부부 갈등을 겪는 일이 많다. 부부 갈등은 금실이 좋은 다른 부부도 겪는 일이지만, 문제는 그들이 그런 사소한 것을 매우 큰 갈등으로 비약시키는 재주가 있다는 것이다. 그리고 그 이면에는 상대방의 장점을 보지 못하고 단점만 보며 이를 끊임없이 비난하는 잘못된 의사소통 방식과 상호작용이 자리 잡고 있다. 나는 이를 '어찌해도 다 마음에 안 드는' 관계라고 부르는데, 장점은 축소하고 단점만 확대해서 보는 습관 때문에 생기는 것이다. 비록 상대방의 단점이 보이더라도 장점을 더 많이 떠올려 상대방에 대한 긍정적인 관점을 유지하도록 애쓰자. 그리고 나쁜 일 중에서도 그나마 다행스러운 점을 찾아내려는 노력이 나의 하루하루를 즐겁고 희망적으로 만드는 가장 중요한 조건이라는 것을 기억하자.

나에게 행복을 줄 수 있는 일들을 실천에 옮겨라

자라면서 부모에게 적절한 돌봄과 사랑을 받지 못하면 마음속 깊은 곳에 '나는 사랑을 받을 만한 자격이 없는 사람', '나는 행복해질 수 없는 사람'이라는 생각이 자리 잡는다. 이런 이유로 더 이상 행복을 느낄 만한 일을 찾지도 않고, 하지도 않는다. 슬프고 힘들 때 영화라도 보며 기분을 풀자는 친구의 청을 뿌리치고는 집에 웅크리고 앉아 자신을 힘들게 했던 사건을 되새기고 곱씹는다. 이런 사람들에게는 행복이 아주 멀리 있는 것만 같다. 하지만 그토록 찾아다녔던 '파랑새'가 우리 곁에 있었던 것처럼 조금만 눈을 크게 뜨면 나를 행복하게 만들어줄 수 있는 많은 일이 아주 가까이에 있다.

■ 먹는 즐거움을 느껴라

사람들은 때론 맛있는 음식을 먹기 위해 비싼 돈을 치르기도 하고 먼 길을 마다 않은 채 달려가기도 한다. 음식을 먹는 분위기도 매우 중요하다. 예쁜 그릇에 알맞게 담긴 음식과 정갈한 식탁은 자신이 중요하고 특별한 사람이라고 느끼게 해준다. 삶이 피곤하고 재미없는 사람은 음식을 먹을 때도 '맛있다'고 느끼기보다는 '끼니를 때웠다'고 생각한다. 맛있게 먹은 음식과 죽지 않기 위해 끼니를 때운 음식은 천지 차이다. 일주일에 한 번쯤 예쁜 그릇에 보기 좋게 담아낸 작은 만찬을 즐겨보는 것도 행복을 주는 일이다. 인터넷이나 요리책에서 도전해볼 만한 음식을 고르고, 장을 보고 요리하는 것도 기쁨이다. 한 달에 한 번 정도는 근사한 곳에서 외식을 하는 것도 좋다. 마음이 맞고 편한 사람들과 식사하면서 대화를 나누다 보면 그동안 쌓였던 스트레스도 풀리고 기분 전환이 된다.

■ 일의 즐거움을 느껴라

학생 때는 학교에서 대부분의 생활을 하지만 어른이 되고 나면 직장에서 지내는 시간이 집에서 보내는 시간보다 더 많아진다. 가정주부는 집이 직장이므로 거의 온종일 직장 생활을 하는 셈이다. 컨설팅 회사인 아이오프너의 설립자 프라이스 존스(Pryce Jones)와 필리파 채프먼(Philippa Chapman)은 행복한 직장 생활을 위한 규칙 12가지를 제시했다.

1 맡은 일은 반드시 끝내라.
2 다양한 업무를 맡아라.
3 자신의 일에 대해서는 어느 정도의 주도권을 확보하라.
4 감사받을 만한 일을 하라.
5 당신의 능력을 이용해 일을 잘해내라.
6 남들이 당신에게 어떤 기대를 하고 있는지 숙지하라.
7 당신의 일이 왜 중요한지 이해하라.
8 자신의 이야기에 귀 기울이게 하라.
9 직장에서 친구를 만들라.
10 새로운 지식을 쌓아라.
11 자신과 잘 맞는 상사를 만나라.
12 피드백을 주고받으라.

이런 규칙은 가정이 직장인 전업주부에게도 그대로 적용된다. 대부분 주부들은 자신의 일을 하찮게 생각하는 경향이 있어서 집안일을 더 멋지게, 더 새롭게 하려는 생각조차 하지 않는다. 작은 아이디어로 주방과 거실을 예쁘게 꾸밀 수도 있고 수납을 효과적으로 할 수도 있지만, 그렇게 하지 않기 때문에 집은 늘 똑같거나 어수선하다. 전업주부는 가정이라는 직장의 사장이다. 자신의 직장이 깨끗하고 효율적으로 변해가는 것을 보며 보람을 느끼는 것도 꽤 행복한 일이다.

■ 건강한 성생활을 즐겨라

부부간의 건강한 성생활은 행복한 가정의 기초이기도 하다. 영국의 신경심리학자인 데이비드 윅스(David Weeks) 박사는 일주일에 4~5회 정도 섹스를 하는 사람은 2회 하는 사람보다 동년배에 비해 10년이나 젊어 보인다며 섹스는 사람을 행복하게 한다고 주장했다. 나이가 들어가고 함께한 시간이 늘어나면서 부부간 성관계의 횟수는 줄어든다. 그 이유는 서로에 대한 관심이 식었기 때문이라기보다는 사람의 성생활도 나이를 먹기 때문이다. 젊었을 때처럼 격정적이지는 않더라도 나이가 들수록 몸과 마음을 함께 아우르는 섹스로 옮겨 가는 것이 좋다. 성적인 상상과 농담, 기대만으로도 성적인 쾌감을 느낄 수 있으며 성적인 관심을 나누고 포옹을 하는 것만으로도 성생활의 만족도는 올라간다. 한 침대에 누워 서로 보듬고 잠이 드는 것만큼 상대방에 대한 신뢰감과 친밀감을 쌓는 일도 없다. 싸우더라도 각방만은 쓰지 말라던 어르신들의 충고에도 깊은 뜻이 숨어 있었던 것이다.

■ 반려동물을 키워라

우리 가족은 '풀잎'이라는 이름의 래브라도 리트리버를 키우는데, 나는 이 녀석이 너무 좋아서 하루에도 몇 번씩 껴안고 뽀뽀하고 말을 건넨다. 이 녀석은 잠깐 나갔다가 돌아오는 그 짧은 이별 후의 만남에도 꼬리를 정신없이 흔들며 반겨준다. 무서운 공포영화를 볼 때도 큰 도움이 되고, 걷기 운동을 할 때도 심심하지 않다. 속상하고 슬픈 일이 있으면 풀잎이를 앉혀놓고 이런저런 넋두리를 하는데 녀석은 잠자코 듣고 있다가 마치 다독거리는 것처럼 자신의 앞발을 나의 다리에 올려놓으며 커다란 혀로 핥아주기도 한다. 풀잎이를 키우면서 화나 짜증, 외로움은 많이 줄어든 대신에 배려와 책임감이 늘기도 했다. 실제로 반려동물이 우울증과 불안 증세가 있는 환자에게 큰 도움이 된다는 연구 결과가 있다. 또한 반려동물을 키우는 사람이 그렇지 않은 사람보다 평균 수명이 길며 반려동물을 통해 얻은 안정은 스트레스 극복에 도움이 된다고 한다.

■ 명상으로 마음을 다스려라

리즈 호가드(Liz Hoggard)는 자신의 책 『행복』에서 명상의 효과를 구체적으로 설명했다. 그에 따르면, 명상을 하면 머리가 맑아지고 의식 수준이 향상되며 창의력이 왕성해진다. 기억력과 학습력이 개선될 뿐 아니라 마음도 평온해진다. 또 명상을 자주 하면 행복감이 생활 전반에 영향을 미쳐 삶에 대한 만족감이 높아진다. 명상의 가장 중요한 목적은 명상을 하는 동안 생각을 멈추는 것으로, 마음을 편안하게 가져야 한다. 그리고 걱정거리를 떨쳐버리고 가능한 한 머릿속을 비우려고 애써야 한다. 오로지 호흡에만 집중하며 들이쉬고 내쉬는 호흡의 수를 세어보자. 명상을 도와주는 기관의 도움을 받는 것도 좋다. 방법을 익힌 후에는 매일 가장 편안한 시간을 정해 명상을 하면 생활의 스트레스를 줄이고 행복감을 증가시킬 수 있다.

■ 휴가와 여행 계획을 세워라

나는 연말에 달력 선물을 받으면 가장 먼저 다음 해에 공휴일이 얼마나 되는지를 알아본다. 일이 많아 지쳤거나, 처리해야 할 큰일을 앞두고 있을 때 여행 계획을 짠다. 이는 힘든 일을 마친 자기 자신에게 주는 보상 같아서 계획을 세우는 것만으로도 행복해지곤 한다. '빨리 일을 마치고 놀러 가야지'라는 생각에 절로 신바람이 나며 힘이 솟는다. 실제로 휴가를 고대하는 사람들은 대체로 더 행복한 인생을 살며 부정적이거나 불쾌한 감정을 덜 겪는다고 한다.

일상이 지루하며 삶을 불행하다고 여기는 사람들은 휴가를 제대로 즐기지 못한다. 놀러 가자고 하면 "귀찮아", "돈 들어!" 하며 움직이려 하지 않고, 휴가를 받아놓고도 휴가답게 쓰지 못한다. 가까운 공원에 돗자리 하나 깔아놓고 가족이 도란도란 이야기를 나누거나, 함께 볼 수 있는 DVD를 빌려 영화 감상을 해도 좋다. 1년에 적어도 이삼 일간은 게으름을 피우고 노닥거리는 시간이 필요하다.

■ 웃는 연습을 하라

'웃음 치료', '웃음 클리닉'이란 말은 더는 생소한 용어가 아니다. 문화센터의 전단지에서도 '웃음 강좌'를 쉽게 찾아볼 수 있다. 개그 클럽이나 개그 전용 소극장도 많이 생겼다. 의학적으로도 웃음과 유머는 불행의 치유제이며 행복을 위한 필수적인 처방전이 되어가고 있다. 웃음은 천연의 진통제다. 또한 웃음은 대인 관계에서도 긍정적인 영향을 미친다. 유머 감각이 없다고 지레 좌절하지는 말자. 칼도 갈아야 날카로워지는 것처럼 유머 감각도 갈고닦아야 빛이 난다. 웃음과 유머를 즐기려는 마음만 있으면 빵빵 터지는 개그를 선보이지는 못하더라도 즐거운 분위기에 젖어드는 것쯤은 얼마든지 할 수 있다. 다른 사람이 이야기를 할 때 적극적으로 반응해주는 것만으로도 즐거울 수 있고, 좀더 욕심을 낸다면 유머 몇 가지를 외워두었다가 써먹는 것도 좋다.

부모로서가 아닌,
있는 그대로의 나를
바라보는 시간

자신이 좋지 못한 양육을 받아왔고, 그런 이유로 현재 좋지 못한 양육을 하고 있는 부모의 상당수는 어렸을 때 부모로부터 받은 양육을 기억하지 못한다. 정확히 말하자면 부모가 자신을 어떻게 대했는지를 기억하지 못하는 것이 아니라, 그런 양육을 받았을 때 겪었던 심리적인 고통을 기억하지 못하는 것이다. 부모가 자신을 때리고, 욕하고, 비웃으며 돌봐주지 않았던 사건은 생생히 기억하고 있지만 그때 자신이 얼마나 비참하고 서글프며 화가 났는지는 마음속 깊이 가둬버린 것이다. 이것은 일종의 방어기제인데, 상처를 들추면 아프고 무서우니까 보지 않으려고 아예 없는 것처럼 묻어두는 것이다. 이들은 어린아이들이 다친 상처를 밴드로 붙여 가리듯이 마음의 상처를 꼭꼭 숨겨서 마치 없는 것처럼 행동한다.

그러나 밴드를 붙였다고 해서 상처가 없어지지 않는 것처럼 마음의 상처와 고통 또한 감추었다고 해서 사라지는 것은 아니다. 이런 상처가 의식으로 전달될 때마다 너무 아프기 때문에 이를 무의식 깊이 억누르려 하고, 그 고통에 둔감해지려고 애쓸 뿐이다. 그리고 때로는 자신이 받았던 고통을 아무렇지도 않은 듯 자식에게 그대로 전달하기도 한다. 마치 모든 사람이 그러한 고통을 받았고, 그래서 그런 것 따위에 감정이 상하거나 아파하면 안 되는 것처럼 군다. 자녀를 때리면서 "나도 어릴 적에 이렇게 맞았어! 그런데 너는 웬 엄살이야"라고 하거나, "애들은 때리면서 키워야 해"라는 말을 아무렇지도 않게 내뱉고, 아이를 돌봐주지 않으면서 "제멋대로 하게 내버려둬. 그러면서 크는 거야", "제 인생인데 자기가 알아서 해야지. 누구한테 기대"라며 부모가 자신을 고통스럽게 했던 말들을 그대로 자녀에게 전한다.

그러나 만약 부모가 자녀를 때리면서 자신이 부모에게 맞았을 때 느꼈던 고통을 떠올릴 수 있다면 이야기는 달라진다. 그런 기분을 느끼면서 자녀를 계속 때리고 비난할 수 있는 부모는 없다. 따라서 자신이 받았던 어린 시절의 고통을 자녀에게 물려주지 않으려면 다소 힘들더라도 부모 자신의 어린 시절을 감정과 함께 회상할 수 있어야 한다.

어릴 때 나처럼 내 아이도 지금 얼마나 슬플까

어릴 적 나를 가장 슬프게 했던 것은 늘 바쁘고 아픈 엄마였다. 시부모님에 다섯 명의 자녀를 돌봐야 하고, 아버지가 하는 공장 일까지 도와야 했던 엄마는 어린 눈에도 정말 눈코 뜰 새 없이 바쁜 사람이었다. 엄마는 일하지 않을 때는 늘 누워 있었다. 안방 화장대 위에는 화장품보다 엄마가 매일 먹는 약이 더 많이 놓여 있었다. 그렇게 바쁘고 피곤한 엄마에게 "놀아달라", "안아달라"고 말하기는 쉽지 않았다. 어쩌다 떼를 쓰고 투정을 부리면 엄마는 아픈 얼굴로 "엄마, 힘들잖아", "엄마, 아파"라고 말했다. 그 말을 들을 때면 힘든 엄마에게 투정을 부리는 나는 정말 이기적이고 나쁜 아이라는 생각에 우울해지고는 했다.

그리고 많은 시간이 흘러 엄마가 되고 보니 어느덧 나 역시 아이에게 "엄마, 힘들잖아"라는 말을 툭툭 내뱉고 있었다. 일을 마치고 돌아온 엄마를 반기며 놀아달라는 딸아이에게 "이따가, 엄마 힘들잖아"라고 대답했다. 또 시키는 일을 냉큼 따라주지 않는 아이에게 "왜 그래, 엄마 힘들게"라고 말하고, 안기려 무릎을 파고드는 아이에게 "아이고, 무거워. 아파!"라고도 했다. 어릴 적 그토록 듣기 싫었고, 나를 슬프게 하며 주눅 들게 했던 말들을 딸아이에게 그대로 되풀이하고 있었던 것이다. 그 순간 어릴 적 느꼈던 고통이 떠올랐다. 그리고 딸아이가 겪었을 고통도 느껴졌다. 그걸 알고 나니 힘들다거나 아프다는 말을 더는 할 수 없었다.

어느 누구도 고통스러운 사건과 감정을 떠올리면서 즐거울 수는 없다. 그것이 비록 지나가버린 과거일지라도 자신이 사랑과 돌봄을 받지 못했다는 것은 비참한 기분을 준다. 특히 그 상대가 부모일 경우에는 더욱 그렇다. 하지만 불쾌하고 기억하고 싶지 않더라도 어린 시절 부모에게 받고 싶었던 자신의 욕구와 그것이 좌절되었을 때의 심리적 고통을 돌이켜보자. 처음엔 어린 시절 자신의 모습이 떠오르겠지만 얼마 후엔 자신의 심술 때문에 고통받는 내 아이가 보인다. 자녀의 고통이 느껴지고 자녀의 욕구와 바람이 전해질 때 그제야 자녀에게 진심으로 미안해지고 돌봐주고 싶다는 마음이 생긴다.

맞았을 때의 고통을 아는 사람은 다른 사람을 때리지 못한다. 그게 얼마나 아픈지 알기 때문이다. 아이가 겪는 고통은 매질 때문이기도 하고 비난과 조롱, 방치와 학대, 그리고 지나친 간섭과 통제 때문이기도 하다. 자신이 겪었던 것이기에 더 잘 공감할 수 있는 고통이고, 어떻게 하면 그러한 고통에서 벗어날 수 있는지도 자기 자신이 가장 잘 안다. 그건 바로 부모가 어릴 적에 자신의 부모에게 바랐던 것들이기 때문이다.

고통스러운 경험을 떠올리는 것은 불쾌한 일이지만 두려워할 일은 아니다. 과거는 이미 지나갔고, 이제 어른이 된 당신을 누가 어떻게 할 수도 없다. 이제 당신은 스스로를 돌볼 수 있을 만큼 성장했고, 누가 고통을 주면 방어할 수 있을 만큼 강하다. 어릴 적에는 누구나

약하다. 약했던 시절에 받았던 상처를 수치스러워할 필요는 없다. 그 상처는 너무 오랫동안 어두운 곳에 머물러 치료받지 못했으니 이제라도 환한 곳으로 끌어내어 상처를 소독하고 딱지를 제거해야 한다. 상처는 감추기보다 드러내야 한다. 믿을 만한 사람에게 상처를 드러내고 위로받으며 치유하도록 해야 한다. 그저 어린 시절에 상처받은 경험과 감정을 말하면서 위로를 받고 공감을 얻는 것으로도 상처는 충분히 치유될 수 있다.

자녀를 키우는 방법은 수없이 많다

아들 문제로 상담하러 온 한 엄마는 친정 엄마에 대한 이야기를 하면서 "노인네들은 다 왜 그런지 모르겠어요! 해줘도 해줘도 끝이 없어요"라며 한숨을 쉬었다. 이야기를 들어보니 이 엄마의 친정 엄마는 참 유별난 사람이었다. 어릴 적에도 따뜻하게 안아주는 법이 없었고, 어린 딸에게 받으려고만 했다. 딸이 결혼한 후에도 수시로 불러들여 이것저것 시키고, 사달라고 요구했다. 분명 그런 친정 엄마의 행동은 상식 밖의 것이었지만, 문제는 이 엄마는 모든 어머니가 다 그렇다고 생각한다는 점이었다.

이 엄마에게 모든 어머니가 그렇게 행동하는 것은 아니고, 본래 어머니란 자녀를 돌봐주고 위로해주는 존재이며 부모의 역할이란 평생 자녀를 위하고 걱정하는 것이라 했더니 눈을 동그랗게 뜨며 믿지 못하겠다는 눈치였다. 그러면서 그럼 부모는 언제 자녀에게 보답을 받을 수 있느냐고 물었다. 이에 자녀에게 용돈을 받을 수도 있고 존경과 사랑을 받을 수도 있지만, 부모가 자녀를 돌보듯 자녀가 부모를 돌보기를 기대하는 것은 무리라고 답해주었다.

또 옛 어른들이 즐겨 이야기하듯 '사랑은 내리사랑'이기 때문에 부모는 자녀에게, 그리고 그 자녀는 또 제 자녀에게 자신이 받은 사랑을 넘겨주는 것이 부모와 자녀 간의 순리라고 말했더니 이 엄마는 매우 놀라는 반응을 보였다. 이제껏 자녀는 부모에게 효도해야 한다고만 생각해왔지, 부모가 자녀를 위해 무언가를 해야 한다는 것은 생각해본 적이 없다고 말했다. 그래서 이제껏 친정 부모가 자신에게 무리한 요구를 하더라도 부모이기 때문에 들어주어야 하고, 모든 부모가 다 똑같다고 생각했다는 것이다. 그렇기에 자신 역시 아들을 키우면서 아들을 위해 무언가를 해준 적이 없었고, 아들이 부모의 뜻과 기대를 저버릴 때는 호되게 야단을 치면서 키웠다며 후회의 눈물을 흘렸다.

이 엄마처럼 생각보다 많은 부모가 자신들의 경험에만 비추어 세상을 살아간다. 마치 우물 안의 개구리처럼 자신이 경험한 양육을 세상에 존재하는 단 하나의 방식으로 생각하며 그대로 답습해가는 것이다. 하지만 이것은 매우 수동적이며 단순한 해석이다. 이런 단순한 사고에서 벗어나 좀더 넓은 눈으로 세상을 이해하고, 보이는 것

뿐 아니라 보이지 않는 내면세계까지 보려는 능동적이고 복합적인 사고를 해보자. 이것이 바로 '자기 성찰'이다.

자기 성찰은 사실을 넘어선 이면(裏面)을 추론하고, 겉과 속을 구분하며, 사람들의 다양한 정신세계를 구분할 수 있는 인지 능력을 말한다. 이러한 자기 성찰 능력이 발달하면 상황이나 사건을 다양한 각도에서 볼 수 있으므로 문제 해결 능력과 공감 능력, 이해력이 높아진다. 부모에게 맞고 자랐기 때문에 나도 아이가 떼를 쓰고 말을 듣지 않으면 때릴 수밖에 없다고 체념하는 대신 더 효과적인 양육 방법을 적극적으로 생각하고 시도해보자.

맞고 자란 부모는 대부분 자신의 자녀도 체벌로 엄격하게 키우지만 때로는 맞고 자란 부모 밑에서 버릇없는 아이를 보기도 한다. 이런 부모에게 왜 아이의 버릇없는 행동을 그냥 보고만 있느냐고 물으면 "그럼 때려요? 때리지 않으려니 그냥 두고 볼 수밖에요"라는 답변이 돌아온다. 이 역시 자기 성찰 능력이 부족한 경우다. 아이의 버릇을 다루는 방법이 때리거나 그냥 두거나 하는 식의 두 가지뿐이 아닌데도 다양한 문제 해결 방안을 생각하지 못하기 때문에 자신이 받았던 양육을 그대로 답습하거나 정반대의 양육 태도를 취하는 오류를 범하는 것이다.

이처럼 자기 성찰 능력이 부족한 사람은 문제 해결에 대한 아이디어가 다양하지 못하고, 자신이 선택한 방법이 좋은지 나쁜지 생각해보거나 검증하는 능력이 부족해서 좋은 변화를 만들지 못하고 계속해서 무력한 상태에 머무른다.

나를 직시하는 연습이 필요하다

자기 성찰 능력을 키우려면 먼저 자신을 돌아보고 탐색하는 시간과 연습이 필요하다. 내 과거의 경험이 현재의 행동과 어떻게 연결되어 있는지, 스트레스가 있을 때 자신이 주로 사용하는 대처 방식은 무엇인지 살펴보자. 스트레스가 있으면 피하려고만 드는지, 화부터 내는지, 무력해지는지, 혹은 남 탓만 하는지 자신을 냉정하게 돌아보는 것이다. 그리고 그런 해결 방식이 스트레스를 줄이는지, 혹은 더 늘리는지도 분석해본다. 이와 더불어 자신과 관계된 문제를 해결하기 위해 스스로 해야 할 일이 무엇인지 곰곰이 생각해보고, 자신이 진짜 원하는 것을 떠올려본다.

"하늘은 스스로 돕는 자를 돕는다"는 말처럼 자신의 문제는 스스로 해결하려고 애써야 한다. 또한 자신이 이루지 못한 문제에만 집중하며 괴로워하고 원망하기보다는 자신이 이루고자 하는 것이 무엇이며, 원하는 것이 무엇인지에 집중해야 한다. 사랑을 받지 못했다며 부모를 원망하는 데 시간을 보내기보다는 사랑을 받기 위해 무엇을 해야 하는지를 생각하고 실천해보자. 자신의 문제를 남 탓만 하며 남에게 맡겨두는 사람은 한마디로 밉상이다.

변화하고 싶다면 움직여야 하고, 남을 움직이는 것보다 나 자신을 움직이는 것이 훨씬 쉬운 일임을 알자. 남편이 내 기분을 망가뜨렸다고 해서 남편이 풀어줄 때까지 기다리는 것은 미련한 짓이다. 내 기분, 생각, 행동은 '나의 것'이다. 비록 다른 사람이 내 기분을 상하게 했더라도 스스로 기분 좋게 만들 수 있는 일은 얼마든지 있다. 이렇게 자신을 보다 좋게, 행복하게, 유능하게 만들기 위한 전략을 짜내는 일도 자기 성찰을 통해 이룰 수 있다.

PART 5

내 아이와의
애 착 을
돌 아 보 라

부모와 아이 사이, 잘못된 상호작용이 아이를 망친다

 사람들은 모두 제 나름대로 타인과 상호작용하는 패턴을 지닌다. 이는 앞서 설명한 각자의 내적 작동 모델 때문이다. 내적 작동 모델에는 타인에 대한 평가가 포함되어 있으므로 타인을 신뢰하는 내적 작동 모델을 지닌 사람은 타인과도 긍정적인 관계를 형성하고 유지한다. 이에 반해 타인을 불신하거나 타인에게 의존하려는 내적 작동 모델을 가진 사람은 타인과의 관계 또한 부정적이거나 불안정하게 이어간다.

 부모와 자녀 간에도 부모의 내적 작동 모델에 따라 자녀를 대하는 태도가 결정된다. 부모의 내적 작동 모델은 타인과의 관계에서보다 자녀를 대할 때 더욱 강한 영향력을 행사한다. 타인에 대한 불신을 지녔다 하더라도 자신과 상관없는 사람에게는 참거나 피하면서 문제를 확대시키지 않지만, 매일 함께 지내야 하는 자녀와 배우자와의 관계에서는 문제를 피하기 어렵고 참는 데도 한계가 있기 마련이다. 오히려 가족이라서 편하다는 이유로 더 자주 부딪치면서 갈등이 커지기 쉽다. 이런 점에서 부모가 매우 부정적인 내적 작동 모델을 지녔다면 부모와 자녀 간의 상호작용에서도 큰 어려움이 있을 거라고 짐작할 수 있다.

부정적인 내적 작동 모델을 지닌 부모는 아이를 대하는 행동이나 상호작용 방식에서도 문제가 되는 패턴을 가지기 쉽다. 여기서 패턴이라 함은 아이를 대하는 태도나 행동에서 반복적으로 나타나는 형태를 의미하는데, 부모의 잘못된 행동이나 상호작용이 한두 차례 일시적이거나 우연히 나타난 것이 아니라 여러 가지 상황에서 유사한 방식으로 계속 나타나는 것이다.

물론 부모도 사람이기에 때로는 화를 낼 수도 있고 잘못된 결정이나 행동을 할 수도 있지만, 아이와 안정적인 애착을 형성하지 못한 상당수의 부모는 문제가 되는 방식으로 아이와 상호작용을 한다. 특히 스트레스 상황에서는 더욱 부정적인 방식으로 해결하려는 경향이 높다. 그런데 스트레스 상황은 아이에게도 오랫동안 기억에 남는 것이므로 이 상황을 어떻게 해결했는가는 아이에게 큰 영향을 미친다. 가장 큰 문제는 부모가 자신의 행동 패턴을 잘 인식하지 못한 채 지속적으로 아이를 좋지 않은 방식으로 대한다는 것이다. 도움이 되지 않는 상호작용 패턴을 부모가 스스로 돌아볼 수 있을 때 문제가 되풀이되는 악순환도 끊을 수 있다.

아이의 주도성을 존중하지 않는 부모

순종과 복종을 요구하고, 아이가 자신의 자유로운 의견이나 감정을 표현할 때 이를 비난하며 억제하는 부모 밑에서 자란 아이는 자율성과 주도성을 발달시키지 못한다. 주도성을 존중해주는 부모는 아이의 연령과 발달 수준에 따라 아이가 할 수 있는 것은 충분히 지지해주고 아이의 수준보다 좀더 높은 행동과 생각을 격려한다. 또한 시행착오를 통해 배울 수 있다고 생각해 아이의 잘못과 실수에도 너그럽다. 때로는 부모와 아이의 욕구가 서로 달라서 갈등이 일어날 수 있지만, 이때도 아이의 의견을 듣고 협상과 타협을 통해 해결할 수 있는 길을 열어놓는다. 이런 과정을 통해 아이는 갈등을 해결하기 위해서는 적당한 포기와 협상, 그리고 참을성이 필요하다는 것을 깨닫게 되면서 점점 더 유능해진다.

그러나 늘 부모 뜻대로 하라고 강요하고, 아이가 어떤 제안이나 의견을 제시하면 이를 부모에 대한 반항과 무시라고 여겨 발끈 화를 내는 부모는 '자녀가 나의 말에 동의하고 따라주었을 때 나는 존중받고 사랑받는 것이다', 그리고 '부모란 자녀를 이끌고 지도하는 사람이며 자녀는 부모의 말에 복종해야 하는 유약한 존재'라는 내적 작동 모델을 갖고 있다. 부모는 이런 자신의 내적 작동 모델에 따라 아이를 이끌고 지도하려 하고, 아이가 말을 듣지 않을 때는 불같이 화를 낸다. 이런 양육을 받고 자란 아이는 스스로 문제나 갈등을 해결하는 능력을 기르지 못한다. 따라서 또래 관계를 형성하고 목표를 향해 나아가고 직업을 갖는 등 인생에서 자기 스스로 해야 하는 과업을 잘해내지 못한다.

아이를 방임하는 부모

내가 상담했던 어떤 남자는 초등학교 4학년 때 미국의 디즈니랜드를 구경시켜주겠다는 부모를 따라 미국 여행길에 올랐다가 곧바로 기숙학교에 맡겨졌고, 스무 살이 될 때까지 미국에서 지내야 했다. 그 후 이 남자는 부모가 자신을 속이고 버렸다는 원망으로 한국에 돌아온 뒤에는 부모에게 행패를 부리며 방탕한 생활을 했다. 미국에 있을 때 부모가 생활비를 넉넉하게 부쳐주고, 학교에서 말썽을 일으키면 다른 학교로 전학을 보내주는 등 표면적인 지원은 계속했지만, 정작 자신의 안부를 묻거나 진심으로 염려하는 모습은 보여주지 않았으므로 자신은 고아와 다름없다고 생각했다.

힘이 약한 아이가 자기보다 유능한 어른에게 기대서 안전감과 애정을 얻고자 하는 것은 애착의 기본 원리이다. 이런 점에서 아이를 돌보지 않고 그냥 내버려두는 부모는 아이와 좋은 애착을 형성하기 어렵다. 아이에게 이런 부모는 타인과 다름없는 존재일 뿐이다. 일반적으로 방임이라 하면 아이를 버리거나 양육과 관련된 어떤 행위도 하지 않는 것을 떠올리지만, 이런 극단적인 형태 이외에도 다양한 형태의 방임이 존재한다.

여러 가지 이유로 아이를 지방에 있는 외가나 친가에 보내거나, 바로 근처에 살면서도 아이는 할머니 집에서 지내게 하고 부부는 저녁을 먹은 후 자기들끼리만 집으로 돌아가는 경우도 종종 볼 수 있다. 학교의 급식, 청소, 운동회, 소풍 등 부모가 참석해야 할 일을 쉽게 다른 사람에게 부탁하거나 아예 참여하지 않는 경우도 많다. 외출이나 여행을 할 때도 아이는 친척집에 맡겨놓고 부부만 가기도 하며, 방학이나 주말에는 아이가 집에 머무는 시간을 줄이려고 각종 캠프에 연속적으로 보내는 부모도 있다.

또한 어떤 부모는 아이와 함께 있으면서도 전혀 놀아주지 않는다. 비싼 장난감들로 가득한 방을 꾸며주고 수백 권의 책을 사주긴 하지만 아이와 마주 앉아 놀아주진 않는다. 아이가 무료해하면 놀이학교에 보내고 홈스쿨 선생님을 불러주지만 이 역시 부모가 함께 놀아주는 것은 아니다. 이런 행동도 모두 일종의 방임이다.

겉으로는 아이를 위해 캠프를 보내고, 비싼 장난감을 사주고, 좋은 선생님과 학원을 알아본다고 하지만 실은 아이와 함께하는 것을 좋아하지 않고 귀찮아하기 때문에 물질적인 지원으로 대신하는 것이다. 이렇게 방임된 아이들은 부모가 자신을 귀찮아하고, 자신에게 무관심하며, 정서적인 교류를 하고 싶어 하지 않는다는 것을 온몸으로 느낀다. 그리고 이는 애정 욕구의 좌절로 이어져 마음의 깊은 상처로 남는다.

아이를 거부하는 부모

문만 닫히면 소리를 질러대고 무서워한다는 여섯 살 난 남자아이가 있었다. 엄마는 아이가 잘못하면 야단치고 나서 "저리 가! 꼴도 보기 싫어!" 하며 밀쳐내고는 안방 문을 쾅 닫고 들어가곤 했다. 아이가 문을 열고 들어오면 "지겨워! 저리 가라고! 보기 싫다고 했지!"라며 또다시 밀쳐낸 후 방문까지 잠가버리고, 시간이 지나 엄마의 기분이 풀려야만 방에서 나왔다. 그때까지 아이는 방문 앞에서 울다 지쳐 녹초가 되기도 하고, 잠들기도 했다. 그런 일이 반복되자 아이가 문이 닫히기만 하면 죽을 것같이 소리를 질러대는 바람에 안방 문은 언제나 열어놓아야 하고, 화장실 문까지 포함해 집 안의 문이란 문은 모두 열어둬야 하는 상태가 되었다. 이 아이는 엄마가 자신을 거절하는 행동을 닫힌 문과 연결해 생각하며 닫힌 문에 대한 공포와 분노심을 발달시켰다.

또 다른 엄마는 아이가 안기려 하면 "더워", "힘들어"라고 하면서 아이를 밀치거나 건성으로 안아준 후 슬그머니 자리를 피했다. 아이에게 애정 표현을 거의 하지 않으며, 아이가 다가올 때도 은근히 거부했다. 아이가 유치원에서 배운 율동이나 노래를 불러주겠다고 해도 "이따가", "괜찮아"라며 보려고 하지 않는 일이 많았다. 아이는 점점 주눅이 들고 놀이 활동에 대한 흥미를 보이지 않으며 우울 증세를 나타내게 되었다.

이처럼 부모에게 자주 거절당한 아이는 부모가 자신에게 무관심할 뿐 아니라 좋아하지 않는다고 느낀다. 즉 부모가 자신을 적대시한다고 느껴 정서적으로 위축되고 우울과 불안, 그리고 분노를 키운다. 특히 원하지 않았던 임신으로 낳은 아이를 키우거나, 혹은 부모 자신이 어린 시절 힘든 삶을 살아왔고 현재도 매우 지친 삶을 살아간다면 부모는 사랑과 보살핌을 끊임없이 요구하는 아이를 짐으로 여기며 귀찮아하고 거부하기 쉽다.

양육의 일관성이 없는 부모

이랬다저랬다 하는 것처럼 아이를 헷갈리게 하고 불안하게 하는 것도 없다. 양육의 일관성이 없는 부모는 어느 때는 아이를 귀찮아하거나 무섭게 다루기도 한다. 이러다 보면 아이는 부모의 위로가 필요할 때도 언제 부모가 변덕을 부릴지 모르기 때문에 쉽게 다가가지 못하고 눈치를 본다. 집안의 규칙도 엄격하게 지킬 것을 요구하다가도, 어느 때는 지키지 않아도 괜찮다면서 넘어간다면 아이는 사회적 규칙과 규율에 대한 안정적인 개념을 발달시키지 못한다.

어느 날은 손을 씻지 않고 음식을 먹었다고 심하게 야단을 치다가 다른 날은 음식을 먹기 전 손을 씻겠다고 화장실을 찾는 아이에게 까다롭게 군다면서 그냥 먹으라고 하면 아이는 도대체 어떻게 하는 것이 올바른 것인지 알지 못한다. 어느 때는 "잘 못하더라도 스스로 해보는 것이 중요하다"고 말하다가 어느 때는 "잘하지도 못하면서 왜 혼자 했느냐"고 나무라기도 한다.

이런 경험을 반복하면 아이는 부모가 야단을 치고 못 하게 하는 것이 정말 해서는 안 될 일이라서 그런 것이 아니라, 그저 부모의 기분 상태에 따라 야단치고 제한하는 것이라고 여겨 억울함이나 불만을 갖게 된다. 이런 이유로 일관성이 없는 부모 밑에서 자란 아이는 눈치도 많이 보지만 부모에게 짜증이나 불평도 많다.

어떤 부모는 아이에게 필요한 육아 방법이 뭔지 알면서도 아이와 실랑이하는 것이 귀찮아 결국 아이가 하자는 대로 한다. 가장 대표적인 예가 장난감을 사달라는 아이에게 처음에는 "안 돼!"라고 했다가 아이가 심하게 떼를 쓰면 "안 되는데…… 이번이 정말 마지막이야"라며 사주는 부모다. 이런 부모 역시 아이를 대하는 태도가 비일관적이다.

어른이라고 항상 올바르게 판단하는 것은 아니므로 처음에 내렸던 판단을 바꿀 수도 있다. 하지만 이런 번복이 자주 일어나거나 틀린 판단이 아니었는데도 아이가 울적해한다고 아이 뜻대로 부모의 태도를 바꾸면 안 된다. 이런 부모 밑에서 자란 아이는 떼를 쓰고 울면 자기 뜻대로 할 수 있을 거라 믿어서 잘못된 행동을 자신의 뜻을 관철시키는 수단으로 삼는다. 또 아이는 자신이 사랑스럽거나 소중하지 않기 때문에 부모가 올바르게 자신을 이끌지 않고, 잘못된 길을 가도록 내버려둔다고 생각해 자존감이 낮아지고 우울해하기도 한다.

자녀와 역할이 뒤바뀐 부모

매우 아름다운 외모에, 직업적으로도 성공 가도를 달리는 30대 후반의 전문직 여성이 있었다. 하지만 그녀는 남편의 외도로 큰 정신적 충격을 받았는데, 이 여성의 진짜 고민은 이혼하고 싶은데 친정 부모 때문에 할 수 없다는 것이었다. 살아오면서 단 한 번도 부모님을 실망시킨 적이 없어서 자신의 결혼 생활이 끝났다는 사실을 알게 된 부모님의 실망과 분노를 감당할 자신이 없다고 했다. 그래서 남편의 외도와 이혼에 대해 부모님에게 말씀드리면 어찌 될 것 같으냐고 물었더니 아마도 쓰러지실 것이 틀림없다고 대답했다.

그녀에게는 언니가 하나 있는데, 부모님이 반대하는 남자와 결혼하겠다고 했다가 친정 엄마가 혼절하고 응급실에 실려 가는 바람에 결국 언니는 부모님이 원하는 곳으로 시집을 갔다. 언니의 결혼 생활은 순탄치 않았고 종종 더는 못 살겠다면서 언니가 친정에 올 때마다 부모님은 혈압이 올라간다며 쓰러지시곤 했다. 그러자 이 여성은 부모님 살아생전에는 아무런 일도 만들지 말고, 설령 일이 생기더라도 숨기는 게 상책이라고 생각하게 된 것이다.

이 여성은 전에는 자녀를 위해 희생한 부모님을 존경했지만 이제는 혼란을 느꼈다. 곰곰이 되돌아보니 부모님은 결국 자신들의 바람을 자녀에게 강요했고, 자녀가 본인의 뜻을 펼치려고 하면 아프다고 하거나 어떻게 키웠는데 불효를 하느냐며 자식들의 죄책감을 불러일으켰다. 결국 나이가 들어서도 부모의 그늘에서 살 수밖에 없게끔 만들었다는 것이다. 자녀라면 부모에게 투정도 부리고 떼도 쓰고 어리광도 피워봐야 하고, 부모란 그런 자녀를 보듬고 달래며 가끔 져주기도 해야 한다. 그런데 그런 일이 한 번도 없었으니 과연 자신의 부모가 부모다웠는지도 모르겠다고 했다.

원래 부모의 역할이란 자녀를 돌봐주고 이해하고 보호해주는 것인데, 어떤 부모는 역할을 뒤바꾸어 자녀가 자신을 돌봐주기 바라고 이해를 구한다. 이런 부모는 자녀에게 안전감을 제공해주지 못하고, 아이다운 즐거움과 천진난만함을 경험할 기회를 빼앗으면서 평생 자신들을 돌보도록 한다. 그러다가 자녀가 이런 역할을 하지 않으려

하거나 뜻대로 안 되면 자녀의 죄책감을 유발하는 사건을 만들거나, 더욱 난처한 상황으로 몰아가서 자녀가 부모를 돌보는 일을 피할 수 없다고 체념하게 만든다. 이런 부모 밑에서 자란 아이는 문제가 있어도 도움을 청하기는커녕 스스로 해결해야 하고, 부모를 보살피며 그들에게 순종하는 것이 자신의 의무라고 생각한다. 그러면서도 마음속 깊은 곳에서는 부모에 대한 원망을 키운다.

나는 가끔 딸아이한테 다른 사람에게 말하기 힘들거나 답답한 일이 있으면 엄마에게 말하라고 한다. 딸아이는 그런 말을 들으면 엄마도 힘들지 않느냐고 하는데, 그럴 때마다 "그러라고 엄마가 있는 거야. 이젠 너도 많이 커서 엄마가 직접 도와줄 수 있는 건 별로 없잖아. 대신 다른 사람에겐 창피해서 할 수 없는 이야기를 들어주고, 네 편을 들어주는 것밖에는 할 게 없네"라고 말해준다.

부모란 자녀에게 무슨 일이 생기면 본인이 아파도 자녀가 아플 것부터 생각해 참고 보듬어주는 사람이다. 파탄 난 결혼 생활으로 힘들어하는 자녀에게 집안 창피하게 무슨 짓이냐고 야단을 치는 것은 안 그래도 힘든 자녀를 보듬어주기는커녕 가슴에 대못을 박는 일이다. 잘못한 일은 야단치고 경솔한 결정은 신중하게 생각해보라고 권해야 하지만, 먼저 힘든 마음을 달래주어야 하는 것이 부모다. 부모와 자식의 관계는 세월이 흘러도 절대로 바뀌지 않는다. 농담처럼 하는, 평생 자식을 걱정하는 것이 부모의 일이라는 말이 진리인 셈이다.

내 아이에게
절대로 해서는 안 되는 말

아이의 요구에 귀 기울여주고, 따뜻하게 지지해주며, 지나치게 간섭하지 않는 부모를 둔 아이는 밝고 긍정적인 태도를 가진 사람으로 자라나 다른 사람들과도 잘 어울리고 만족스러운 삶을 살게 된다. 반대로 사사건건 아이에게 잔소리를 하거나 제재를 가하고, 심지어 학대를 일삼으며, 부모 자신이 알코올의존증이나 우울증에 빠져 있다면 아이는 정상적인 발달 수준에서 벗어나 성장할 가능성이 매우 높다. 앞서 언급했듯이 부모와의 안정적인 애착 형성 여부가 자녀의 정신 건강에 결정적 영향을 끼치기 때문이다. 하지만 마음으로는 아이를 잘 키우고 싶으면서도 부모 자신도 모르게 아이의 마음을 다치게 하는 일이 너무나 많다.

자녀와의 관계에서 어려움을 겪는 부모들을 만나서 몇 마디 이야기를 나눠보면 그들의 의사소통 방식에 문제가 있다는 것을 알 수 있다. 다른 사람에게 자녀에 대해 설명할 때나 자녀에게 자주 쓰는 단어를 보면 부모 자신이 자녀를 어떻게 생각하고 대하는지가 쉽게 드러난다. 어떤 엄마는 아이가 실수하면 바로 "쟤가 저래요. 뭐 하나 잘하는 게 없지요"라고 말하고, 또 다른 엄마는 "아휴, 지겨워. 엄마가 너 때문에 힘들어 못살겠어!"라고 소리치기도 한다.

놀랍게도 이런 반응은 부모 자신이 생각할 새도 없이 튀어나오는 것으로 정작 본인은 자신이 그런 말을 했는지조차 알지 못한다. 〈우리 아이가 달라졌어요〉나 〈생방송 60분 부모〉 같은 텔레비전 육아 프로그램에서는 부모의 일상생활이나 놀이 평가 상황을 비디오로 찍어 자신의 태도를 객관적으로 볼 수 있게 해주는데, 많은 부모가 자신의 모습을 보고는 "내가 정말 저랬어요?", "내가 저렇게 짜증 내며 말해요?"라며 깜짝 놀란다.

그런데 바로 이 점이 모든 문제의 시작이다. 문제가 되는 의사소통 방식을 부모 자신도 의식하지 못한 채 일상생활에서 반복적으로 사용하고 있다는 것, 바로 이것이 부모와 아이가 불안정한 애착을 형성하는 가장 큰 원인이다. 내 아이에게 문제 행동이 보인다면 부모 자신도 모르게 자주 하고 있는 말과 행동이 무엇인지를 살펴보는 것이 우선이다. 부모가 자주 사용하는 의사소통 방식에는 아이에게 불안감을 주는 대표적인 유형이 있다. 지금 내가 아이에게 이렇게 말하고 있지 않은지 살펴보자. 내 아이에게 절대로 해서는 안 되는 표현들이다.

아이를 협박하거나 겁주는 말
…"너 정말 멀리 갖다 버려야겠다"

부모는 자기도 모르게 아이를 겁주는 다양한 종류의 말을 한다. 특히 아이가 말을 듣지 않거나 부모의 기분을 상하게 할 때 아이를 협박하는 말을 자주 사용한다. 어떤 부모는 이런 말이 아이를 긴장하게 만들어 부모가 얼마나 중요한 존재인지, 지금 아이가 얼마나 편안하게 살고 있는지를 알려주는 교육적 효과가 있다고 말한다. 하지만 실제로는 교육적 효과보다 아이에게 공포심을 조장해 아이의 심리를 위축시키고, 그 결과 부모 뜻을 잘 따르게 하는 효과만 있을 뿐이다.

자녀의 연령에 따라 부모가 사용하는 협박성 말에도 차이가 있다. 아이가 어릴 때는 "엄마는 힘들어서 정말 너를 못 키우겠다", "너 혼자 살아라", 혹은 "할머니가 너를 키워준댄다. 거기서 살아라"는 식으로 말한다. 아이가 좀더 크면 "고아원에 보내버리겠다", "말 안 들으면 감옥 간다", "중학교 때까지는 키워줄 테니 그 후에는 나가서 혼자 살아라", "기숙학교에 넣어버리겠다", "아프리카에 말 안 듣는 아이들만 데려다 교육시키는 곳이 있는데 그곳에 보내버리겠다"는 식으로 아이에게 겁을 주기도 한다. 하지만 아이를 겁주는 말들의 기본 맥락은 '그런 식으로 행동하면 널 버리겠다'라는 점에서 똑같다.

이런 말을 자주 듣고 자란 아이는 스스로를 '나쁜 아이'나 '문제아'라고 생각해 자존감이 낮아지고, 부모나 어른들은 언제든지 자신을 버리거나 벌할 수 있는 사람으로 생각해 지나치게 윗사람의 눈치를 보거나 경계한다. 아이가 그대로 자라 청소년이 되면 부모의 위협적인 말 자체에 상처를 받기보다는 자신을 겁주어 통제하려는 부모의 의도에 강한 실망과 분노를 느껴 반항하거나 자신이 당한 것처럼 부모를 위협하기도 한다.

아이의 감정이나 경험을 부정하는 말
… "내가 언제 그랬어! 네가 잘못 본 거야"

초등학교 5학년인 민주는 두 달 동안 캐나다로 어학연수를 다녀온 후 코를 찡긋거리는 틱 증상 때문에 상담센터에 왔다. 민주는 나에게 캐나다에서 영어로 말하고 공부하는 것 때문에 엄청 스트레스를 받았다면서 불만을 표현했다. 하지만 부모님의 말은 달랐다. 민주가 영어를 매우 좋아하고 잘할 뿐 아니라 캐나다 생활을 즐거워했다는 것이다. 민주의 말을 전하자 부모님은 잠시 당황하더니 "요즘 민주가 좀 과장해 말하는 버릇이 생겼다"며 사춘기라서 그런 것 같다고 말끝을 흐렸다.

지현이의 아빠는 알코올의존자로 매일 술을 마시는 데다 좀 심하게 마신 날에는 소리를 질러대거나 엄마에게 폭력을 휘두르기도 했다. 지현이가 여덟 살 때 아빠가 던진 물건에 맞아 엄마 얼굴에 멍이 생긴 적이 있었다. 마침 지현이를 가르치러 온 학습지 선생님이 엄마를 보고 무슨 일인지 물었는데, 옆에 있던 지현이가 "아빠가 전화기를 던져서요"라고 하자 엄마는 얼른 지현이의 입을 막고 "부딪혀서요"라고 말했다. 선생님이 간 다음 지현이가 엄마에게 왜 거짓말을 했느냐고 하자 엄마는 진지한 얼굴로 "엄마가 부딪혀서 다친 거잖아"라고 말했고, 아이는 무엇이 진실인지 정말 헷갈렸다.

부모들, 특히 도덕적으로 완고하거나 이상적인 것을 추구하는 부모들은 자녀가 가족의 불행이나 약점에 대해 말을 꺼내면 이를 매우 불편하게 여겨 그 말을 무시하거나 아니라고 반박하기도 한다. 다른 사람에게 가족 간에 일어난 일을 시시콜콜 이야기할 필요는 없지만 그렇다고 해서 아이 앞에서 거짓을 연기하고, 뻔한 사실을 감추며, 심지어 아이에게 헛것을 보았다고 덮어씌우는 것은 바람직하지 않다. 또한 아이가 느끼는 감정을 별것 아닌 것으로 치부하거나 아이가 느꼈으면 하는 감정을 대신 강요하는 것도 아이의 건강한 심리 발달을 해친다. 적어도 가족처럼 가까운 사람과의 관계에서는 자신의 감정과 생각을 솔직히 전하고 나눌 수 있어야 하며, 가족 안에서 일어난 일은 비록 그 일이 불쾌하고 불편한 것이라도 아이가 이해하도록 설명해주어야 한다.

부모가 이런 감정을 솔직하게 나누려 하지 않거나 피하려고만 한다면, 아이는 부정적인 감정이나 불편한 주제는 남과 나눠선 안 되는 것이며 숨겨야 하는 것이라고 생각하게 되어 자기의 감정 표현을 스스로 억압한다. 그리고 자신에게 문제가 생겨도 다른 사람에게 도움을 요청하지 못하여 스트레스를 안으로 쌓아만 간다.

또한 자신이 느꼈던 감정과 보았던 현실을 부모가 사실이 아니라고 부정하면 아이는 커다란 정서적 혼란에 빠진다. 분명 즐겁지 않은데 부모는 즐거운 것이라 하고, 엄마가 화난 것 같은데 그렇지 않다고 하면 아이는 자기 자신의 생각과 느낌을 믿을 수가 없게 된다. 도대체 무엇이 진실인지 알 수 없게 되는 것이다. 성장 과정에서 이런 일이 계속되면 아이는 자기 자신을 믿을 수 없을뿐더러 타인 또한 믿지 못하는 매우 불안한 심리 상태에서 성인으로서의 삶을 맞이한다.

아이의 죄책감과 수치심을 자극하는 말
… "엄마가 너 때문에 못살겠다"

어떤 부모는 툭하면 아이에게 면박을 주고 '네 잘못'이라는 점을 강조함으로써 아이의 죄책감과 수치심을 유발한다. 아이여서 당연히 서툴고 실수나 잘못을 할 수 있는데도 그런 서투름에 대해 일일이 지적하고 때로는 깔깔거리고 웃으며 조롱하기도 한다. 또는 곁에서 도와준 다음에 '엄마가 아니면 할 수 없었던 일'이었다는 것을 강조해 아이의 무능함을 일깨우기도 한다.

이런 부모는 툭하면 아이에게 "그것도 못 하니?", "네까짓 게 뭘", "네가 할 수 있겠어?", "글쎄, 할 수 있을까?", "괜히 일 벌이지 말고 엄마가 해줄게", "하지도 못할 거면서" 등 아이의 능력을 무시하는 말을 자주 한다. 어떤 부모는 아이의 수준을 벗어난 활동이나 과제를 시키고는 실패하면 야단을 치거나 그럴 줄 알았다면서 혀를 차기도 하고, 아이가 이해할 수 없는 것을 열심히 설명하고 가르치기도 한다. 다른 사람들 앞에서 아이의 단점을 자주 이야기하는 것도 아이에게 수치심을 주는 행동이다.

죄책감은 사소한 실수나 잘못의 책임을 아이에게 전가할 때 생겨난다. 동생이 잠에서 깨어나 울면 눈을 흘기면서 "너 때문에 아기가 깼잖아!"라고 야단을 치고, "네가 집 안을 이렇게 어지럽혀서 엄마가 항상 아프잖아!"라고 말한다. 심지어는 "너 때문에 못살겠다! 너 때문에 엄마가 일찍 죽을 거야", "너만 잘하면 우리 집에 신경 쓸 일이 뭐가 있겠니? 네가 항상 근심덩어리지!"라고 말해서 아이의 마음에 깊은 상처를 남긴다.

이런 말을 들으며 자란 아이는 자신이 잘못하지 않은 일에도 쉽게 움츠러들어 눈치를 보며 대부분의 잘못을 자신의 탓으로 돌리고는 괴로워한다. 또한 수치심과 죄책감은 아이의 자존감에 매우 부정적인 영향을 미쳐 세상을 두려워하면서도 분노하게 만드는 감정의 뿌리가 된다.

아이를 이러지도 저러지도 못하게 하는 말
… "하고 싶은 대로 해. 그런데 정말 할 수 있겠어?"

중학교 1학년 남학생인 철민이는 어느 날부터 사람들이 자신에 대해 험담하는 것 같다며 불안해하고, 베란다 난간에 아슬아슬하게 몸을 기대고 흔드는 등 위험 행동을 했다. 이를 본 부모님은 병원 진찰을 받은 후 아이를 정신과 폐쇄 병동에 한 달간 입원시켰다. 이 기간에 극심한 공포를 경험한 철민이는 퇴원 후 지속적으로 약물을 복용했는데도 여전히 심각한 불안 증세와 위험 행동을 보여 또다시 한 달간 입원하게 되었다. 그 후 철민이는 더 이상 위험 행동을 하지는 않았지만 극심한 우울 증세를 보이고 정신과 치료를 강하게 거부해서 상담센터에 찾아왔다. 상담 과정에서 철민이는 부모에 대한 강한 적대감과 분노를 나타냈는데, 상담을 통해 불안정한 애착이 그 원인임을 알 수 있었다.

정신과 병동의 강제 입원 경험으로 부모에 대한 분노와 불신이 더욱 극심해졌는데, 철민이는 이와 관련된 어떤 이야기도 부모와 나눌 수 없다는 점을 매우 괴로워했다. 철민이의 말에 따르면 부모님은 다정한 어조로 "무엇이든지 다 말하렴. 어떤 이야기도 다 들어줄게. 혼자 고민하고 힘들어하지 마라"고 하지만 막상 자신이 "왜 저를 정신병원에 입원시켰어요?"라고 물으면 "왜 또 그 얘기를 꺼내니? 그 일은 다 끝난 거잖아! 그러니까 네가 문제라는 거야"라고 화를 내면서 방으로 들어가 문을 쾅 닫아버린다는 것이다. 무엇이든 말하라면서 정작 자신이 가장 나누고 싶었던 말에 화를 내고 문을 닫아버리는 부모를 어떻게 믿을 수 있느냐, 부모는 자신들이 듣고 싶은 말만 들으려는 사람들이라면서 화를 냈다.

이처럼 부모가 하는 말이나 태도에 모순이 있으면 아이는 큰 혼란을 느낄 뿐 아니라 부모가 자신을 배려하는 척하지만 실은 거부한다고 생각한다. 이렇게 모순이 되는 의사소통 방식을 '이중 구속(더블 바인드, double bind)'이라고 하는데, 이는 아이의 마음을 괴롭히는 대표적인 소통 방식으로 꼽힌다.

예를 들면, 아이가 평소 갖고 싶어 하는 게임기를 열심히 공부하겠다는 조건으로 사준 엄마가 아이 공부방에 들어와서는 "그렇게 게임기를 사달라고 하더니 막상 사주니까 안 하네?"라고 말하거나, 아이가 게임을 하고 있으면 "그럴 줄 알았어. 게임기를 사주니 공부는 안 하는구나"라고 말하는 것이다. 이외에도 "심심하면 나가 놀아도 되긴 하지만 공부는 언제 할 거니?" 등 좀더 약한 수준의 이중 구속도 있다. 이런 이중 구속을 자주 사용하는 부모를 둔 아이는 모든 상황에서 이러지도 저러지도 못하는 난처한 상태가 되어 심리적 불안을 경험하게 된다.

끊임없는 잔소리와 아이를 비난하는 말
…"이게 다 네가 잘못해서 그런 거야"

평소 눈치를 많이 본다는 아들 때문에 상담센터를 찾은 아빠가 있었다. 놀이 평가에서 아빠와 아이는 공룡을 갖고 놀았다. 아빠는 익룡(翼龍)의 한 종류인 프테라노돈을, 아이는 티라노사우루스를 선택했다. 아빠의 프테라노돈은 연신 티라노사우루스의 머리를 맴돌며 쪼아대고 도망가기를 반복했다. 한참 당하고 있던 아이는 프테라노돈이 가까이 다가오자 티라노사우루스를 높이 점프시켜 프테라노돈에게 박치기로 일격을 가했다. 아이의 얼굴엔 기쁨이 가득했지만 그것도 잠시 아빠는 나직한 목소리로 아이의 이름을 부르더니 "티라노사우루스는 몸집이 큰 육식 공룡이지? 몸무게가 얼마라고 했지?"라고 물었다. 아이가 기어들어가는 목소리로 "6톤?"이라고 대답하자, 아빠는 "그래, 맞아. 그런데 그걸 아는 애가 그래? 그렇게 무거운 공룡이 이렇게 높이 뛰어올라 프테라노돈을 잡을 수 있다고 생각하니?"라고 되물었다. 그러자 아이는 한층 주눅이 든 모습으로 "아니요"라고 대답한 후 공룡들을 주워 담아 치우기 시작했다.

그 뒤에도 아빠의 잔소리는 계속 이어졌는데, 특히 자신이 불리하거나 즐겁지 않을 때 아이 탓으로 돌리며 지적하는 것이 두드러졌다. 아빠는 한 번도 아이를 체벌한 적이 없다고 자랑스럽게 이야기했으나, 매질이 아이를 기죽게 하고 두렵게 하는 것처럼 끊임없는 비난과 잔소리 또한 아이를 심리적으로 매우 위축시키는 일이라는 것은 생각하지 못하는 듯했다.

남녀노소를 불문하고 비난과 잔소리는 사람을 짜증 나게 하고 동시에 죄책감을 유발시켜 우울하게 만든다. 비난과 잔소리는 일종의 공격적 행위인데, 신체적 고통은 주지 않지만 '모든 잘못은 너 때문이다'라는 암시를 주어 심리적인 일격을 가하는 것이다. 어떤 부모는 감기 몸살로 누워 있으면서 "네가 말을 듣지 않아서 내가 아픈 거야"라며 아이를 탓하고, 아이가 아파도 "평소 엄마 말을 듣지 않았기 때문이야"라며 또 아이를 탓한다. 이런 부모에게 아이는 적절한 위안과 도움을 받기 어렵다.

아이를 방치하거나 무시하는 말
… "나도 몰라. 네가 알아서 해"

아이가 부모에게 가장 큰 상처를 받을 때는 도움과 위로가 필요한데 오히려 자신을 비난하고 조롱하는 말을 들을 때이다. 예를 들어 쓰레기를 버리러 나간 엄마가 보고 싶어 아이가 문을 열고 찾으러 나갔다. 그리고 엄마를 만나 반가운 마음에 "엄마!" 하고 외칠 때 엄마가 반갑게 맞아주는 게 아니라 "왜 또 나왔어? 한순간도 혼자서 못 있네, 이 겁쟁이야!"라고 짜증스럽게 말하면 아이는 마음의 상처를 입는다. 또한 부딪혀 멍이 든 팔을 내보이며 엄마에게 위로를 구했는데 "그까짓 게 뭐 아프다고 그래? 엄살은……"이라는 말을 들을 때도 아이는 마음이 아프다.

말할 기회를 주지 않고 자기 이야기만 늘어놓는 부모에게서도 아이는 위안을 얻을 수 없다. 부모의 이야기를 듣는 것도 나쁘지는 않지만 아이가 도움을 청하거나 하소연하려고 할 때조차 아이의 말은 간단히 넘겨버리고 자기 이야기만 늘어놓으면 아이는 자신의 고통 따위는 부모에게 중요하지 않은 일이라 여기게 된다. 나아가 자신이 필요로 하는 보살핌과 위로를 받지 못해 좌절감을 느낀다.

어떤 엄마는 아이가 아프다고 하면 "엄마는 더 아파!"라고 하면서 아픈 곳을 이리저리 보여주고 한참을 설명하며 아이의 입을 다물게 만든다. 또 아이가 자신이 학교에서 따돌림을 당하는 것 같다고 하면, 엄마 자신이 어릴 때 따돌림 받았던 경험을 장황하게 이야기하며 슬퍼하는 바람에 결국 아이가 엄마를 위로해주기도 한다. 이런 부모는 대개 어릴 적 부모와의 관계에서 충분한 보살핌과 위로, 애정을 받지 못한 경우가 많다. 그때 충족되지 않은 유아적 욕구로 인해 부모가 되어서도 아이의 문제를 제대로 다독여주지 못하는 것이다.

어떤 부모는 아이에게 정말 냉정하게 군다. 이런 부모는 제 자녀의 편을 드는 것이 아니라 오히려 나무라는 경우가 많다. 학교에서 따돌림을 당하는 아이의 엄마가 매우 차분한 어조로 따돌림을 받았던 상황을 이야기하면서 "아이들이 왜 우리 아이한테 그렇게 대했는지 이해가 갑니다. 우리 아이가 눈치가 없지요. 낄 데 안 낄 데 못 가리니 다른 아이들에게 얼마나 성가시겠어요"라며 오히려 다른 아이들을 두둔한다. 아이가 친구에게 맞았다면서 하소연할 때도 엄마는 짜증을 내며 귀찮다는 듯이 "네가 잘하고 다니면 되잖아. 엄마도 몰라, 네가 알아서 해!"라며 오히려 아이를 야단친다.

아이가 도움을 청하거나 불평불만을 말하면 "네 문제니까 네가 알아서 해"라며 아무런 도움도 주지 않고, "넌 왜 그렇게 불평이 많니? 세상에 불평 없는 사람이 어디 있어? 하지만 너처럼 모두 그걸 말하지는 않아!"라고 하는 부모는 아이에게 '네가 문제'라는 인식을 심어준다. 이렇게 냉정하거나 아이를 귀찮아하는 부모를 둔 아이는 자신이 가치 있는 존재라고 느끼지 못하며 심지어 자신이 나쁜 아이라는 죄책감까지 느낀다. 결과적으로 아이의 자아존중감이 낮아진다.

아이가 부모한테서 가장 필요로 하는 것은 내 편이 되어주고 편안하게 해주는 것인데, 부모가 아이에게 이런 애정을 주지 못하면 아이는 자신과 타인, 그리고 세상에 대한 불신감과 불안전감을 느끼며 평생을 외롭게 살아가는 그늘 속으로 들어가고 만다.

아이의 반항심을 자극하는 말
… "그래, 네가 참 잘도 하겠다"

어떤 부모는 아이의 사기를 떨어뜨리는 말을 아무렇지도 않게 하고는 한다. 아이가 "이번 시험은 꼭 올백 맞아야지!"라고 하면 옆에서 비웃는 얼굴로 "퍽이나! 네가?"라고 말해 김빠지게 만들고, "의사가 될 거야!"라고 말하면 "구구단도 제대로 못 외우면서 의사가 된다고? 네가 의사 되는 것보다 엄마가 대통령 되는 게 더 빠르겠다"면서 아이의 약을 올린다. 이런 부모는 자신들이 하는 말이 아이의 사기를 떨어뜨리고 한편으로는 부모에 대한 반항심을 불러일으킨다는 것을 잘 모르는 것 같다.

그러나 어떤 부모는 일부러 이런 점을 이용하기도 한다. 아이가 약이 올라서 오기로라도 무언가를 보여주려 할 것이고, 그러다 보면 무언가 해낼 수 있다고 생각하는 것이다. 가령 아이가 싫어하는 행동을 하게 하려는 마음으로 부모가 아이 앞에서 "넌 그것도 못하지?"라며 자극하는 것이다. 때때로 이런 작전이 성공해 아이가 해내기도 하지만, 이를 너무 자주 사용하거나 정말로 아이에게 버거운 과제를 내주고 "그것도 못하지?"라고 말한다면 아이는 진짜로 마음의 상처를 입는다. 그리고 항상 자신이 실패하기를 바라는 것처럼 조롱하는 부모에 대한 반항심만 커지게 된다.

아이가 좋은 의도에서 한 행동까지 나쁘게 평가하며 비난하는 부모도 아이를 좌절시키며 아이의 반항심을 불러일으킨다. 맞벌이로 피곤한 엄마를 생각해서 저녁식사를 준비한 딸에게 "이런 거 할 시간 있으면 공부나 하지, 하라는 공부는 안 하고 도대체 왜 시키지도 않은 일을 하니?"라고 면박을 주는 경우가 그렇다. 어떤 아빠는 어깨를 주물러주는 아들에게 무슨 잘못을 했는지 바른대로 말하라고 추궁하기도 한다. 이런 부모는 아이란 본디 말썽꾸러기에 문제아여서 올바른 행동을 할 리가 없다고 생각하여 좋은 일을 해도 늘 그 의도를 부정적으로 받아들이며 추궁하거나 야단을 친다. 이런 일이 반복되면 아이는 부모가 자신을 믿지 못하고 나쁘게 생각한다고 여겨 더 이상 부모에게 좋은 아이로 보이려고 노력하지 않으며, 부모가 원하는 대로 약고 이기적으로 행동하면서 결국 문제아가 되기도 한다.

형제자매나 또래와 안 좋은 쪽으로 비교를 당하는 아이도 반항심을 갖기 쉽다. 부정적인 비교는 아이의 자아존중감이나 자신감을 떨어뜨려 주눅 들고 우울하게 만들기도 하지만 반대로 부모에게 대들고 공격하게도 만든다. "네 형 좀 봐라. 형의 반만큼이라도 따라 할 수 없니?" 가끔 드라마에서는 이런 말을 듣고 자란 동생이 형에 대한 적대감과 열등감을 온몸으로 느끼며 반항을 일삼다가 형을 망가뜨리는 복수를 한다. 그러고는 부모에게 "왜 절 사랑하지 않으셨어요? 왜 형만 사랑하신 거예요? 제게도 조금만 사랑을 나눠주고 믿어주셨다면 이렇게까지는 하지 않았을 것 아니에요!"라고 절규하는 장면으로 끝이 난다.

드라마라서 과장된 면이 없지 않지만, 실제로도 정도의 차이만 있을 뿐 비교를 많이 당하고 자란 아이는 내면의 적대감과 분노, 열등감으로 고통스러워한다. 나쁜 비교는 아이에게 '너란 존재 자체는 의미가 없어. 너는 내가 좋아하는 저 사람처럼 될 때만 가치가 있어!'라는 메시지를 암묵적으로 전달해 아이가 자신의 존재를 하찮게 느끼도록 만들어버린다. 그리고 자신을 하찮게 생각하는 아이는 그런 모습을 감추려고 과장되고 반항적이며 공격적인 행동도 서슴지 않는다.

아이의 문제에 너무 과민하게 반응하는 말
…"너 이제 어떡하니, 엄마는 걱정이다"

다섯 살 된 남자아이의 엄마가 당장 숨이라도 넘어갈 것처럼 빨리 상담을 받게 해달라고 사정해 급히 만난 적이 있었다. 그처럼 서둘렀던 것에 비해 아이는 두드러지는 큰 문제가 없어 엄마에게 무슨 일이 있었느냐고 물었다. 그러자 며칠 전 아이의 영어 학원 선생님과 상담을 했는데, 아이가 가끔 수업 중에 옆의 친구와 장난을 친다는 것이었다. 그 말을 듣자마자 엄마는 인터넷으로 무엇이 문제인지 조사하기 시작했고, 혹시 아이가 ADHD(주의력결핍·과잉행동장애)는 아닌지 확인하러 왔다고 했다.

이런 경우 말고도 아이가 유치원에 가기 싫어하면 아마도 유치원에서 안 좋은 일이 있었던 거라고 지레짐작해 틈만 나면 아이에게 "유치원 가는 거 어때?", "선생님이 잘해주시니?", "친구들이 때린 적 있어?"라고 캐묻는 부모도 있다. 그 바람에 아이는 아예 엄마 앞에서는 유치원에 관한 일을 함묵하기도 한다. 어렸을 적에는 한 번쯤 "엄마 미워!", "죽어버렸으면 좋겠어!"라는 말을 할 수도 있는데, 아이가 이런 말을 했다고 아이에게 정서적 문제가 심각한 것은 아닌지, 자신이 부모로서 자격이 없는 건 아닌지 과민 반응을 보이기도 한다.

이처럼 부모가 아이의 문제나 감정에 지나치게 예민하면 오히려 실제보다 그 상황이 더 심각해지기도 한다. 예를 들어 엄마가 밉다고 말한 아이에게 수시로 "정말 엄마가 미워?", "엄마랑 살기 싫어?"라고 묻고 슬퍼하면 아이는 자신이 한 말이 엄마에게 깊은 상처를 줬음을 깨닫고 불안과 죄책감을 느낀다. 또 친구와 다투고 홧김에 유치원이 싫다고 했는데 엄마가 유치원에서 싫었던 일을 자꾸 묻고 유치원을 비난하면, 아이는 자신이 진짜 심각한 피해를 당한 것처럼 생각되어 유치원에 대한 부정적인 감정이 깊어지기도 한다.

부모가 쉽게 불안해하는 과민한 사람이라면 아이 역시 작은 일에도 겁을 내며 주변과 미래에 대해 쉽게 비관적인 생각을 갖고, 새로운 일에 도전하지 못한다. 아이들은 부모가 비춰주는 세상에서 산다. 부모가 밝고 건강한 세상을 보여줄 때 아이 역시 그런 세상 속에서 즐겁게 살아나갈 수 있다.

PART 6

나와 내 아이, 달라질 수 있을까

달라질 수 있다고
믿는 당신은
위대한 부모다

애착의 문제는 다양하다. 어떤 아이는 자신을 전혀 돌보지 않고 내버려만 두는 부모 때문에 애착의 어려움을 겪고, 또 어떤 아이는 사사건건 간섭하고 끼어드는 부모 때문에 안정적인 애착 형성에 실패하기도 한다. 사랑이 지나쳐서 무엇이든 다 해주려는 부모 때문에, 반대로 스스로 하지 못한다며 나무라는 부모 때문에도 애착의 문제가 나타난다. 이렇게 애착이 불안정하게 형성되는 이유가 다양하듯 아이들이 애착 형성의 어려움을 표현하는 방식도 다양하다. 어떤 아이는 늘 징징대며 엄마에게서 떨어지지 못하고, 어떤 아이는 엄마를 때리고 걷어차고 엄마만 보면 씩씩댄다. 얼핏 보면 짜증 나고 답답해 보이는 아이의 행동에는 말로 표현하지 못한 좌절된 욕구가 숨어 있다. 이러한 욕구를 잘 파악하고 적절히 충족시켜주는 것이 잘못된 애착 경험을 해결하는 시작이다. 애착의 문제를 보이는 아이들이 자주 나타내는 문제 행동의 유형을 알고 그 행동이 갖는 의미와 해결 방법을 이해하려 노력해보자.

자자손손 대물림되는 잘못된 애착

부모 손에 이끌려 상담센터를 찾는 아이와 만나서 이런저런 평가를 거친 후 부모에게 '당신의 아이가 이렇습니다'라고 설명을 하고 나면 너무나 많은 부모가 깊은 한숨을 내쉬면서 "내 얘기를 하는 것 같군요. 말을 듣다 보니 나와 똑같아요"라고 한다. 마치 아이에게 모든 문제가 있는 것처럼 화내고 답답해하던 처음과 달리 눈시울이 붉어지며 자책감에 어쩔 줄 몰라 한다. 그제야 자신이 어떻게 살아왔는지, 어떤 어린 시절을 보냈는지 고백하며 분통을 터뜨리기도 하고 무력해하기도 한다. 아무리 부정하려 해도 내 아이의 문제가 내 문제와 깊이 연관되었다는 사실을 더는 피할 수 없어지면, 부모는 아이 탓을 할 때보다 오히려 더 막막해한다.

이런 부모들을 수도 없이 만나다 보니, 굳이 애착 이론이나 연구 결과들을 들춰보지 않아도 부모와 자식 관계란 이 세상에 존재하는 어떤 관계보다도 특별하고 중요하며, 부모의 유전자가 자식에게 전달되듯 애착 유형도 바꾸려고 애쓰지 않으면 그대로 자자손손 전달된다는 것을 알게 되었다. 만약 누가 나에게 세상에서 가장 징글징글한 것이 무엇이냐고 묻는다면, 서슴없이 '잘못된 애착'을 꼽을 것이다. 끈덕진 물귀신처럼, 떨어지지 않는 껌 딱지처럼 좋지도 않은 것이 딱 달라붙어서 내 삶과 자녀의 삶까지 망쳐버리니 그보다 더 나쁜 것이 무엇이 있겠는가!

그래도 희망이 있다면 이런 잘못된 애착의 징글징글한 대물림도 굳게 마음만 먹으면 날려버릴 수 있다는 것이다. 비록 나의 슬펐던 어린 시절을 보상받을 수는 없지만 지금부터라도 나와 내 아이는 행복하게 살 수 있으며, 내 아이들과는 얼마든지 좋은 애착을 맺을 수 있다.

고백하건대, 나는 친정 엄마와 좋은 애착을 맺지 못했다. 그래서 겉으로는 착하고 얌전한 모범생이었지만 안으로는 외로움과 들끓는 화 때문에 힘들어했다. 이 세상에서 가장 가까워야 할 사람과 충분히 붙어 있지 못한 것 때문에 어른이 되어서도 다른 사람과 친해지는 것이 쉽지 않았다. 만일 상담이라는 일을 하지 않았더라면 아마 지금까지도 친정 엄마는 물론 다른 사람들과도 거리를 둔 채 외로워하고 괴로워하며 살았을 것이다. 다행히도 사람의 마음에 대해 공부하고, 이를 통해 자신을 들여다봄으로써 불안정한 애착 때문에 형성된 부정적인 내적 작동 모델이 더 이상은 나쁜 쪽으로 움직이지 않도록 브레이크를 걸 수 있었다. 그 후로 나의 삶은 그전보다 백 배,

만 배 더 풍요로워지고 행복해졌다. 너무나 감사한 일이다.

많은 사람들이 나에게 "정말 변할 수 있을까요?", "제대로 된 양육을 받지 못한 내가 아이를 잘 키울 수 있을까요?", "이제껏 아이에게 못되게 굴었는데, 아이가 좋아질 수 있을까요?"라고 묻는다. 항상 나의 대답은 "YES!"다. 스스로 경험해보았기 때문에 더 자신 있게 말할 수 있다. 하지만 조건이 있다. 변화하려는 노력과 행동이 반드시 뒤따라야만 한다. 아무리 슬퍼하고, 반성하고, 수백 번 다짐해도 올바르고 좋은 방식으로 '행동'하지 않으면 아무런 변화도 생기지 않는다. 감정과 생각으로는 아무것도 바꿀 수가 없다.

미안한 마음이라면 '미안해'라고 말해야 아이는 엄마의 마음을 안다. 아이에 대한 죄책감을 평생 안고 살아도 그 마음을 표현하지 않으면 아이는 알지 못한다. 사랑한다면 아이에게 사랑한다고 말하고, 애정을 듬뿍 담아 안아주어야 한다. 아이의 잘못된 내적 작동 모델을 바꿔주고 싶다면 아이가 긍정적인 모습을 보일 때에는 적극적으로 엄마의 기쁨과 칭찬을 표현하는 등 지금까지와는 다른 태도를 보여야 한다. 이처럼 올바른 변화를 위해 부모가 적극적으로 행동할 때만이 진정한 변화가 이루어진다.

이 책을 읽는 동안 부모들은 자신의 어린 시절과 자녀를 대했던 자기 모습을 떠올리며 한동안 과거를 회상했을 것이다. 똑같은 잘못을 되풀이하지 않으려면 과거의 잘못을 반성해야 한다. 하지만 과거에만 연연하는 것은 어리석은 짓이다. 잘못을 알았다면 어떻게 그것을 만회해야 하는지를 생각하고, 현재와 미래를 위한 행복에 더 많은 시간을 투자하는 것이 현명한 사람이다.

설령 과거에 아이와 좋은 애착을 형성하지 못했더라도 그것에 대해 괴로워하고 후회하는 것은 이제 그만두자. 대신 앞으로 아이에게 해주고 싶은 것들, 해야 할 것들에 주목하자. 애착은 어찌해볼 수 없는 난공불락의 성이 아니다. "열 번 찍어 안 넘어가는 나무는 없다"는 속담처럼 열심히 노력하는 부모에게 안 흔들릴 '애착'도 없다. '좋은 애착', 바로 이것이 자손에게 물려줄 가장 위대한 유산이며, 그 일을 해낸 부모야말로 가장 위대한 부모다.

애착은 부모의 책임이다

부모-자녀 관계의 중요성을 강조한 정신분석학자인 도널드 위니캇(Donald Winnicott)은 자신의 저서에서 다음과 같이 기술했다.

아기라는 존재는 없다. 오직 양육하는 부모만 있을 뿐이다. 적절한 양육 기술이 없다면, 아기라는 새로운 인간은 아무런 가능성도 갖지 못할 것이다.

그동안 수많은 아이들을 상담하고 그들의 부모를 만나본 나의 경험에 비추어보아도 어린 아기는 타고난 기질이나 능력보다 부모라는 존재에 더 큰 영향을 받는다. 그러므로 아이가 좋은 애착을 형성하고 긍정적으로 성장하기 위해서는 무엇보다 부모와 자녀의 관계가 건강하게 이루어져야만 하며 그 관계에서 부모가 훨씬 더 많은 책임을 져야 한다.

부모와 불안정한 애착을 형성한 아이는 자신의 내적 작동 모델에 따라 부모와 함께 있어도 혼자 놀려고 하거나, 놀잇감은 거들떠보지도 않고 부모에게 매달려 징징대기도 한다. 부모는 "애가 이래요!" 하며 아기를 비난하거나 체념해서는 안 된다. 잘못된 애착에서 벗어나기 위해서는 부모가 아이와의 관계를 보다 적극적으로 이끌고 건강한 상호작용을 시도해야 한다.

부모가 이끌고 책임지는 상호작용에는 여러 가지 것들이 포함된다. 부모와 함께 있으려 하지 않고 밀치고 저항하며 내빼는 아이를 품에 꼭 안아 진정시키는 것부터 보호와 돌봄을 받은 경험이 없어 자꾸만 위험한 행동을 하려는 아이를 저지하고 안전한 곳으로 인도하는 것도 상호작용 중 하나이다. 어려서 부모에게 받았어야 할 스킨십이나 애정을 접하지 못한 아이에게는 이제라도 아이가 충분히 경험할 수 있도록 부모가 노력해야 한다.

가령 무서울 때 혼자 구석으로 숨어들어 손가락을 빠는 아이라면 엄마가 품에 포근히 안아 다독이고 아이가 진정할 수 있도록 도와주어야 한다. 아이가 넘어져 무릎에 상처가 났다면 상처에 정성껏 약을 발라주고 '호' 하며 따뜻한 입김을 불어주어 아이가 사랑받고 있음을 느낄 수 있도록 해야 한다.

부모가 이끌어야 할 상호작용에는 도전을 격려하는 활동들도 포함된다. 어린아이는 놀랄 만한 속도로 성장한다. 따뜻함과 애정이 과보호에만 머물러서는 곤란하다. 애착이 안정적으로 형성된 아이는 자신에 대한 신뢰감과 자신을 보호해줄 타인에 대한 믿음이 합쳐져서 좀더 어렵고 복잡한 일에 도전하며 발달을 가속시킨다. 아이에게 자신과 부모를 믿도록 격려하며 성취감을 느낄 만한 일들에 도전해 보도록 부추기는 일도 어른의 역할 중 하나이다. 이러한 상호작용을 위한 부모의 적극적인 시도는 아이가 부모에게 가졌던 부정적인 인식과 경험을 잊게 만들고 새롭게 긍정적인 내적 작동 모델을 형성할 수 있도록 돕는다.

늘 징징대고
안아달라고 하는 아이

현수의 엄마는 아이가 다섯 살이고 이제 충분히 컸는데도 자꾸 안아달라고 보챈다며 상담센터를 찾았다. 조금만 나무라면 금세 눈물이 뚝뚝 떨어지고 늘 징징대는 말투에다가 '안아줘', '업어줘', '먹여줘', '아프니까 호 해줘' 등 온갖 요구를 해대는 바람에 현수 엄마는 아이가 지겹고 짜증이 난다고 했다.

현수는 상담실에서 엄마와 잠시 놀이를 하게 되었다. 엄마는 아이에게 "놀아, 저기 장난감 많네!"라고 말하고는 아이와 멀찍이 떨어져 앉았다. 아이는 잠시 장난감을 살펴보더니 엄마에게 다가와 "엄마, 저거 꺼내줘"라고 부탁하고, 엄마가 그것을 꺼내주면 또다시 "엄마, 저것도!" 하며 엄마가 자리에 앉을 만하면 계속해서 다른 것을 요구했다. 짜증이 난 엄마에게 한바탕 핀잔을 듣고 나서야 현수는 더 이상 장난감을 꺼내달라고 요구하지 않고 놀기 시작했다. 현수는 아기 인형을 꺼내더니 우유를 먹이고, 음식물 모형 장난감으로 계속 요리를 하더니 아기 인형에게 끊임없이 주었다. 그러더니 갑자기 아기 인형에게 주었던 우유병을 집어 들고는 자신이 빨기 시작했다.

현수의 이런 끊임없는 요구는 애착의 관점에서 그동안 물리적 혹은 심리적 욕구가 충족되지 않은 것과 깊은 관련이 있다고 해석할 수 있다. 엄마에게 이것저것 꺼내달라고 요구하고, 아기 인형을 계속해서 먹이고 심지어 우유병을 빠는 행동은 욕구는 가득한데 이것이 제대로 충족되지 않아 그동안 많이 허기가 졌으며, 욕구 좌절을 경험하고 있다는 것을 뜻한다. 사실 그동안 현수는 우울증이 있는 엄마에게 충분한 돌봄을 받지 못했다. 엄마는 최소한의 육아만 담당했을 뿐 자발적으로 놀아주거나 현수를 안아주지 않았다. 엄마와의 이러한 관계는 현수에게 '다른 사람들은 나의 욕구를 만족시켜주지 않는다'라는 내적 작동 모델을 만들었고, 이러한 내적 작동 모델에 따라 현수는 다른 사람이 자신의 욕구를 들어주도록 끊임없이 요구해야만 했고 그것이 좌절되어 슬퍼하는 일을 반복한 것이다.

세상의 모든 아이는 떼를 쓴다

현수와 같은 아이를 둔 부모는 아이의 요구가 너무 많고 지나치게 엄마를 찾는다며 부담스러워한다. 하지만 사실 모든 아이는 부모에게 요구하고 떼를 쓰거나 붙어 있고 싶어 하며 대부분의 부모는 원래 아이들은 그런 거라고 생각한다. 그러므로 무리한 요구가 아니라면 아이의 요구를 흔쾌히 들어주며 배려한다. 하지만 어떤 부모는 아이를 돌보는 것이 귀찮고 힘들다고 여겨, 스스로 하지 못한다고 아이를 나무라거나 빨리 독립시키지 못해 안달하기도 한다.

아직 어린아이를 큰애 취급하는 경우도 허다하다. 이러다 보면 부모가 아이의 요구를 들어주기보다 아이를 재촉하고 타박만 하게 된다. 결국 아이가 심하게 징징대고 요구를 해야지만 마지못해 들어주는 일이 반복된다. 이로 인해 아이는 사람을 믿지 못하고 자신이 원하고 필요로 하는 것들이 빈번히 좌절되면서 낙담하게 된다. 이런 아이가 사람에 대한 신뢰감을 회복하고 욕구 좌절에서 벗어나도록 하려면 부모는 아이가 요구하기 전에 먼저 아이를 돌봐주고 만족시켜주며 배려해야 한다. 즉 아이에게 자신이 사랑스러운 존재이며, 언제나 부모의 돌봄과 보호를 받을 만한 충분한 가치가 있는 존재임을 느끼게 하는 '양육 행동'을 열심히 보여주어야 한다.

대표적인 양육 행동으로는 안아주고 뽀뽀해주고 부드럽게 어루만져주는 친밀한 접촉과 아이가 다치거나 힘들어할 때 충분히 보살펴주고 위로해주는 행동이 있다. 또한 아이가 부탁을 할 때 건성으로 듣거나 일부러 못 들은 척하다가 아이의 울음소리가 커지고 나서야 짜증을 내며 다가가지 말고 아이의 말에 열심히 귀 기울이고 반응해주어야 한다. 징징대는 아이에게 "징징대지 말고 말해, 울지 말고!"라고 말하는 대신에 아이가 전달하고자 하는 말을 주의 깊게 듣고 아이가 한 말을 차분히 다시 말해주는 것도 좋다. 아이가 부모는 자신의 말에 귀 기울이며 화내지 않을 것이라고 믿는 것이 바로 부모에 대한 신뢰감이다.

♥ 아이에게 이렇게!

신뢰감을 주는 놀이활동

1. 머리부터 발끝까지
아이와 마주 앉거나 아이를 안은 상태에서 아이의 머리부터 발끝까지 부드럽게 어루만져준다. 아이의 눈썹, 콧잔등, 턱 등을 귀한 보물을 다루듯이 만져주며 "우리 현수 눈썹은 예쁜 초승달 같구나!"라고 하나하나 감탄하듯 말해준다.

2. 자장가 불러주기
아이의 잠자리를 돌봐주면서 자장가나 조용하고 편안한 노래를 불러준다. 노래가 아니더라도 부드럽고 나지막한 목소리로 아기 때 있었던 일이나 아이에 대한 엄마의 따뜻한 마음을 이야기해주어도 좋다.

3. 과자 먹여주기

기다란 과자를 엄마가 입에 물고 아이에게 깨물어 먹으라고 한다. 아이의 입이 가까이 다가오면 '쪽' 소리를 내며 입맞춤을 해준다. 엄마와 아이가 함께 과자를 먹으며 엄마가 과자를 들고 비행기나 자동차 흉내를 내면서 아이 입 속으로 쏙 넣어주는 것도 좋다.

위험한 행동을
자주 하는 아이

네 살 남자아이 윤수는 온몸이 상처투성이다. 부딪혀서 생긴 멍부터 날카로운 것에 긁힌 상처까지 온몸이 성할 날이 없다. 그러한 상처들만 보면 패나 말썽꾸러기일 것처럼 생각되지만 실제 만나본 윤수는 눈 맞춤도 잘하지 못하고 혼자 놀며 위축된 모습을 보였다. 장난감들이 많은 방에서도 눈으로만 살펴볼 뿐 선뜻 나서서 만지지 못했다. 몇 번의 격려 끝에야 겨우 원하는 장난감을 꺼낼 수 있었다. 윤수는 공룡을 좋아했는데, 주로 하는 놀이는 아기가 공룡에게 추격을 당해서 끝내 물려 죽는 내용이었다. 놀이를 하다 윤수는 높은 곳에 있는 다른 공룡을 꺼내고 싶어 했는데, 손이 닿지 않자 선반을 밟고 올라가려 했다. 위험한 행동이라 내가 다가가서 제재하니 거칠게 내 손을 밀쳐내고는 몸을 휙 돌려 다른 곳으로 가버렸다.

윤수 엄마의 말에 따르면 윤수는 욱하는 성질의 아빠 때문에 두 돌이 채 되기 전부터 매를 많이 맞았다고 했다. 하지만 윤수가 산만하고 겁도 없어 위험한 행동을 자주 하는 바람에 매를 버는 면도 있단다. 그런데 이상한 점은 윤수 자신은 위험한 행동을 스스럼없이 하면서도 부모가 실수로 자기를 다치게 하거나 장난으로 놀라게 하는 행동을 하면 엄청 화를 내며 오랫동안 짜증을 부린다는 것이었다.

보호받고 있다는 믿음을 주어라

윤수의 반응은 윤수가 부모와의 관계에서 안전감을 발달시키지 못했음을 보여준다. 어렸을 적부터 부모에게 자주 매를 맞으면서 부모와의 관계에서 안전감 대신에 두려움을 갖게 된 것이다. 부모에게 안전감을 느끼지 못하는 아이는 세상에 대해서도 두려움과 위협을 느낄 수밖에 없다. 부모로부터 보호받는 경험을 하지 못했으니 불안한 상황에서도 도움을 청하지 못해 자주 다치고, 위험한 상황을 피하거나 그러한 상황에서 자신을 보호하는 법도 잘 알지 못한다. 그러나 마음속 깊이 부모에게 돌봄과 보호를 받고 싶은 욕구는 남아 있어서 부모가 자신을 지켜주지 못했을 때는 매우 슬퍼하고 화를 낸다. 이러한 안전감의 문제 때문에 괴로워하는 아이는 놀이에서도 빈번히 자신을 약한 존재로 표현하며, 괴물이나 사나운 동물, 혹은 나쁜 사람에게 공격과 위협을 당하는 놀이를 반복한다.

이러한 아이에게는 부모가 아이를 보호하고 지켜줄 것이라는 표현을 적극적으로 해야 한다. "엄마와 함께 있으면 괜찮아", "엄마, 아빠는 무슨 일이 있더라도 널 지켜줄 거야"라고 말해주는 것도 좋다. 물론 말과 일치하는 행동도 필요하다. 이런 말과 행동이 부모에 대한 과도한 의존으로 연결될까 봐 지레 불안해할 필요는 없다. 부모에게 충분히 의존했던 아이가 독립도 더 수월하다는 것을 명심해야 한다. 아이에게 안전감을 제공하는 것은 실제로 위험한 일에서 보호해주는 것뿐 아니라, 공격적이거나 파괴적인 행동을 하지 않도록 지도해주는 것도 포함한다. 이를 위해서는 아이에게 사회적인 규칙과 기본적인 예의범절을 가르치는 것이 필요하다.

가르치는 방식도 매우 중요한데, 위험한 행동을 했다고 때리거나 다그치는 것은 오히려 불안전감을 조장한다. 어떤 부모는 아이가 길거리에서 떼를 부린다며 "그럼, 너 여기 있어" 하고 아이를 내버려두고 떠난다. 겁을 주어 규칙을 지키게 하려는 셈이지만 많은 차와 사람들이 지나다니는 길거리는 아이에게 결코 안전한 장소가 아니다. 아이의 떼를 받아줄 필요는 없지만 길거리 대신 한적한 장소로 데려가 아이가 자신의 감정을 다스릴 수 있는 시간을 주는 것이 좋다. 안전감이란 '너는 매우 소중한 존재이므로 네가 잘못되거나 위험에 처하는 일이 없도록 부모가 지켜줄 것'임을 아이가 느끼는 것이다.

♥ 아이에게 이렇게!

안전감을 주는 놀이활동

1. 이불 그네 태워주기
엄마, 아빠가 이불의 양쪽 끝을 단단히 잡고 아이를 태운 후 부드럽게 흔들어준다. 아이가 안전감을 느낄 수 있도록 강도와 속도를 조절한다. 엄마, 아빠의 보호 아래 아이는 즐겁고 짜릿한 경험을 하게 된다.

2. 이인삼각 걷기
아이 옆에 서서 아이와 부모의 발을 끈이나 보자기로 묶는다. 서로 허리를 잡고 방 안을 돌아다닌다. 부모가 몸의 움직임을 조절해 아이와 함께 잘 걸을 수 있도록 한다. 걸을 때마다 '안쪽', '바깥쪽'이라고 말해줘서 아이가 어느 쪽 다리를 움직여야 하는지 알 수 있게 한다.

3. 여기에서 저기까지
한쪽에는 엄마와 아이가, 다른 한쪽에는 아빠가 서 있는다. 엄마의 품을 떠난 아이는 여러 가지 재미있는 방식으로 아빠에게 간다. 아빠는 다가온 아이를 번쩍 높이 안아 반갑게 맞아준다. 다시 아이는 아빠에게서 엄마를 향해 재미있는 몸놀림을 하며 다가간다.

강박적이고
변화를 싫어하는 아이

다섯 살짜리 연주는 조울증을 앓는 엄마와 알코올의존증이 있는 아빠, 그리고 ADHD(주의력결핍·과잉행동장애)가 있는 오빠와 함께 살았다. 연주는 집안이 시끄러워지면 늘 메고 다니는 배낭을 열어 옷을 꺼내 단추를 잠갔다 푸는 행동을 반복했다. 반복적이고 강박적으로 보이는 이러한 행동은 불안정한 가정환경에 휩싸이지 않고 중심을 잡으려는 연주 나름의 노력이다. 연주 같은 행동 이외에도 꽤 많은 아이들이 다양한 방법으로 강박적인 행동을 반복한다. 밖에 나갈 때면 자신이 아끼는 장난감을 한 짐 꾸려 봇짐 지듯 메고 다니는 아이, 하루에도 몇 번씩 옷장을 열어 자신의 옷가지나 신발을 가지런히 정리하고 누가 이를 흐트러뜨리기라도 하면 소리를 지르고 서럽게 울어대는 아이, 엄마가 집을 꾸민다고 카펫을 새로운 것으로 바꿔놓으면 전에 쓰던 것을 도로 가져오라며 고래고래 소리를 질러 결국 다시 옛 카펫을 깔아놓게 만드는 아이, 하루에도 몇 번씩 자신의 장난감 카드를 꺼내 세어보고 확인하며 한 장이라도 없어지면 울고불고 난리를 치는 아이 등 강박적인 행동 형태는 다양하게 나타난다.

양육의 일관성을 유지하라

어른으로 치자면 '강박 장애'에 해당될 만한 이런 증상들은 강박 장애라기보다는 애착의 문제로 바라봐야 한다. 안정적인 애착을 위해서는 양육의 일관성이 중요한데 이런 아이들은 매우 혼란스러운 양육 환경을 경험했거나, 변덕스럽고 비일관적인 부모를 둔 경우가 많다. 양육자가 자주 바뀌었거나, 이사를 자주 다녔거나, 부모가 조울증이나 우울증, 혹은 성격 장애가 있어 감정 기복이 심하고 비일관적으로 아이를 대하면 아이는 타인이나 상황에 대한 안정적인 이미지를 형성하지 못해 상당히 혼란스러워한다. 아이는 자기 나름대로 이러한 혼돈에서 벗어나 안정감을 느끼고 싶은 마음에 무언가에 집착하며 같은 상태를 유지하려고 애쓴다.

아이가 이러한 행동을 보인다면 부모는 예측 가능하고 일관성 있는 양육에 집중해야 한다. 집안 인테리어를 너무 자주 바꾼다거나,

돌발적인 외출이나 깜짝 이벤트는 줄이는 것이 좋다. 변화가 예상되면 아이에게 미리 말해주어 아이가 마음의 준비를 할 시간을 주고, 부모가 아이를 두고 외출할 때도 언제 올 것인지 반드시 말해준다. 늦을 경우에는 전화로 꼭 알려주어야 하고, 아이와의 약속은 반드시 지키도록 애써야 한다. 양육의 지침은 부부가 함께 만들고 공유하며 그 지침에서 벗어나지 않는 것도 양육의 일관성을 유지하는 데 도움이 된다.

비일관적인 양육을 하는 부모는 대부분 감정 기복이 심하고 스트레스에 취약한 특성이 있다. 평온한 상황에서는 아이에게 다정다감하지만, 어려운 문제가 발생하면 버럭 화를 내고 안절부절못하며 아이에게도 불안감을 안겨준다. 따라서 부모 스스로 자신의 감정을 다스리는 훈련을 해야 한다. 또한 아이에게 불똥이 튀지 않게 하려면 격앙된 상태에서는 지시를 삼가는 것이 좋다.

지시를 해야 할 때는 심호흡을 크게 한두 차례 하면서 마음을 진정시킨 후, 머릿속으로 아이에게 해야 할 말을 완전한 문장으로 만들어보자. 해야 할 말을 미리 정해놓은 후 그대로 전달하며 괜한 말을 덧붙여 아이를 불안하게 하지 말아야 한다. 때로는 격앙된 감정 때문에 지나치게 화를 내는 경우도 있다. 이런 때는 부모가 잘못을 인정하는 것도 매우 성숙된 행동이다. 지나치게 대했다면 나중에라도 아이에게 꼭 사과해야 한다. 하지만 '양치기의 거짓말'처럼 잘못하고 사과를 반복하는 일이 벌어지면 곤란하다.

♥ 아이에게 이렇게!

안정감을 주는 놀이 활동

1. 손, 발, 몸의 윤곽선 그리기

종이 위에 아이의 손이나 발을 대고 윤곽선을 그린다. 몸 전체의 윤곽선을 그릴 수도 있다. 그리는 동안 "지금은 손목을 그리고 있어. 이제 곧 손가락을 그릴 거야" 하는 식으로 아이에게 계속 말을 건넨다. 아이는 엄마가 다음번에 무엇을 할지, 그리고 어디까지 진행되었는지 알 수 있으므로 편안하게 활동을 즐길 수 있다.

2. 맨 앞사람 따라 하기

아이와 부모 모두 일어서서 줄을 맞춰 서고, 앞사람의 허리를 잡는다. 맨 앞사람이 특이한 몸짓으로 움직이면 뒤에 있는 모든 사람은 맨 앞사람을 똑같이 따라 한다. 순서를 바꿔 앞에 있던 사람이 뒤에 가고, 그다음 사람이 리더가 되어 새로운 동작으로 집 안을 돌아다닌다.

3. 자동차 운전하기

아이를 무릎에 앉히고 부모가 자동차가 되어 다리를 흔들며 움직인다. 자갈길, 매끄러운 도로, 언덕길을 올라가는 등 다양한 상황을 만들어 그에 맞는 속도와 강도로 흔들어준다. 반드시 아이에게 "지금은 덜컹거리는 자갈길이에요. 차가 흔들리니 꽉 잡으세요"와 같은 말을 미리 해주어 아이가 다음 상황을 예측하고 준비할 수 있도록 해야 한다.

짜증이 많고
지나치게 화를 내는 아이

다섯 살 진석이는 동네에서 '깡패'로 불린다. 실수로라도 진석이를 건드린 사람은 반드시 진석이에게 보복을 당하고 만다. 마음에 안 들면 자기보다 덩치가 큰 형들에게도 돌진해 발로 차고 깨문다. 조금만 뭐라 해도 씩씩거리고 분을 참지 못한다. 이러한 행동 때문에 진석이는 맞기도 많이 맞았다. 맞벌이를 하는 부모 때문에 어릴 때부터 진석이는 가까이 사는 할아버지가 쭉 돌봐주었다. 할아버지는 무뚝뚝하고 엄격하신 편으로 한 번 말해서 듣지 않으면 화를 내고 진석이를 때렸다. 부모가 돌아오면 온종일 진석이가 잘못한 일들을 말하며 부모에게도 화를 내시고는 했다. 진석이 엄마는 시아버지에게 그런 말들을 들을 때마다 속이 상해 진석이를 붙잡고 울기도 하고, 버릇을 고친다고 내내 아이를 잡도리하기도 했다. 하지만 진석이는 나아지지 않았고, 오히려 자신을 나무라는 사람에게 침을 뱉거나 몸을 부르르 떨면서 주먹을 휘두르는 등 점점 더 폭력적인 아이가 되었다.

화를 내기 전에 행동의 이유에 집중하라

누구나 화를 느낄 수 있지만 이러한 감정을 표현하는 방식은 사람마다 다르다. 부모와 건강한 애착을 형성한 사람들은 화난 감정을 사회적으로 용인되는 방식으로 표현한다. 예를 들면 "아유, 속상해", "짜증 나" 하고 말로 내뱉기도 하고, 악기를 연주하거나 운동을 하며 분노를 표현하기도 한다. 하지만 애착의 문제가 있는 사람들은 자신의 부정적인 감정을 잘 처리하지 못해 고함을 치거나 공격적인 방식으로 나타낸다.

건강한 부모와 자녀 관계에서 부모는 아이가 화를 낼 때 '사람은 누구나 화를 느낄 수 있다'고 이해하기 때문에 아이가 화를 내더라도 같이 내지 않는다. 즉 아이가 화를 내더라도 아이를 거부하거나 나쁘다고 여기지 않는다. 아이가 화를 낼 때 그 이유에 대해서 알려고 하기보다 화를 낸다는 것 자체에 기분이 상해 "왜 소리를 질러", "왜 때려"라며 야단을 치고 체벌하면 아이는 부모에게 거부당한다는 느낌을 받는다. 그와 함께 역시 스트레스를 받을 때는 화를 낼 수밖에 없다고 부모에게 똑같이 배우고 만다.

화를 자주 내는 아이와 안정적인 애착을 다시 형성하려면 부모가 먼저 화를 내는 것을 자제해야 한다. 아이가 무엇 때문에 기분이 상했는지, 왜 화가 났는지에 집중해보자. 화가 난 사람을 부추겨 좋을 것은 하나도 없다. 화가 난 사람은 이해와 안정이 필요하다. 화내지 않고 "이런 이유로 화가 났구나"라고 아이의 감정을 말해주면 아이도 점점 진정되면서 다음에는 자신의 감정을 말로 잘 표현하게 된다.

이제껏 화를 자주 냈던 아이라면 부모는 특히 아이가 화를 낼 때 말이나 행동, 표정을 통해 '화를 냈기 때문에 넌 나쁜 아이야'와 같은 메시지를 전달하지 않도록 노력해야 한다. 자신을 나쁘게 생각하는 아이는 자존감이 낮아지고 나쁜 행동을 하더라도 '난 원래 나쁜 아이니까'라며 교정하려는 노력도 하지 않기 때문이다.

♥ 아이에게 이렇게!

감정 조절을 위한 놀이 활동

1. 풍선 터뜨리기
풍선에 미워하는 사람이나 화나고 속상했던 순간을 그리거나 적게 한 후, 풍선 치기 놀이를 하다가 마지막에는 신나게 터뜨린다. 사회에서 수용되는 방식으로 화를 표현하는 방법을 배울 수 있다.

2. 비눗방울 크게 불기

비눗방울을 빨대 끝에 묻혀 천천히 불어 크게 부는 놀이를 한다. 비눗방울을 크게 불 때 숨을 깊게 들이마셨다가 천천히 내쉬는 호흡법이 바로 심호흡이다. 심호흡은 흥분했거나 긴장될 때 도움이 되므로, 비눗방울 놀이를 통해 심호흡 방법을 알려주고 필요할 때 스스로 사용할 수 있도록 말해준다.

3. 엄마, 해도 돼요?

부모가 아이에게 지시를 한다. 예를 들면 "나를 향해 거인 걸음으로 크게 세 발자국 오세요"라고 말한다. 아이는 지시에 따라 행동하기 전에 반드시 "엄마, 해도 돼요?"라고 물어봐야 한다. 아이가 잊어버리고 묻지 않으면 다시 제자리로 돌아와야 한다. 아이가 부모에게 점점 다가가다가 끝까지 도착하면 안아준다. 즐거운 놀이를 통해 지시를 수용하고 규칙을 따르며 행동을 조절하는 연습을 할 수 있다.

기운이 없고
풀이 죽어 있는 아이

 놀이방에 다니는 네 살 준혁이는 또래와 어울리지 않고 아무것도 하지 않은 채 하루를 보낸다. 밥을 먹을 때도 가만히 보고만 있다가 아이들이 다 먹고 자리를 떠나면 그제야 먹기 시작한다. 집에서도 텔레비전 만화를 보거나 혼자 침대 위에 인형들을 늘어놓고 '엄마 놀이'를 한다. 엄마 인형은 가끔 말도 없이 아이를 두고 가버리지만 다시 아이에게 나타나 안아주기를 반복한다. 그 엄마 인형은 준혁이의 보물 1호다.

준혁이는 6개월 전에 엄마를 잃었다. 백혈병을 앓았던 엄마는 5개월 정도 투병 생활을 하다 세상을 떠났다. 세상을 뜨기 일주일 전까지도 엄마는 시간이 나면 준혁이와 놀아주었다. 사망 일주일 전까지는 병세가 호전되고 있었기 때문에 가족 모두 엄마의 갑작스러운 죽음에 망연자실할 수밖에 없었다. 엄마가 병원에 입원하고 장례 절차가 마무리될 때까지 준혁이는 이모네 집에서 지냈다. 그동안 준혁이는 엄마를 보고 싶다고, 엄마가 어디 있느냐고 물었지만 아무도 준혁이에게 사실을 말해주지 않았다. 어른도 감당하기 힘든 충격을 이제 막 네 살 된 준혁이가 감당하기에는 어려울 거라고 생각해서 가족들은 준혁이가 어느 정도 클 때까지는 엄마의 죽음을 감추기로 결정한 것이다. 준혁이도 처음에는 엄마를 찾고 보챘지만 지금은 엄마 이야기를 입 밖으로 꺼내지 않는다. 가족들은 그런 준혁이를 보며 이제 엄마를 잊었다고 생각하고 안심했지만 그때부터 준혁이는 마음의 병을 앓기 시작했다.

꾸준한 관심과 애정만이 답이다

밝고 생기가 넘쳐날 나이인데도 얼굴 표정이 어둡고 쓸쓸함마저 묻어나는 아이들이 있다. 사람을 보면 긴장해서 피하고, 무리에서 함께 놀려고 하지 않고 혼자 있으려 한다. 이러한 아이들 중에는 사정이 있어 부모와 떨어져 지내거나, 이혼이나 죽음과 같은 분리를 경험한 경우가 많다. 부모와는 함께 지내더라도 평소 자신을 엄마처럼 돌봐주었던 할머니가 세상을 떠났거나, 매일 함께 지냈던 친구나 이웃과 떨어지게 되었을 때도 우울한 모습을 나타낸다. 이런 경우가 아니더라도 부모가 너무 바빠서 아이와 함께 놀아줄 시간이 없고 관심을 쏟을 여유가 없을 때도 그렇다. 한마디로 말하자면 애착 대상을 잃어버렸다는 상실감이 아이를 기운 없고 풀이 죽게 만든다.

어른들은 아직 어리기만 한 아이가 죽음이나 상실과 같은 무거운 주제를 견딜 수 없을 거라 생각하며 그러한 진실을 아이에게 숨기려 한다. 하지만 그것은 어른들의 생각일 뿐이다. 애착 대상과 관련된 상실 경험은 어른보다 아이에게 더 심각한 문제가 된다. 그렇지 않은 척 감추려 하기보다 아이가 한동안은 고통을 겪더라도 상실감을 극복할 수 있도록 도와주는 것이 좋다. 이를 위해서는 아이가 느끼는 슬픔과 고통, 걱정에 대해 충분히 들어주고, 애착 대상을 잃어버린 것을 아이 자신의 탓으로 돌리지 않도록 돌봐주어야 한다.

유아기에는 자기중심적 사고를 하기 때문에 어린아이는 부모의 이혼이나 죽음을 종종 자신이 잘못해서 벌어진 일이라며 자책하는 경향이 있다. 또한 유아기의 상상력은 비현실적인 문제 해결 방법을 낳는다. 부모의 이혼이나 죽음을 경험한 아이가 놀이 속에서 부모가 결혼하고, 죽은 사람이 살아오는 장면을 반복적으로 표현하는 것도 이러한 상상을 통해 현실을 부정하고 싶은 마음이 깔려 있는 것이다. 상상은 일시적으로 사람의 기분을 좋게 해주지만 현실을 변화시키지는 못한다. 아이의 바람을 인정하고 이해해주어야 하지만 아이에게 현실을 말해주는 것도 필요하다. 죽었거나 이혼한 부모와 함께 살지 못하더라도 남아 있는 부모나 주변의 좋은 어른들이 아이에게 더 많은 애정과 관심을 보여주면 된다.

부모가 함께 있어도 관심을 받지 못한다고 느낀다면 이는 어쩌면 부모를 잃어버린 경우보다 더 비참하다. 부모가 일을 다 마친 후 아이와 놀아주어야겠다고 생각하는 것은 잘못이다. 어른이 되면 해야 할 일이란 끝이 없어서 적당한 선에서 '오늘은 여기까지'라고 끊어 주지 않으면 안 된다. 바쁘더라도 아이와 함께할 수 있는 시간을 매일 한 시간, 혹은 일주일에 한 번씩 규칙적으로 만들어야 한다. 무조건 오랜 시간 놀아주고 옆에 있어준다고 좋은 것만은 아니다. 바쁜 부모는 아이와의 놀이 시간을 15분에서 20분 정도로 짧게나마 일주일에 3~4회 갖도록 한다. 이러한 일과만 열심히 지키더라도 아이는 부모와의 관계에서 느꼈던 상실감을 만회할 수 있으며, 바쁜 와중에도 자신을 위해 노력하는 부모의 모습에서 자신이 부모에게 얼마나 중요한 사람인지를 확인할 수 있다.

♥ 아이에게 이렇게!

즐거움을 촉진하는 놀이 활동

1. 말타기
아이를 부모의 등에 태우고 집 안을 돌아다닌다. 아이가 "이랴!" 하고 신호를 보낼 수 있도록 한다. 부모는 진짜 말이 된 것처럼 "히이~잉" 같은 말 울음소리를 내거나 아이에게 당근을 달라고 할 수도 있다. 이런 놀이로 아이는 감정을 표현하는 법을 배우며 부모와 교감을 나눌 수 있다.

2. 숨바꼭질
엄마와 아이가 함께 집 안 어딘가에 숨으면 아빠가 찾아 나선다. 그리고 아이를 찾아낸 다음에는 꼭 안아준다. 아이를 찾는 과정에서 "발이 보이는 것 같아" 하며 가까이 다가가거나 "숨소리 다 들린다"라고 말하는 등 아슬아슬함과 흥미진진한 언어 표현을 덧붙이면 더욱 좋다. 엄마와 함께 있으며 느끼는 안전감과 아빠에게 들키지 않으려는 긴장감이 합해져 아이는 커다란 즐거움을 느낀다.

3. 던지기
두 팀으로 나누어 솜뭉치나 신문지 공 등 부드러운 뭉치를 상대편을 향해 던진다. 베개를 방패로 사용할 수도 있다. 이 활동은 감정을 행동으로 표출하면서 즐거움을 느끼기 위한 것이므로 지나치게 경쟁하거나 공격적이지 않도록 주의해야 한다. 공에 맞아 죽는 시늉을 하거나 신음소리를 내면서 쓰러지는 등의 풍부한 표현을 함께하면 즐거움이 더욱 커진다.

지나치게 순종적이고
배려하는 아이

여섯 살 혜진이는 유치원 선생님이 허리를 두드리고 있으면 얼른 달려와 선생님의 어깨와 등을 주물러준다. 엄마가 설거지를 하다 한숨을 쉬면 "엄마, 힘드시죠? 제가 빨리 커서 도와드릴게요"라고 한다. 일곱 살 종우도 떼 부리는 법 없이 부모가 하지 말라고 하면 그만둔다. 가끔 장난감이나 먹을 것을 사달라고도 하지만 안 된다고 하면 두 번 다시 조르지 않는다. 아홉 살 진수는 이것저것 배우는 것을 합치면 아홉 가지 정도가 된다. 한눈팔지 않고 밤 11시가 되어야 숙제를 모두 마칠 수 있다. 하지만 진수는 한 번도 그만두게 해달라고 요구한 적이 없다. 때로는 부모가 하기 싫으면 안 해도 된다고 하지만 그때마다 진수는 괜찮다며 할 수 있다고 한다.

아이가 의지할 수 있는 부모가 되어라

혜진이, 종우, 그리고 진수는 부모와 주변 어른들에게 착한 아이라는 칭찬을 많이 받는다. 또래들에게도 인기가 있는 편이다. 하지만 친구들과 잘 어울리지 않으려 하고, 어른 주변에서 맴돌며 가끔 답답하다고 느낄 만큼 융통성이 없다. 이런 아이들은 부모에게 지나치게 순종하고 심지어 부모를 보살펴야 사랑받을 수 있다고 생각한다. 어떤 엄마는 힘든 일이 있으면 "엄마가 너무 힘들어, 어떡하니"라며 아이에게 기대어 울고 위로받기를 원하며, 어떤 엄마는 몸이 허약해 아이에게 수시로 도와달라고 부탁하며 아이가 무언가 요구할 때는 "엄마가 힘든데"라며 짜증을 내기도 한다. 어떤 아빠는 아이가 의견을 내세우면 불쾌해하다가 부모의 요구에 따르면 기뻐하며 그래야 착한 아이라고 예뻐한다. 물론 잘못한 일에는 따끔하게 야단을 쳐야 하지만, 문제는 사소한 것에도 아이가 자기 의견을 내세우지 못하도록 방해한다는 것이다.

아이와 옷을 사러 갈 때도 마음에 드는 것을 고르라고 하면서 엄마가 골라둔 것을 고르지 않으면 삐지거나 아이가 고른 것에 일일이 딴죽 걸듯 토를 달기도 한다. 그러면 아이는 왠지 주눅이 들며 엄마가 자신을 미워하지 않을까 걱정되어 결국 엄마의 뜻을 따르고 만다. 그러면 엄마는 금세 화색이 돌며 아이를 칭찬해준다. 이러한 경험이 반복적으로 일어나면 아이는 자신의 의견이나 감정, 욕구를 포기하고 부모의 뜻에 따라야 사랑과 관심을 받을 수 있다고 믿는다. 이러한 부모와 자녀 관계가 과연 옳은 것일까? 부모와 자녀 관계에서는 부모가 자녀를 이해하고 사랑하고 배려해주는 것이지 자녀가 거꾸로 부모를 배려해야 하는 것은 아니다. 따라서 이런 관계는 역할이 뒤바뀐 것이라고 할 수 있다.

아이가 부모의 말을 따르는 것은 매우 좋은 일이다. 하지만 자신의 의견이나 감정을 말해야 할 때도 쭈뼛거리며 눈치를 보거나, 부모에게 맡기고, 지나치게 부모를 걱정하고 배려한다면 이제라도 부모와 자녀 관계를 제 위치로 돌려놓는 것이 필요하다. 이를 위해서는 아이에게 힘든 일이 생겼을 때 충분히 관심을 보여주고 위로해주며 도와주어야 한다.

역할이 뒤바뀐 아이는 부모가 자신의 일에 관심을 보여주면 오히려 불편해하며 괜찮다고 도움을 사양하는 경우가 종종 있다. 그렇다고 해서 "그럼 네가 알아서 해"라고 물러나는 것이 아니라 "원래 엄마는 같이 걱정해주고 도와주는 거야. 그게 엄마, 아빠가 하는 일이란다"라고 말해주며 옆에 있는 것이 좋다. 그리고 부모에게 힘든 일이 있으면 아이에게 위안을 구하려 하지 말고 배우자나 주변 어른들과 이야기를 나누며 스스로 스트레스를 풀도록 한다.

또한 평소에 아이와 이야기를 주고받는 시간을 많이 갖는 것이 좋다. 아이의 사소한 이야기에 맞장구를 쳐주며 열심히 들어주면 아이는 부모에게 자신의 의견이나 감정도 솔직히 이야기할 수 있게 된다. 하지만 부모에게 무언가를 요구하는 것은 이야기를 하는 것보다 더 어려운 일이어서 이런 아이는 부모가 웬만큼 격려해주지 않는 이상 요구를 잘 하지 못한다.

말로 요구하지 못하더라도 잘 살펴보면 아이는 얼굴 표정이나 몸동작으로 자기 요구를 드러낸다. 마트에 가서 장난감을 사달라고 하지는 못해도 장난감 코너 앞에서 미적댄다면 "마음에 드는 게 있나 보구나. 어떤 거니? 엄마가 사줄 수 있는 거면 사줄게"라며 아이의 마음을 헤아려준다. 아이가 주저하며 말을 하지 못한다고 해서 "어서 말해! 답답해! 너, 갖고 싶은 것 없구나"라고 무안을 주거나 재촉하지 말아야 한다. 아이를 적당히 기다려준 후 "마음에 드는 게 있기는 한데, 어떻게 말해야 할지 모르겠나 보네. 지금 하기 어려우면 다음에 생각날 때 말하렴" 하고 여지를 남겨둔다. 그러면 아이는 집으로 오는 차 안에서, 혹은 며칠이 지난 후 말을 할 수도 있다. 이때도 역시 "이제 와서 말하면 어떡해"가 아니라 "아, 그게 갖고 싶었구나"라고 긍정적으로 반응한 후 "그럼 마트에 갈 때 다시 가보자. 얼마인지도 살펴보고, 엄마가 사줄 수 있는지도 보자"라고 해주면 된다.

아이의 욕구나 감정, 생각을 궁금하게 여기며 아이가 도움을 필요로 할 때 도와주고자 애쓰고, 즐거움을 함께 나누고자 하는 부모가 되어야 한다. 그래야 아이는 부모에게 잘 보이기 위해 착하게 행동하는 것이 아니라, 안정적인 애착을 토대로 부모의 말을 잘 듣는 아이가 된다.

♥ 아이에게 이렇게!

적극성을 키우는 놀이 활동

1. 기어가기 경주
방 한편에 베개를 쌓아놓는다. 부모와 아이가 무릎걸음으로 걸어 누가 더 빨리 베개를 돌아오는지 시합한다.

2. 비눗방울 테니스
비눗방울을 분 다음 부모는 입으로 바람을 불어 비눗방울이 아이 쪽으로 가게 한다. 그러면 아이는 비눗방울이 부모를 향해 가도록 입바람을 분다. 탁구공을 주고받듯이 번갈아 비눗방울이 터질 때까지 계속한다.

3. 신문지 펀치, 바구니에 공 넣기
아이 앞에서 신문지 한 장을 펼쳐 든다. 신호를 보내면 아이는 주먹으로 쳐서 신문지를 찢는다. 부모는 신문을 빳빳하게 펼쳐 잡아서 아이가 주먹으로 쳤을 때 큰 소리가 날 수 있도록 한다. 신문지를 두세 장 겹쳐서 할 수도 있다. 주먹으로 친 신문지를 잘게 찢은 다음 공으로 만든다. 부모가 팔을 둥글게 바구니처럼 만들고 아이는 여기에 공을 던져 넣는다.

부모와 함께 놀수록
아이의 사회성이 자란다

　사회성에 있어서 중요한 요소로 꼽는 것이 자신과 타인의 감정을 이해하는 능력인데, 양육자와 함께 놀이하고 이야기했던 경험들은 아이가 자신의 감정은 물론 타인의 감정과 생각을 이해하는 데 매우 중요한 역할을 한다. 예를 들어 까꿍 놀이와 잡기 놀이를 하면서 아이는 엄마와 아빠의 표정과 생각을 읽고 다음 반응을 예측하며 나름의 대응을 한다. 양육자와 아이가 함께 한 가지 활동에 참여하며 서로의 행동에 대해 반응을 주고받았던 경험은 고스란히 또래 관계로 이어진다.

　양육자와 함께 놀아봤던 아이는 또래의 표정과 몸짓, 행동에도 좀더 민감하게 반응한다. 친구가 장난감을 가리키며 눈을 동그랗게 뜰 때, 저런 행동이 자신의 장난감에 대한 호기심이라는 것을 알아채고 자신의 장난감을 소개하며 친구에게 다가설 수 있다. 친구가 시금치를 보고 고개를 돌리며 찡그리면 "넌 시금치 싫어해?"라며 친구의 마음을 헤아려 줄 수도 있다. 이렇게 두 명 이상의 아이가 한 가지 놀이에 공동으로 참여하며 사회성을 발달시키는 과정을 '공동주의' 혹은 '공동 관심'이라고 하며, 이는 센스, 공감 능력, 이타심과 같은 수준 높은 사회성을 위한 토대가 된다.

요즘 부모들을 보면 아이에 대한 애정은 많지만 정작 아이와 함께 시간을 보내는 경우는 그다지 많지 않다. 비싼 장난감, 여러 가지의 홈스쿨 프로그램을 제공하고 주말마다 체험 학습을 위한 여행을 떠나기는 하지만 아이와 마주 앉아 같은 활동에 함께 참여하며 주거니 받거니 하는 것은 별로 없다. 아이는 부모와 함께 놀이를 하고 장난을 치면서 눈치와 공감, 순발력 등을 배워나가는데, 부모는 이러한 것들은 유치하고 쓸데없는 행동으로 치부하며 스마트폰에서 뽀로로 동영상을 찾아 틀어준다. 만화나 학습 동영상은 아이에게 단어나 상식을 알려줄 수는 있지만 아이에게 일방적으로 제공되는 것이기 때문에 사회성을 키우는 데는 도움이 되지 않는다.

어떤 부모들은 아동의 사회성 발달을 위해 인성 동화 애니메이션이나 교육용 프로그램을 선별해서 보여주기도 하는데, 이 역시 사회성 발달에는 별 도움이 되지 않는다. 어린아이가 만화를 보면서 그것이 주는 교훈을 스스로 찾아내어 이해하고 적용할 것이라고 기대하는 것은 무리이다. 아이들을 무시하는 것이 아니라 미취학 아동은 추상적인 개념을 이해하는 데 큰 어려움이 있으며, 경험하지 않은 것을 추론하는 능력이 없다. 어른인 나도 영화를 보면서 매번 교훈을 발견하고 이해하지는 못한다. 내가 초등학생일 때 읽었던 『걸리버 여행기』에 담겨 있는 정치적인 메시지를 성인이 된 이후 평론가의 글을 읽고 나서야 온전히 이해한 적도 있다. 어린아이가 자극적이며 웃긴 장면들이 넘쳐나는 짧은 애니메이션을 보고 사회성의 규칙을 스스로 발견해낼 것이라 기대하는 것 자체가 무리이다.

많은 엄마들이 공격적인 장면이 많다고 싫어하는 애니메이션 〈파워레인저〉를 살펴보자. 파워레인저는 아이언맨처럼 지구를 위해 싸우는 고마운 영웅들이다. 지구를 위협하는 외계 괴수에 맞서 서로 힘을 합쳐 싸우는 내용은 분명 당위성이 있고, 내용만 놓고 보면 이들은 이순신 장군처럼 고맙고 위대한 존재이다. 하지만 아이들은 이 드라마를 본 후 지구를 위해 싸우는 주인공들을 표현하는 것이 아니라 밑도 끝도 없이 "레이저 빔, 발사!"를 외치고 여러 가지 공격 기술을 사용하는 데만 몰두한다. (물론 말로는 지구를 지키겠다고 한다.) 아이들이 강렬하고 자극적인 것에 깊은 인상을 받고 반응하는 것은 당연하다. 공감, 협력, 배려와 같은 행동들은 온순하며 따스하고 평화로운 것들로 짜릿하거나 자극적이지는 않다. 그러므로 공감, 협력 등과 같은 좋은 사회성 기술이나 행동은 자극적인 것을 추구하는 어린아이들의 눈에 잘 띄지 않으며 쉽게 알아차릴 수 있는 것도 아니다.

또한 대부분의 영상에서 친사회성 기술들은 존재감 없이 처리된다.

주인공과 적이 싸우는 장면에서는 최신 컴퓨터 그래픽 기술을 이용해 섬광이 번뜩이고 요란한 효과음이 울려 퍼져 아이들의 눈길을 끈다. 하지만 "기다려줘서 고마워", "미안해", "지금은 쉬고 싶구나", "표정을 보니 기분이 안 좋은 것 같네"와 같은 사회성을 습득할 수 있는 말들은 자막 하나 없이 지나가버리고 만다.

하지만 부모는 이러한 존재감 없는 말들에 생명을 부여해줄 수 있다. 아이와 아빠가 함께 잡기 놀이를 하는 상황을 떠올려보자. 아이가 신이 나서 너무 빨리 저 멀리로 도망가버렸다면 아빠는 거칠게 숨을 내쉬고 손을 내저으며 "좀 천천히! 너무 빨라"라고 말하며 그 자리에 주저앉아버리는 행동으로 아이에게 메시지를 전달할 수 있다. 아빠의 행동을 본 아이는 속으로 '아빠가 지금 힘들구나. 잠시 쉬어야겠다. 그리고 너무 빨리 달리면 안 되겠어'라고 생각하게 된다. 아이는 아빠와 좀더 놀기 위해서는 일방적으로 자신이 하고 싶은 대로 하면 안 된다는 것을 아빠와의 놀이를 통해 배운다. 아이가 잠시 멈춰 서서 아빠를 기다려준다면 아빠는 부드럽게 미소 지으며, "우리 아들! 고마워. 잠깐만 쉬자!"라며 칭찬해준다. 잠시 숨을 고른 후, 아빠가 신나는 목소리로 "준비되셨나? 아빠가 잡으러 간다!" 하고 달리는 액션을 취하면 다시 신나는 놀이가 시작된다. 이러한 놀이 과정을 통해 아이는 부모의 행동과 말에 귀를 기울이며 좋은 눈치를 키우게 된다. 나아가 또래와의 사회성 역시 훌륭하게 발달시킬 수 있다.